Der sozialrechtliche Herstellungsanspruch im Verwaltungsrecht
Vom sozialrechtlichen zum öffentlich-rechtlichen Herstellungsanspruch?

Europäische Hochschulschriften
Publications Universitaires Européennes
European University Studies

Reihe II
Rechtswissenschaft

Série II Series II
Droit
Law

Bd./Vol. 1715

PETER LANG
Frankfurt am Main · Berlin · Bern · New York · Paris · Wien

Susanne Olbertz

Der sozialrechtliche Herstellungsanspruch im Verwaltungsrecht

Vom sozialrechtlichen zum öffentlich-rechtlichen Herstellungsanspruch?

PETER LANG
Europäischer Verlag der Wissenschaften

Die Deutsche Bibliothek - CIP-Einheitsaufnahme

Olbertz, Susanne:

Der sozialrechtliche Herstellungsanspruch im Verwaltungsrecht : vom sozialrechtlichen zum öffentlich-rechtlichen Herstellungsanspruch? / Susanne Olbertz. - Frankfurt am Main ; Berlin ; Bern ; New York ; Paris ; Wien : Lang, 1995
(Europäische Hochschulschriften : Reihe 2, Rechtswissenschaft ; Bd. 1715)
Zugl.: Berlin, Freie Univ., Diss., 1994
ISBN 3-631-48355-4

NE: Europäische Hochschulschriften / 02

ISSN 0531-7312
ISBN 3-631-48355-4

Printed in Germany 1 2 3 4 5 7

Vorwort

Die Arbeit wurde im September 1993 bei der Freien Universität Berlin als Dissertation eingereicht. Die seitdem erschienene Rechtsprechung und Literatur konnte bis zum Oktober 1994 im wesentlichen berücksichtigt werden.

Mein Dank gilt dem Bundesministerium des Innern, das die Veröffentlichung mit einem Druckkostenzuschuß unterstützt hat.

Bonn, im Dezember 1994 Susanne Olbertz

GLIEDERUNG

LITERATURVERZEICHNIS

Achterberg, Norbert/*Püttner*, Günter: Besonderes Verwaltungsrecht, Band I, Heidelberg 1990 (zit.: Bearbeiter, in Achterberg/Püttner).

Adolf, Hans Peter: Der sozialrechtliche Herstellungsanspruch, Baden-Baden 1992.

Bachof, Otto: Die verwaltungsgerichtliche Klage auf Vornahme einer Amtshandlung, 2. Auflage, Tübingen 1968 (zit.: Bachof, Amtshandlung).

-Buchbesprechung ("Die Rechtsprechung des Bundesverwaltungsgerichts Band 13 -19"), C. Allgemeines Verwaltungsrecht, JZ 1966, 642.

-Buchbesprechung ("Entscheidungen des Bundessozialgerichts, Bde. 58-65 und Gesamtregister zu den Bänden 51-60"), DÖV 1990, 895.

Badura, Peter: Die Daseinsvorsorge als Verwaltungszweck der Leistungsverwaltung und der soziale Rechtsstaat, DÖV 1966, 624.

Battis, Ulrich: Bundesbeamtengesetz, München 1980.

Baumeister, Arno: Der Folgenbeseitigungsanspruch unter besonderer Berücksichtigung des Versagungsakts und der Untätigkeit der Verwaltung, Diss. Würzburg 1971.

Bender, Bernd: Staatshaftungsrecht, 3. Auflage, Heidelberg, Karlsruhe 1981 (zit.: Bender, Staatshaftungsrecht).

-Zum Recht der Folgenbeseitigung, VBlBW 1985, 201.

-Anmerkung zum Urteil des VGH Baden-Württemberg vom 17.8.1989 - 5 S 1517/89- VBlBW 1990, 102, in: VBlBW 1990, 223 (zit.: Bender, Urteilsanmerkung).

Berkemann, Jörg: Der Folgenbeseitigungsanspruch - ein unterentwickeltes Rechtsinstitut?, Vortrag im 233. Kurs des Instituts "Städtebau und Recht" vom 5. bis 9. 10. 1987, veröffentlicht durch Institut für Städtebau Berlin, Heft 233/18 (zit.: Berkemann, Vortrag 1987).

-Folgenbeseitigung - Herstellungsanspruch - Wiedergutmachung, Referat auf einer Verwaltungsrichtertagung in Trier am 8. 2. 1990 (zit.: Berkemann, Referat 1990).

Bettermann, Karl August: Die Lehre vom Folgenbeseitigungsanspruch, DÖV 1955, 528.

Bieback, Karl-Jürgen: Anmerkung zum Urteil des BSG vom 9.3.1982 -3 RK 43/80-, SGb. 1983, 26, in: SGb. 1983, 28 (zit.: Bieback, Urteilsanmerkung).

-Anmerkung zum Urteil des BSG vom 13.12.1984 -11 RA 68/83-, SGb. 1986, 34, in: SGb. 1986, 36 (zit.: Bieback, Urteilsanmerkung).

-Der sozialrechtliche Herstellungsanspruch als Institut staatlicher Haftung für rechtswidriges Verwaltungshandeln, DVBl. 1983, 159.

-Grundlagen und Schranken des sozialrechtlichen Herstellungsanspruchs, SGb. 1990, 517.

Bley, Helmar: Sozialrecht, 6. Auflage, Frankfurt a.M. 1986.

Bochumer Kommentar, SGB AT, Hrsg.: Wilhelm Wertenbruch, Berlin, New York 1979 (zit.: Bearbeiter, in Bochumer Komm., SGB-AT).

Böhm, Ernst: Der Herstellungsanspruch im sozialrechtlichen Entschädigungsrecht und Schwerbehindertenrecht, VersB 1985, 39 (Teil I) und 50 (Teil II).

Bogs, Harald: Sozialversicherungsrechtlicher Schadensausgleich im Staatshaftungssystem, Festschrift zum 25jährigen Bestehen des BSG, 1979, 149 (zit.: Bogs, FS-BSG).

Bogs, Harald/*Mestwerdt*, Wilhelm: Anmerkung zum Urteil des BSG vom 25.10.1988 -12 RK 22/87-, SGb. 1990, 26, in: SGb. 1990, 28.

Boos, Karl-Heinz/*Haarmann*, Hans: Das Recht der Staatshaftung, Bonn 1982.

Bosch, Edgar/*Schmidt*, Jörg: Praktische Einführung in das verwaltungsgerichtliche Verfahren, 4. Auflage, Stuttgart, Berlin, Köln, Mainz 1988.

Böß, Walter: Vergleich des Folgenbeseitigungsanspruchs mit dem Anspruch aus enteignungsgleichem Eingriff, Diss. Würzburg 1973.

Brackmann, Kurt: Handbuch der Sozialversicherung einschließlich des Sozialgesetzbuchs und angrenzender Gebiete, Sankt Augustin, Stand: 1. September 1989.

Broß, Siegfried: Zum Anwendungsbereich des Anspruchs auf Folgenbeseitigung, VerwA 76 (1985), 217.

Brückner, Klaus: Die Rechtsprechung zum Sozialgesetzbuch -Allgemeiner Teil- im Jahre 1982, ZfSH/SGB 1983, 103.

Brügelmann, Hermann (Begr.): BauGB, Band 4, Stuttgart, Berlin, Köln, Stand: Dezember 1991 (zit.: Bearbeiter, in Brügelmann, BauGB).

Brugger, Winfried: Der sozialrechtliche Herstellungsanspruch - Wildwuchs oder Baustein im System der Staatshaftung für rechtswidriges Verwaltungshandeln?, AÖR 112 (1987), 389.

Bühler, Christoph: Das Grundprinzip des sozialrechtlichen Herstellungsanspruchs in der Rentenversicherung, RV 1993, 8.

Bundesregierung: Regierungsbegründung zum Entwurf des Staatshaftungsgesetzes, 1978, BT-DS 8/2079 (zit.: Begr.RegE).

-Regierungsbegründung zum Entwurf eines Gesetzes zur Änderung des Grundgesetzes, 1978, BT-DS 8/2080 (zit.: Begr.RegE).

Bydlinski, Franz: Juristische Methodenlehre und Rechtsbegriff, 2. Auflage, Wien, New York 1991.

Canaris, Claus-Wilhelm: Die Feststellung von Lücken im Gesetz, 2. Auflage, Berlin 1983.

Christoph, Karl-Heinz: Die Staatshaftung im beigetretenen Gebiet, NVwZ 1991, 536.

Czermak, Fritz: Nochmals: Zum Beurteilungszeitpunkt beim verwaltungsgerichtlichen Verpflichtungsurteil, BayVBl. 1965, 93.

Deutsches Rechtslexikon, Hrsg.: Horst Tilch, 2. Auflage, München 1992.

Denck, Johannes: Anmerkung zum Urteil des BSG vom 22. 2. 1989 - 10 RAr 7/88-, SGb. 1990, 74, in: SGb. 1990, 76.

Dörr, Dieter: Die Verjährung vermögensrechtlicher Ansprüche im öffentlichen Recht, DÖV 1984, 12.

Dörr, Gernot: Grenzen der "Herstellung", DAngVers 1993, 182.

Dyong, Hartmut: Bundesbaugesetz §§ 1 - 18 (Bauleitplanung, Veränderungssperre), BBauBl 1970, 462.

Ebsen, Ingwer: Der sozialrechtliche Herstellungsanspruch - ein Beispiel geglückter richterlicher Rechtsfortbildung?, DVBl. 1987, 389.

-Der sozialrechtliche Herstellungsanspruch - eine fortdauernde Herausforderung der Rechtsdogmatik, VSSR 1992, 149.

Ehlers, Arne: Grundlagen und Leitprinzipien des neuen Rechts der Staatshaftung, Hamburg 1983.

Eichenhofer, Eberhard/*Schuler*, Rolf: Das internationale Sozialrecht der Bundesrepublik Deutschland in der höchstrichterlichen Rechtsprechung und Literatur, Jahrbuch des Sozialrechts der Gegenwart 1989 (Bd. 11), 425.

v.*Einem*, Hans-Jörg: Das Verhältnis des sozialrechtlichen Herstellungsanspruchs zur Rücknahme eines Verwaltungsakts nach § 44 SGB X, SozVers 1982, 1.

-Anmerkung zum Urteil des LSG NRW vom 5.3.1986 -L 8 J 188/83-, RV 1986, 130, in: RV 1986, 134.

Erichsen, Hans-Uwe/*Martens*, Wolfgang (Hrsg.): Allgemeines Verwaltungsrecht, 9. Auflage, Berlin, New York 1992 (zit.: Bearbeiter, in Erichsen/Martens).

Ernst, Walter/*Zinkahn*, Willy/*Bielenberg*, Walter: Baugesetzbuch, Band 1, München, Stand: 1. Oktober 1991.

Eyermann, Erich/*Fröhler*, Ludwig, VwGO: 9. Auflage, München 1988.

Fiedler, Wilfried: Der Folgenbeseitigungsanspruch -die "kleine Münze" des Staatshaftungsrechts ?, NVwZ 1986, 967.

Fischer, Peter: Grundlagen und Grenzen der Rechts(fort)bildung im Steuerrecht, StVj 1992, 3.

Foerster, German: Beratungs- und Auskunftspflichten der Behörden gegenüber dem Bürger, StKV 1974, 321.

Frohn, Hansgeorg: Der Herstellungsanspruch - ein sozialrechtlicher Ausgleichsanspruch "sui generis" -BSG RV 87, 155 ff.-, Jura 1989, 523.

Funk, Winfried: Der sozialrechtliche Herstellungsanspruch in der Rechtsprechung des Bundessozialgerichts, DAngVers 1982, 26.

Gagel, Alexander, AFG, Band II, München, Stand: August 1992 (zit.: Gagel, AFG)

Gemeinsame Arbeitsgruppe des Bundes und der Länder zur Neuregelung der Staatshaftung (Hrsg.: BMJ): Zur Reform des Staatshaftungrechts, Bonn 1987 (zit.: Gemeinsame Arbeitsgruppe 1987).

Gemeinschaftskommentar zum Sozialgesetzbuch, Verf.: Wolfhart Burdenski, Bernd v.Maydell, Walter Schellhorn, 2. Auflage, Neuwied, Darmstadt (zit.: Bearbeiter, in GemeinKomm. SGB I).

Gesamtkommentar Sozialversicherung Bd. 1, SGB, I. Buch, Allgemeiner Teil, Verf.: Helmar Bley, Wolfgang Gitter, Hans-Joachim Gurgel, Helmut Heinze, Anton Knopp, Paul Müller, Norbert Schneider-Danwitz, Kurt Schroter, Wiesbaden, Stand: Oktober 1991 (zit.: Bearbeiter, in SGB-Sozvers-GK I).

Geschwinder, Jürgen: Der sozialrechtliche Herstellungsanspruch in der Praxis, ZfS 1985, 70.

Gröger/Schöll, Werner, AO, München, Stand: August 1992.

Grüner, Hans/*Dalichau*, Gerhard: SGB, Band 1, Starnberg-Percha, Stand: März 1991.

Gusy, Christoph: Richterrecht und Grundgesetz, DÖV 1992, 461.

Häberle, Peter: Das Verwaltungsrechtsverhältnis - Eine Problemskizze, in: Das Sozialrechtsverhältnis, Schriftenreihe des Deutschen Sozialgerichtsverbandes, Bd. XVIII, 60.

Hauck, Karl/*Haines*, Hartmut: SGB Bd. 1, Allgemeiner Teil und Kommentar, Berlin, Stand: 1.1.1992.

-SGB X/1,2, Verwaltungsverfahren und Schutz der Sozialdaten, Berlin, Stand: 1.1.1993.

Haueisen, Fritz: Zur Bedeutung der Antragstellung bei öffentlich-rechtlichen Leistungen, NJW 1966, 1433.

-Folgenbeseitigung und Amtshaftung, DVBl. 1973, 739.

Haverkate, Götz: Rechtsfragen des Leistungsstaats - Verhältnismäßigkeitsgebot und Freiheitsschutz im leistenden Staatshandeln, Tübingen 1983.

Heidenhain, Martin: Folgen rechtswidrigen hoheitlichen Verwaltungshandelns, JZ 1968, 487.

Heise, Detlef: Verpflichtungsklage und rechtsverschärfende Änderung der Rechtslage im Baurecht, DÖV 1972, 271.

Heldmann, Hans Heinz: AuslG, Frankfurt 1991.

Hertwig, Stefan: Das Verwaltungsrechtsverhältnis der Mitgliedschaft Versicherter in einer Krankenkasse, München 1989 (zit.: Hertwig).

-Anmerkung zum Urteil des BSG vom 13.12.1984 -11 RA 68/83-, BSGE 57, 288, in: JA 1986, 388.

Heuer, Ernst: Anmerkung zum Urteil des BSG vom 19.3.1986 -7 RAr 48/84-, SGb. 1987, 32, in: SGb. 1987, 36.

Hill, Hermann: Das fehlerhafte Verfahren und seine Folgen im Verwaltungsprozeß, Heidelberg 1986 (zit.: Hill).

-Rechtsverhältnisse in der Leistungsverwaltung, NJW 1986, 2602.

Hofe, Gerhard: Das System einer Bescheidkorrektur bei rechtswidrigen begünstigenden Verwaltungsakten (SGB X), SGb. 1986, 11.

Horn, Thomas: Folgenbeseitigung bei aufgehobenem Verwaltungsakt mit Drittwirkung, DÖV 1989, 976.

Hübschmann, Walter/*Hepp*, Ernst/*Spitaler*, Arnim (Hrsg.): AO (FGO), 9. Auflage, Köln 1991/92.

Hüttmann-Stoll, Susanne: Probleme des Verfahrensrechts -24. Richterwoche des Bundessozialgerichts-, ZfS 1993, 26.

Hussla, Erich: Entschädigungspflicht bei einem vorübergehendem Bauverbot, NJW 1968, 631.

Jakumeit, W./*Wilde*, K.: Die behördliche Betreuungspflicht in der Rechtsprechung des Bundessozialgerichts, insbesondere die damit verbundenen Rechtswegfragen, SGb. 1971, 375.

Jochum, Astrid: Auskunfts- und Hinweispflichten bei der Wahrnehmung hoheitlicher Aufgaben, NVwZ 1985, 460.

Kanein, Werner/*Renner*, Günter: AuslG, 5. Auflage, München 1992.

Kloepfer, Michael: Vorwirkung von Gesetzen, München 1974.

Knack, Hans Joachim (Hrsg.): VwVfG, 3. Auflage, Köln, Berlin, Bonn, München 1989.

Koch, Karl (Hrsg.): AO 1977, 3. Auflage, Köln, Berlin, Bonn, München 1987 (zit.: Bearbeiter, in Koch, AO 1977.

Kommissionsbericht zur Reform des Staatshaftungsrechts (Hrsg.: BMJ und BMI), Bonn 1973 (zit.: Kommissionsbericht 1973).

Kopp, Ferdinand: VwVfG, 5. Auflage 1991.

-VwGO, 9. Auflage, München 1992.

-Wiedereinsetzung und Nachsicht bei Versäumung materiellrechtlicher Fristen, BayVBl. 1977, 33.

-Der für die Beurteilung der Sach- und Rechtslage maßgebliche Zeitpunkt bei verwaltungsgerichtlichen Anfechtungs- und Verpflichtungsklagen, FS Christian-Friedrich Menger 1985, 693 (zit.: Kopp, FS-Menger).

Krasney, Otto Ernst: Ansprüche bei unterlassener oder unrichtiger Auskunft, BKK 1985, 380.

Krause, Peter: Das öffentlich-rechtliche Schuldverhältnis in der Rechtsprechung des Bundessozialgerichts, BlStSozArbR 1979, 145.

-Die höchstrichterliche Rechtsprechung zum SGB-I (Allgemeiner Teil) und zum SGB-IV (Gemeinsame Vorschriften für die Sozialversicherung), Jahrbuch des Sozialrechts der Gegenwart, 1982 (Bd. 4), 47.

Krause, Peter/*Sattler*, Heinz-Jürgen: Die höchstrichterliche Rechtsprechung zum SGB-I (Allgemeiner Teil) und zum SGB-IV (Gemeinsame Vorschriften für die Sozialversicherung), Jahrbuch des Sozialrechts der Gegenwart, 1984 (Bd. 6), 53; 1989 (Bd. 11), 49; 1990 (Bd. 12), 37; 1991 (Bd. 13), 73.

Kreßel, Eckhard: Öffentliches Haftungsrecht und sozialrechtlicher Herstellungsanspruch, Frankfurt a.M. 1990 (zit.: Kreßel).

-Zum sozialrechtlichen Herstellungsanspruch, SGb. 1987, 313.

Krey, Volker: Zur Problematik richterlicher Rechtsfortbildung contra legem I, JZ 1978, 361.

-Zur Problematik richterlicher Rechtsfortbildung II, JZ 1978, 428.

-Rechtsfindung contra legem als Verfassungsproblem III, JZ 1978, 465.

Krieger, Kai: Das Recht des Bürgers auf behördliche Auskunft, Berlin 1972.

Kühl, Matthias: Der sozialrechtliche Herstellungsanspruch - ein Abriß, VersB 1984, 137.

Kühn, Rolf/*Kutter*, Heinz/*Hofmann*, Ruth: AO, 16. Auflage, Stuttgart 1990.

Kunkel, Peter-Christian: Die Rechtsfolgen unzulässigen Offenbarens eines Geheimnisses, insbesondere des Sozialgeheimnisses durch die Behörde, VBlBW 1992, 47.

Kunze, Thomas: Aufklärung, Beratung und Auskunft im Sozialrecht, Sankt Augustin 1978.

Ladage, Klaus: Der sozialrechtliche Herstellungsanspruch, 1. Auflage, Sankt Augustin 1990.

Larenz, Karl: Methodenlehre der Rechtswissenschaft, 6. Auflage, Berlin, Heidelberg, New York, London, Paris, Tokio, Hong Kong, Barcelona, Budapest 1991 (zit.: Larenz).

-Kennzeichen geglückter richterlicher Rechtsfortbildung -Vortrag vor der Juristischen Studiengesellschaft in Karlsruhe am 19. Oktober 1964-, Karlsruhe 1965 (zit.: Larenz, Richterliche Rechtsfortbildung).

Laubinger, Hans-Werner: Die Verwaltung als Helfer des Bürgers. Gedanken zur behördlichen Betreuungspflicht, Schriftenreihe der Hochschule Speyer Bd. 50 (1972), 439 (zit.: Laubinger).

Leutheusser-Schnarrenberger, Sabine: Das Zweite Gesetz zur Bereinigung von SED-Unrecht, DtZ 1993,162.

-Bewältigung der rechtlichen Probleme der Wiedervereinigung, DtZ 1994, 290.

Löwer, Wolfgang: Staatshaftung für unterlassenes Verwaltungshandeln, Hamburg 1979 (zit.: Löwer).

-Rechtsverhältnisse in der Leistungsverwaltung, NVwZ 1986, 793.

Lohmeyer, Heinz: Die Fürsorgepflicht der Finanzbehörde nach § 89 AO, DStZ 1979, 190.

Luhmann, Niklas: Öffentlich-rechtliche Entschädigung rechtspolitisch betrachtet, Schriftenreihe der Hochschule Speyer Bd. 24 (1965), (zit.: Luhmann).

Maaß, Rainald: Zur Rechtsgrundlage des Folgenbeseitigungsanspruchs - Überlegungen aus Anlaß von BVerwGE 69, 366 = BayVBl. 1985, 54 und BGHZ 83, 190, BayVBl. 1987, 520.

Maier, Kurt: Der sozialrechtliche Herstellungsanspruch -Auswirkungen der Rechtsprechung des Bundessozialgerichts auf die Verwaltungstätigkeit der Rentenversicherungsträger, SGb. 1982, 133.

-Der sozialrechtliche Herstellungsanspruch in seinen Auswirkungen auf die gesetzliche Kranken- und Rentenversicherung, SozVers 1985, 113.

-Das unmittelbare Verhältnis zwischen Sozialleistungsträger und Sozialleistungsempfänger, Sozialrechtshandbuch (Hrsg.: Bernd v.Maydell, Franz Ruland), Neuwied 1988, 7. Kapitel (zit.: Maier, SRH, B. 7).

Maier, Kurt/*Hannemann*, Klaus: Schadensersatz aus dem Versicherungsverhältnis, DAngVers 1975, 346.

Marburger, Horst: Verletzung von Auskunfts- und Beratungspflichten durch Sozialversicherungsträger und die Folgen, SGb. 1989, 13.

Martens, Joachim: Die Praxis des Verwaltungsverfahrens, München 1985 (zit.: Martens).

-Die Rechtsprechung zum Verwaltungsverfahrensrecht, NVwZ 1986, 533.

Mang, Johann/*Maunz*, Theodor/*Mayer*, Franz/*Obermayer*, Klaus, Staats- und Verwaltungrecht in Bayern, 4. Auflage 1975.

Maurer, Hartmut, Allgemeines Verwaltungsrecht, 8. Auflage, München 1992.

Medicus, Dieter: Bürgerliches Recht, 15. Auflage, Köln, Berlin, Bonn, München 1991.

Menger, Christian-Friedrich: Über die Identität des Rechtsgrundes der Staatshaftungsklagen und einiger Verwaltungsstreitsachen, Gedächtnisschrift für Walter Jellinek 1955, 347 (zit.: Menger, GS- Jellinek).

Menger, Christian-Friedrich/*Erichsen*, Hans-Uwe: Höchstrichterliche Rechtsprechung zum Verwaltungsrecht, VerwA 60 (1969), 171.

Merten, Detlef: Auskunftsanspruch und Auskunftsbescheid im Sozialrecht, VSSR 1973/74 (Bd. 1), 66.

Meyer, Wolfgang: Behördliche Betreuungspflichten im Sozialverwaltungsrecht -Anmerkung zur Typik und zur rechtsdogmatischen Grundlegung-, SGb. 1985, 57.

Meyer-Ladewig, Jens: SGG, 5. Auflage, München 1993.

Meyer, Hans/*Borgs*-Maciejewski: VwVfG, 2. Auflage, Frankfurt a.M. 1982.

Möhle, Andreas: Der sozialrechtliche Herstellungsanspruch und Sozialhilfe, ZfSH/SGB 1990, 522.

Muckel, Stefan: Kriterien des verfassungsrechtlichen Vertrauensschutzes bei Gesetzesänderungen, Berlin 1989.

Müller, Friedrich: Richterrecht -rechtstheoretisch formuliert, FS 600 Jahre Universität Heidelberg, 1986, 65 (Zit.: FS 600 Jahre Uni Heidelberg).

Müller-Waack, Gerhard: Die Auskunftspflicht der Verwaltungsbehörden im Zusammenhang mit Verwaltungsverfahren, Frankfurt a.M. 1980.

v.Münch, Ingo/*Kunig*, Philip (Hrsg.): GG-Kommentar, Band 1, 4. Auflage, München 1992 (zit.: Bearbeiter, in v.Münch/Kunig).

v.Münch, Ingo/*Schmidt-Aßmann*, Eberhard (Hrsg.): Besonderes Verwaltungsrecht, 9. Auflage, Berlin, New York 1992 (zit.: Bearbeiter, in v.Münch/Schmidt-Aßmann).

Oberfeld, Hans-Christoph: Anmerkung zum Urteil des BSG vom 25.10.1985 -12 RK 42/85-, SGb. 1986, 429, in: SGb. 1986, 432.

Obermayer, Klaus: VwVfG, 2. Auflage, Neuwied, Frankfurt a.M. 1990.

-Zur Rechtsstellung des Nachbarn im Baurecht und zum Folgenbeseitigungsanspruch -OVG Lüneburg DÖV 1962, 467, JuS 1963, 110.

Olivet, Peter: Erfolgsunrechtslehre und Handlungsunrechtslehre aus der Sicht des Öffentlichen Rechts, Berlin 1989.

Ossenbühl, Fritz: Staatshaftungsrecht, 4. Auflage, München 1991 (zit.: Ossenbühl).

-Vertrauensschutz im sozialen Rechtsstaat, DÖV 1972, 25.

-Neuere Entwicklungen im Staatshaftungsrecht, Berlin, New York 1984.

-Richterrecht im demokratischen Rechtsstaat, Bonn 1988 (zit.: Ossenbühl, Richterrecht).

-Gesetz und Recht - Die Rechtsquellen im demokratischen Rechtsstaat, Handbuch des Staatsrechts (Hrsg.: Josef Isensee und Paul Kirchhof), Band III: Das Handeln des Staates, Heidelberg 1988, § 61, S. 281 (zit.: Ossenbühl, Gesetz und Recht).

-Öffentlich-rechtliche Entschädigung in Verfassung, Gesetz und Richterrecht, DVBl. 1994, 977.

Palandt, Otto (Begründer): BGB, 51. Auflage, München 1992.

Papier, Hans-Jürgen: Öffentlich-rechtlicher Folgenbeseitigungsanspruch bei Nichterfüllung, DÖV 1972, 845.

-Verfassungsschutz sozialrechtlicher Rentenansprüche, -anwartschaften und -"erwerbsberechtigungen", VSSR 1973/74 (Bd. 1), 33.

-Verfassungsrechtliche Probleme von Übergangsrecht, SGb. 1994, 105.

Pieroth: Bodo, Rückwirkung und Übergangsrecht, Berlin 1981.

Pietzner, Rainer/*Müller*, Judith: Herstellungsanspruch und Verwaltungsgerichtsbarkeit, VerwA 85 (1994), 603.

Plagemann, Hermann: Anmerkung zum Urteil des BSG vom 18.8.1983 -11 RA 60/82-, SGb. 1984, 208, in: SGb. 1984, 208.

Plagemann, Jochen: Auswirkungen der Rechtsprechung des BSG auf die tägliche Praxis des im Sozialrecht tätigen Rechtsanwalts, NJW 1986, 2082.

Plagemann, Jochen/*Plagemann*, Hermann, Der Beratungsanspruch im Sozialrecht, ZfS 1983, 156.

Plog, Ernst/*Wiedow*, Alexander/*Beck*, Gerhard: Kommentar zum Bundesbeamtengesetz, Neuwied, Darmstadt, Stand: Juli 1992.

Raiser, Thomas: Richterrecht heute, ZRP 1985, 111.

Ramsauer, Ulrich/*Stallbaum*, Michael: BAföG, 3. Auflage, München 1991.

Ratzel, Klaus: Die Anregungspflicht des Finanzamts nach § 89 Satz 1 AO, NWB, Fach 2 (1985), 4527.

Redeker, Konrad: Anmerkung zum Urteil des BVerwG vom 25.10.1962 -VIII C 55/61-, DVBl. 1963, 507, in: DVBl. 1963, 509.

Redeker, Konrad/*v.Oertzen*, Hans-Joachim, VwGO, 10. Auflage, Stuttgart, Berlin, Köln 1991.

Redeker, Martin: Was beseitigt der Folgenbeseitigungsanspruch?, DÖV 1987, 194.

Ronellenfitsch, Michael: Der vorläufige Rechtsschutz im beamtenrechtlichen Konkurrentenstreit, VerwA 82 (1991), 121.

Rösslein, Thomas: Der Folgenbeseitigungsanspruch, Berlin 1968.

Rüfner, Wolfgang: Einführung in das Sozialrecht, 2. Auflage, München 1991 (zit.: Rüfner, Sozialrecht).

-Der Folgenbeseitigungsanspruch - ein materiellrechtlicher oder ein prozessualer Anspruch?, DVBl. 1967, 186.

-Das Sozialrecht in der Rechtsprechung des Bundesverfassungsgerichts, Jahrbuch des Sozialrechts der Gegenwart 1989 (Bd. 11), 35.

Rüthers, Bernd: Richterrecht - rechtswidrig oder notwendig?, AÖR 113 (1988), 268.

Rupp, Hans Heinrich: Der verwaltungsrechtliche (Folgen-) Beseitigungsanspruch, JA 1979, 506.

Ruppert, Ernst/*Geiser*, Klaus: Das neue Beamtenversorgungsrecht, 2. Auflage, Regensburg, Berlin, Bonn 1992.

Schachtschneider, Karl Albrecht: Neubescheidung nach Rechtskraft im Sozialversicherungsrecht und im allgemeinen Verwaltungsrecht, VerwA 63 (1972), 112.

Schäfer, Alfred: Das neue Staatshaftungsgesetz (StHG), DB 1981, 1499.

Scheerer, Reinhard: Anmerkung zum Urteil des BSG vom 28.2.1984, SGb. 1985, 295, in: SGb. 1985, 300.

Schenke, Wolf-Rüdiger: Folgenbeseitigungsanspruch und mitwirkendes Verschulden - BVerwG, NJW 1989, 2484, JuS 1990, 370.

Scherer, Werner/*Alff*, Richard: Soldatengesetz, 6. Auflage, München 1988.

Schleeh, Jörg: Zur Dogmatik der öffentlich-rechtlichen Folgenbeseitigung, AÖR 92 (1967), 58.

Schloer, Bernhard: Der Folgenbeseitigungsanspruch, JA 1992, 39.

Schmalz, Dieter: Methodenlehre für das juristische Studium, 3. Auflage, Baden-Baden 1993.

Schmidt, Walter: Der verwaltungsrechtliche Beseitigungsanspruch, JuS 1969, 166.

-Der vergessene Beseitigungsanspruch, JZ 1977, 123.

Schmidt-Bleibtreu, Bruno: Staatshaftungsgesetz, Neuwied, Darmstadt 1981.

Schmidt-De Caluwe, Reimund: Der sozialrechtliche Herstellungsanspruch -Eine Untersuchung der Entstehung und Entwicklung eines besonderen Haftungstatbestandes im Sozialrecht, seines Verhältnisses zum Sozialverfahrens- und zum Staatshaftungsrecht sowie eine Kritik seiner bisherigen Dogmatik, Berlin 1992.

-Der sozialrechtliche Herstellungsanspruch und die Rücknahme rechtswidriger, nicht begünstigender Verwaltungsakte gemäß § 44 SGB X, SozVers 1991, 314.

-Zur Entwicklung und Ausgestaltung der sozialbehördlichen Betreuungspflichten durch die höchstrichterliche Rechtsprechung, SGb. 1992, 487.

Schmitt Glaeser, Walter: Verwaltungsprozeßrecht, 11. Auflage, Stuttgart, München, Hannover, Berlin 1992.

Schnapp, Friedrich: Anmerkung zum Urteil des BSG vom 18.12.1975 -12 RJ 88/75-, SGb. 1977, 306, in: SGb. 1977, 307.

-Rücknahme von Verwaltungsakten, SGb. 1993, 1.

Schnellenbach, Helmut: Beamtenrecht in der Praxis, 2. Auflage, München 1987.

Schoch, Friedrich: Folgenbeseitigung und Wiedergutmachung im Öffentlichen Recht, VerwA 79 (1988), 1.

Schroedter, Hans (Begr. und Hrsg.): BauGB, 5. Auflage, München 1992 (zit.: Bearbeiter, in Schroedter).

Schuegraf, Elmar: Anmerkung zum Urteil des BVerwG vom 19.9.1969 -IV C 18/67-, NJW 1970, 263, in: NJW 1970, 581.

Schütz, Erwin: Beamtenrecht des Bundes und der Länder, 5. Auflage, Heidelberg, Stand: Juni 1991.

Schulin, Bertram: Sozialrecht, 4. Auflage, Düsseldorf 1991.

Schweiger, Karl: Der für die verwaltungsgerichtliche Entscheidung maßgebende Zeitpunkt, NJW 1966, 1899.

Seewald, Otfried: Anmerkung zum Urteil des BSG vom 12.10.1979 -12 RK 47/77-, SGb. 1980, 546, in: SGb. 1980, 549.

Seifert, Paul Michael: BAföG, Heidelberg 1987.

Spanner, Hans: Gesetzliche Regelung des Folgenbeseitigungsanspruchs?, DVBl. 1968, 618.

Steinberg, Rudolf/*Lubberger*, Andreas: Aufopferung - Enteignung und Staatshaftung, Baden-Baden 1991.

Steiner, Udo (Hrsg.): Besonderes Verwaltungsrecht, 4. Auflage, Heidelberg 1992 (zit.: Bearbeiter, in Steiner).

Stelkens, Paul, Verwaltungsverfahren, München 1991 (zit.: Stelkens, Verwaltungsverfahren).

Stelkens, Paul/*Bonk*, Heinz-Joachim/*Leonhard*, Klaus: VwVfG, 3. Auflage, München 1990.

Stern, Klaus: Verwaltungsprozessuale Probleme in der öffentlich-rechtlichen Arbeit, 6. Auflage, München 1987.

Stuth, Sabine: Staatshaftung oder Entschädigung? -Rechtsstrukturen der Schadensverteilung zwischen Bürger und Staat-, 1. Auflage, Baden-Baden 1990.

Terwey, Franz-Josef: Die rechtliche Betreuung des Bürgers nach dem Sozialgesetzbuch, Freiburg 1980.

Thieme, Werner: Anmerkung zum Urteil des BSG vom 15. 6. 1976 - 11 RA 80/75-, SGb. 1977, 120, in: SGb. 1977, 121.

Ule, Carl-Hermann: Verwaltungsprozeßrecht, 9. Auflage, München 1987.

-Zur Bedeutung des Rechtsstaatsbegriffs in der Rechtsprechung des Bundesverwaltungsgerichts, DVBl. 1963, 475.

Ule, Carl-Hermann/*Laubinger*, Hans-Werner: Verwaltungsverfahrensrecht, 3. Auflage, Köln, Berlin, Bonn, München 1986.

Vogel, Hans-Jochen: Die Verwirklichung der Rechtsstaatsidee im Staatshaftungsrecht, Heidelberg, Karlsruhe 1977.

Wagner, Klaus-Peter: Anmerkung zum Urteil des BezG Erfurt vom 13. 2. 1992 -L 1 Ar 2/91-, SGb. 1993, 41, in: SGb. 1993, 45.

Wanka, Richard: Anmerkung zum Urteil des BSG vom 12.12.1984 -7 RAr 74/83-, SGb. 1986, 111, in: SGb. 1986, 116.

Wallerath, Maximilian: Herstellung und Folgenbeseitigung im Recht der Leistungsverwaltung, DÖV 1987, 505.

Weber, Ralph: Entwicklung und Ausdehnung des § 242 BGB zum königlichen Paragraphen, JuS 1992, 631.

Weyreuther, Felix: Die Gesetzesbindung der Verwaltung und ihre Grenzen, DVBl. 1964, 893.

-Empfiehlt es sich, die Folgen rechtswidrigen hoheitlichen Verwaltungshandelns gesetzlich zu regeln? (Folgenbeseitigung, Folgenentschädigung), Gutachten für den 47. Deutschen Juristentag 1968, Band 1.

Wiese, Walter: Die Unordnung des Personalaktenrechts des Bundes, ZBR 1981, 55.

Wilhelm, Bernhard: Die maßgebliche Sach- und Rechtslage bei der Verpflichtungsklage, BayVBl. 1964, 350.

Wilke, Gerhard (Begr.): Soziales Entschädigungsrecht, 7. Auflage, Stuttgart, München, Hannover, Berlin, Weimar 1992 (zit.: Bearbeiter, in Wilke).

Wind, Ferdinand/*Schimana*, Rudolf/*Wallerius*, Peter: Öffentliches Dienstrecht, 2. Auflage, Köln 1987.

Wittkowski, Bernd: Die Konkurrentenklage im Beamtenrecht (unter besonderer Berücksichtigung des vorläufigen Rechtsschutzes), NJW 1993, 817.

Wolff, Hans/*Bachof*, Otto: Verwaltungsrecht I, 9. Auflage, München 1974.

Zippelius, Reinhold: Juristische Methodenlehre, 5. Auflage, München 1990.

ABKÜRZUNGSVERZEICHNIS

a.A.	anderer Ansicht
a.a.O.	am angegebenen Ort
Abs.	Absatz
a.E.	am Ende
a.F.	alte Fassung
AFG	Arbeitsförderungsgesetz
Anm.	Anmerkung
AO	Abgabenordung
AÖR	Archiv des Öffentlichen Rechts (Z.)
Art.	Artikel
AsylVfG	Asylverfahrensgesetz
AuslG	Ausländergesetz
BAföG	Bundesausbildungsförderungsgesetz
BAG	Bundesarbeitsgericht
BauGB	Baugesetzbuch
BayVBl.	Bayrische Verwaltungsblätter (Z.)
BB	Der Betriebs-Berater (Z.)
BBauBl	Bundesbaublatt
BBauG	Bundesbaugesetz
BBG	Bundesbeamtengesetz
BBergG	Bundesberggesetz
Bd.	Band
BeamtenVG	Beamtenversorgungsgesetz
BEG	Bundesgesetz zur Entschädigung für Opfer nationalsozialistischer Verfolgung
Begr.	Begründer
Begr.RegE	Begründung zum Regierungsentwurf
BezG	Bezirksgericht
BFH	Bundesfinanzhof
BFHE	Sammlung der Entscheidungen des Bundesfinanzhofs (Band, Seite)
BFH/NV	Sammlung amtlich nicht veröffentlichter Entscheidungen des BFH
BGB	Bürgerliches Gesetzbuch
BGH	Bundesgerichtshof
BGHZ	Entscheidungen des Bundesgerichtshofs in Zivilsachen (Band, Seite)
BHO	Bundeshaushaltsordnung
BImSchG	Bundesimmissionsschutzgesetz
BlStSozArbR	Blätter für Steuerrecht,Sozialversicherung und Arbeitsrecht (Z.)
BMI	Bundesminister des Inneren
BMJ	Bundesminister der Justiz
BKK	Die Betriebskrankenkasse (Z.)
Breithaupt	Sammlung von Entscheidungen aus dem Sozialrecht, begründet von Hermann Breithaupt
BSG	Bundessozialgericht
BSGE	Entscheidungen des Bundessozialgerichts (Band, Seite)
BSHG	Bundessozialhilfegesetz
BStBl	Bundessteuerblatt

BT-DS	Bundestagsdrucksache
Buchholz	Sammel- und Nachschlagewerk der Rechtsprechung des Bundesverwaltungsgerichts, begründet von Karl Buchholz
BVerfG	Bundesverfassungsgericht
BVerfGE	Entscheidungen des Bundesverfassungsgerichts (Band, Seite)
BVerfGG	Bundesverfassungsgerichtsgesetz
BVG	Bundesversorgungsgesetz
BVerwG	Bundesverwaltungsgericht
BVerwGE	Entscheidungen des Bundesverwaltungsgerichts (Band, Seite)
bzgl.	bezüglich
bzw.	beziehungsweise
DAngVers	Die Angestelltenversicherung (Z.)
DB	Der Betrieb (Z.)
DDR-StHG	Staatshaftungsgesetz der DDR
ders.	derselbe
Diss.	Dissertation
DÖD	Der Öffentliche Dienst (Z.)
DÖV	Die Öffentliche Verwaltung (Z.)
DRV	Deutsche Rentenversicherung (Z.)
DStZ	Deutsche Steuerzeitung (Z.)
DtZ	Deutsch-Deutsche Rechts-Zeitschrift (Z.)
DVBl.	Deutsches Verwaltungsblatt (Z.)
EFG	Entscheidungen der Finanzgerichte
Einl.	Einleitung
f(f).	folgende Seite(n)
FamRZ	Zeitschrift für das gesamte Familienrecht (Z.)
FEVS	Fürsorgerechtliche Entscheidungen der Verwaltungs- und Sozialgerichte
FFG	Filmförderungsgesetz
FG	Feststellungsgesetz
FG	Finanzgericht
FN	Fußnote
FS	Festschrift
FStrG	Bundesfernstraßengesetz
G	Gesetz
Gemeinkomm.	Gemeinschaftskommentar zum Sozialgesetzbuch
GG	Grundgesetz
GS	Gedächtnisschrift
GüKG	Güterkraftverkehrsgesetz
GVG	Gerichtsverfassungsgesetz
HdStR	Handbuch des Staatsrechts
hM	herrschende Meinung
Hrsg. (hrsg.)	Herausgeber (herausgegeben)
i.d.R.	in der Regel
i.e.	im einzelnen
i.E.	im Ergebnis
InfAuslR	Informationsbrief Ausländerrecht (Z.)
i.S.	im Sinne
i.V.m.	in Verbindung mit
i.w.S.	im weiteren Sinne

JA	Juristische Arbeitsblätter (Z.)
JuS	Juristische Schulung (Z.)
Jura	Jura, Juristische Ausbildung (Z.)
JZ	Juristenzeitung (Z.)
KMK	Ständige Konferenz der Kultusminister der Länder der Bundesrepublik Deutschland
KMK-HSchR	Informationen zum Hochschulrecht -herausgegeben vom Sekretariat der KMK- (Z.)
KörperbschG	Körperbeschädigtengesetz
Komm.	Kommentar
LAG	Lastenausgleichsgesetz
LSG	Landessozialgericht
MDR	Monatsschrift für Deutsches Recht (Z.)
MuLö	Musterlösung
n.F.	neue Fassung
NJW	Neue Juristische Wochenschrift (Z.)
NuR	Natur und Recht (Z.)
NVwZ	Neue Zeitschrift für Verwaltungsrecht (Z.)
NVwZ-RR	NVwZ-Rechtsprechungs-Report Verwaltungsrecht (Z.)
NWB	Neue Wirtschaftsbriefe, Dokumentation Steuerrecht (Z.)
NRW	Nordrhein-Westfalen
NZA	Neue Zeitschrift für Arbeits- und Sozialrecht (Z.)
NZS	Neue Zeitschrift für Sozialrecht (Z.)
o.ä.	oder ähnliches
OGZ	Entscheidungen des Obersten Gerichts der DDR in Zivilsachen
OVG	Oberverwaltungsgericht
OVS	Offene Vermögensfragen Spezial (Z.)
RiA	Recht im Amt (Z.)
Rspr.	Rechtsprechung
RV	Die Rentenversicherung (Z.)
RVO	Reichsversicherungsordnung
Rz	Randziffer
S.	Seite
SchwBehG	Schwerbehindertengesetz
SGb.	Die Sozialgerichtsbarkeit (Z.)
SGB-SozVers-GK	Gesamtkommentar Sozialversicherung
SGB I	Sozialgesetzbuch Allgemeiner Teil
SGB X	Sozialgesetzbuch Verwaltungsverfahren
SGG	Sozialgerichtsgesetz
SJZ	Süddeutsche Juristenzeitung (Z.)
SoldatenVersG	Soldatenversorgungsgesetz
SozR	Sozialrecht
SozVers	Die Sozialversicherung (Z.)
SRH	Sozialrechtshandbuch
StHG	Staatshaftungsgesetz
StKV	Staats- und Kommunalverwaltung (Z.)
StVj	Steuerliche Vierteljahresschrift (Z.)
str.	strittig
u.a.	unter anderem
u.ä.	und ähnliches
unstr.	unstrittig

VG	Verwaltungsgericht
VBlBW	Verwaltungsblätter für Baden Württemberg (Z.)
Verf.	Verfasser(in)
VermG	Gesetz zur Regelung offener Vermögensfragen
VersB	Der Versorgungsbeamte (Z.)
VerwA	Verwaltungsarchiv (Z.)
VerwRspr.	Verwaltungsrechtsprechung in Deutschland
vgl.	vergleiche
VO	Verordnung
Vorb.	Vorbemerkung
VersR	Versicherungsrecht (Z.)
VSSR	Vierteljahresschrift für Sozialrecht (Z.)
VVDStRL	Veröffentlichungen der Vereinigung der Deutschen Staatsrechtslehrer (Z.)
VVO-ZVS	Vergabeverordnung ZVS
VwGO	Verwaltungsgerichtsordnung
VwVfG	Verwaltungsverfahrensgesetz
Z.	Zeitschrift
ZBR	Zeitschrift für Beamtenrecht (Z.)
ZfS	Zentralblatt für Sozialversicherung, Sozialhilfe und Versorgung (Z.)
ZfSH/SGB	Zeitschrift für Sozialhilfe und Sozialgesetzbuch (Z.)
ZGB	Zivilgesetzbuch der DDR
zit.	zitiert
ZfBR	Zeitschrift für deutsches und internationales Baurecht (Z.)
ZPO	Zivilprozeßordnung
ZRP	Zeitschrift für Rechtspolitik (Z.)
ZVS	Zentralstelle für die Vergabe von Studienplätzen

EINLEITUNG

Mit dem vom Bundessozialgericht vor etwa dreißig Jahren erstmals angewandten und seither in ständiger Rechtsprechung weiterentwickelten sozialrechtlichen Herstellungsanspruch wird der Bürger, dessen Leistungsanspruch gegenüber dem Staat durch rechtswidriges Behördenhandeln beeinträchtigt wird, so gestellt, wie er bei rechtmäßigem Behördenhandeln stehen würde[1]. Verjähren beispielsweise Ansprüche auf Zahlung von Witwenrente aufgrund der falschen Auskunft des Sozialversicherungsträgers, es bestehe kein Beitragskonto zugunsten des verstorbenen Ehemannes, so wird zugunsten der Witwe der Zustand hergestellt, der bei korrekter Auskunft der Behörde von Anfang an bestanden hätte[2]: da der Sozialleistungsträger seine Pflicht, den Bürger verständnisvoll zu fördern, verletzt hat, wird er verpflichtet, an sich verspätete Beiträge gutzubringen und der Witwe Rente zu gewähren[3]. Der Herstellungsanspruch ermöglicht also eine -sozialversicherungsrechtliche- Naturalrestitution[4]. Das BSG hat damit eine eigenständige Rechtsfigur geschaffen, die spätestens seit Mitte der siebziger Jahre anerkannt und praktiziert wird[5]. Der Ruf nach gesetzlicher Normierung des Herstellungsanspruchs[6] blieb bislang ungehört. Die Frage nach einer Anwendbarkeit des sozialrechtlichen Herstellungsanspruchs auch im verwaltungsgerichtlichen Bereich ist in den letzten Jahren vermehrt aufge-

---

1 Ständige Rechtsprechung, statt aller BSG, SGb. 1990, 553/56; siehe auch Wallerath, Herstellung und Folgenbeseitigung im Recht der Leistungsverwaltung, DÖV 1987, 505/06.

2 Grundlegend BSG, SozR § 1300 RVO Nr. 3 = MDR 1962, 1022; ferner BSG, Urteil vom 17.10.1970, in StKV 1971, 303 = BSGE 32, 60, wo in der Begründung allerdings noch nicht ausdrücklich auf den Herstellungsanspruch, sondern auf den Rechtsgedanken der §§ 162, 242 BGB abgestellt wird.

3 BSG, MDR 1962, 1022/23.

4 Maier, Das unmittelbare Verhältnis zwischen Sozialleistungsträger und Sozialleistungsempfänger, SRH, B. 7, Rz 24.

5 Schmidt-De Caluwe, S. 157.

worfen worden[7], zumal das BSG bei der Anwendung des Herstellungsanspruchs "die Enge des Sozialrechtsverhältnisses längst überwunden" hat[8]. Die Fragestellung setzt voraus, daß man die Gültigkeit des Herstellungsanspruchs für das Sozialrecht bejaht. Unabhängig von Meinungsverschiedenheiten im Detail[9] ist der sozialrechtliche Herstellungsanspruch in der Rechtsprechung und im ganz überwiegenden Schrifttum als Rechtsinstitut[10] der Sozialgerichtsbarkeit anerkannt[11]. Erst in neuerer Zeit ist der Herstellungsanspruch jedenfalls in seiner Ausgestaltung als eigener Anspruch auf ausführliche Kritik und teilweise sogar auf Ablehnung gestoßen[12]. An seiner praktischen Existenz ändert dies jedoch nichts[13]. Auf die Einwände der Kritiker des sozial-

---

6 Z.B. Fehl, in Wilke, Einleitung BVG, Rz 5.

7 Maurer, § 29 Rz 24/25; Rüfner, Sozialrecht, S. 61; Rüfner, in Erichsen/Martens, § 53 Rz 32; Martens, Rz 194 FN 19; Ebsen, Der sozialrechtliche Herstellungsanspruch - eine fortdauernde Herausforderung der Rechtsdogmatik, VSSR 1992, 149/54; Ossenbühl, § 3, 1, wonach der Herstellungsanspruch auch für die anderen Zweige des Verwaltungsrechts als vorbildlich angesehen wird; vgl. auch Ule/Laubinger, § 26 V. Siehe auch Pietzner/Müller, Herstellungsanspruch und Verwaltungsgerichtsbarkeit, VerwA 85 (1994), 603; da dieser Aufsatz erst kurz vor Drucklegung erschien, konnte auf ihn i.e. nicht mehr eingegangen werden.

8 Schoch, Folgenbeseitigung und Wiedergutmachung im Öffentlichen Recht, VerwA 79 (1988), 1/30.

9 Siehe erst kürzlich wieder BezG Erfurt, SGb. 1993, 43/45.

10 So die einhellige Terminologie; statt aller Bühler, Das Grundprinzip des sozialrechtlichen Herstellungsanspruchs in der Rentenversicherung, RV 1993, 8; Ossenbühl, § 3, 1.

11 Siehe z.B. BVerwGE 82, 24/28; BAG, NJW 1989, 2909; Ossenbühl, § 39, 1; Grüner/Dalichau, SGB I/2, Einleitung, S. 63; Wallerath, DÖV 1987, 505. J. Plagemann, Auswirkungen der Rechtsprechung des BSG auf die tägliche Praxis des im Sozialrecht tätigen Rechtsanwalts, NJW 1986, 2082/86, bezeichnet den Herstellungsanspruch als "spektakulärstes Beispiel einer gelungenen Rechtsfortbildung"; i.E. ähnlich Ebsen, Der sozialrechtliche Herstellungsanspruch - ein Beispiel geglückter richterlicher Rechtsfortbildung?, DVBl. 1987, 389.

rechtlichen Herstellungsanspruchs soll daher erst im Rahmen einer entsprechenden Prüfung für das (sonstige) Verwaltungsrecht eingegangen werden. Auch dort gibt es in der Leistungsverwaltung zahlreiche Fallkonstellationen, in denen der Leistungsanspruch des Bürgers aufgrund vorangegangenen rechtswidrigen Verwaltungshandelns verkürzt oder vereitelt wird und nach jetzigem Rechtsstand an sich nicht mehr durchsetzbar ist. Die verwaltungsgerichtliche Rechtsprechung hat dazu eine Vielzahl von Einzellösungen entwickelt, denen der Sache nach der Gedanke des Herstellungsanspruchs zugrunde lag[14], obwohl dies in der ganz überwiegenden Zahl der Fälle nicht ausgesprochen wurde. Ein geschlossenes Bild ergeben diese Einzellösungen naturgemäß nicht. Dies könnte jedoch eine Übertragung des Herstellungsanspruchs auf das Verwaltungsrecht leisten. Der Herstellungsanspruch könnte dort nicht nur die verbliebenen Lücken schließen, sondern käme auch einer Systematisierung einzelner Fallgruppen und einer Harmonisierung mit der Rechtsprechung der Sozialgerichte zugute[15]. Um dies aufzuzeigen, soll zunächst der sozialrechtliche Herstellungsanspruch skizziert werden. Sodann erfolgt eine

---

12 Siehe die Arbeiten von Adolf, Ladage, Schmidt-De Caluwe und Schoch, a.a.O., mit jeweils unterschiedlicher Tragweite und Begründung.

13 Brugger, Der sozialrechtliche Herstellungsanspruch - Wildwuchs oder Baustein im System der Staatshaftung für rechtswidriges Verwaltungshandeln?, AÖR 112 (1987), 389; Schoch, a.a.O., S. 58; Bühler, RV 1993, 8; G. Dörr, Grenzen der Herstellung, DAngVers 1993, 182/83 und 186, der es sogar für möglich hält, den Herstellungsanspruch zum Gewohnheitsrecht zu zählen; ähnlich Ossenbühl, Öffentlich-rechtliche Entschädigung in Verfassung, Gesetz und Richterrecht, DVBl. 1994, 977.

14 Vgl. Schmidt-De Caluwe, S. 82; Schellhorn, GemeinKomm. SGB I, § 14 RZ 41, wonach sich der Herstellungsanspruch aus der Gerichtspraxis des BSG **und** des BVerwG herausgebildet hat.

15 Vgl. Grüner/Dalichau, SGB I/2, Einleitung, S. 60, wonach die "Einheit der sozialrechtlichen Anspruchsgrundlagen" gefährdet ist; ähnlich Brückner, Die Rechtsprechung zum Sozialgesetzbuch -Allgemeiner Teil- im Jahre 1982, ZfSH/SGB 1983, 103/06 f.; vgl. auch Maier, SRH, B. 7, Rz 37. Schmidt-De Caluwe begründet den Herstellungsanspruch zwar einerseits rein sozialrechtlich, S. 504, hebt aber andererseits hervor, daß seine Lö-

Erörterung der verwaltungsrechtlichen Fallgruppen, in denen sich eine Anwendung des Herstellungsanspruchs anbietet, und eine Diskussion der bisher praktizierten Lösungsmöglichkeiten. Dabei wird zu prüfen sein, ob diese Lösungen "bereichsspezifische Vorrangregeln"[16] sind. Schließlich wird die dogmatische Grundlegung des Herstellungsanspruchs im Verwaltungsrecht und, soweit dabei erforderlich, im Sozialrecht untersucht.

---

sung über den Vertrauensschutzgedanken zu einer solchen Harmonisierung beitrage, S. 531. Bachof, Buchbesprechung, DÖV 1990, 895/96, hält es gerade in bezug auf den Herstellungsanspruch für wünschenswert, daß sich die beiden Gerichte eingehender miteinander befassen; vgl. auch Berkemann, Der Folgenbeseitigungsanspruch - ein unterentwickeltes Rechtsinstitut?, Vortrag 1987, S. 7, und ders., Folgenbeseitigung - Herstellung - Wiedergutmachung, Referat 1990, 7, der in diesem Zusammenhang von einem "Revierverhalten" der Rechtsprechung spricht.

16 Bieback, Der sozialrechtliche Herstellungsanspruch als Institut staatlicher Haftung für rechtswidriges Verwaltungshandeln, DVBl. 1983, 159/67.

HAUPTTEIL

§ 1 DER SOZIALRECHTLICHE HERSTELLUNGSANSPRUCH IN DER ANWENDUNG DURCH DIE SOZIALGERICHTE

I. Bedürfnis für den Herstellungsanspruch

1. Abgrenzung zu anderen Haftungsmöglichkeiten

Nach überwiegender Ansicht besteht für rechtswidriges staatliches Handeln in der Leistungsverwaltung eine Rechtsschutzlücke[17], die im Bereich der Sozialgerichtsbarkeit vom BSG - zunächst unter Rückgriff auf den allgemeinen Wiedergutmachungsanspruch Mengers[18]- durch den Herstellungsanspruch geschlossen wurde[19]. Dieser ist von folgenden Haftungsmöglichkeiten abzugrenzen[20]:

---

17 So z.B. Brugger, AÖR 112 (1987), 389/400 ff.; Schoch, VerwA 79, 1/12 ff.; v.Einem, Urteilsanmerkung, RV 1986, 134. Teilweise a.A. Schmidt-De Caluwe, S. 503/04; Rüfner, Sozialrecht, S. 61/62; Ladage, S. 108/09; Adolf, S. 215/16, mit spezifisch sozialrechtlicher Begründung.

18 Menger, GS-Jellinek, S. 347 ff. Siehe dazu auch Bachof, Amtshandlung, und Bettermann, Die Lehre vom Folgenbeseitigungsanspruch, DÖV 1955, 528, sowie aus neuerer Zeit M. Redeker, Was beseitigt der Folgenbeseitigungsanspruch?, DÖV 1987, 194.

19 BSG, MDR 1962, 1022.

20 Siehe dazu u.a. Brugger, AÖR 112 (1987), 389/404 ff.; vgl. auch Schoch, VerwA 79 (1988), 1/8 ff.

a) Enteignungsrechtliche Ansprüche[21]

Enteignungsrechtliche Ansprüche setzen einen Eingriff in ein vermögenswertes Recht voraus[22]. Zwar genießen der Rechtsprechung des BVerfG zufolge sozialversicherungsrechtliche Positionen den Schutz des Art. 14 GG jedenfalls dann, wenn sie durch eigene Leistung erworben wurden und der Existenzsicherung dienen[23]. Jedoch richten sich die enteignungsrechtlichen Ansprüche nur auf Entschädigung, nicht aber auf die Vornahme von Amtshandlungen[24]. Außerdem sind gemäß Art. 14 Abs. 3 GG die Zivil- und nicht die Verwaltungsgerichte zuständig.

b) Die Amtshaftung

Der Amtshaftungsanspruch nach § 839 BGB, Art. 34 GG setzt ein Verschulden der Behörde voraus und geht als Sekundäranspruch nur auf Schadensersatz[25] unter Ausschluß einer Naturalrestitution[26]; diese würde schon daran scheitern, daß die für Amtshaftungsansprüche zuständigen Zivilgerichte[27] die Sozialbehörden nicht zur Vornahme von Amtshandlungen verurteilen können[28].

---

21 Gemeint sind die klassische Enteignung, der enteignungsgleiche Eingriff und der enteignende Eingriff; siehe dazu Ossenbühl, Teil 4-6.

22 Siehe z.B. Maurer, § 26 Rz 17 ff.

23 BVerfGE 14, 288; E 53, 257/93; E 69, 272/300.

24 Vgl. Haueisen, Folgenbeseitigung und Amtshaftung, DVBl. 1973, 739, und im einzelnen Ossenbühl, §§ 20, 25 und 33.

25 Vgl. Weyreuther, Empfiehlt es sich, die Folgen rechtswidrigen hoheitlichen Verwaltungshandelns gesetzlich zu regeln? (Folgenbeseitigung, Folgenentschädigung), Gutachten für den 47. Deutschen Juristentag 1968, Band 1, B 123; nach Schmidt-De Caluwe ist dies der wesentliche Unterschied zum Herstellungsanspruch.

26 Statt aller Maurer, § 25, Rz 44; zu gewissen Erweiterungen bei Auskunft und Abgabe eidestattlicher Versicherungen siehe Berkemann, Referat 1990, 2.

Auch fehlt insofern die Sachnähe der Zivilgerichte[29]. Da im Zivilprozeß der Untersuchungsgrundsatz nicht gilt, können sich für den betroffenen Bürger ferner Schwierigkeiten bei der Anspruchsverfolgung ergeben wie etwa Probleme der Beweislast beim Verschuldensnachweis[30].

Der im Zusammenhang mit der Staatshaftung häufig anzutreffende Verweis auf die Amtshaftung[31] orientiert sich an der im sozialen Rechtsstaat der Gegenwart veralteten[32] Vorstellung Otto Mayers vom "Dulde und liquidiere". Heutzutage ist aufgrund des Naßauskiesungsbeschlusses des BVerfG[33] stattdessen der Vorrang des Primärschutzes anerkannt[34], mit dessen Zielsetzung der Herstellungsanspruch ebenso wie der Folgenbeseitigungsanspruch[35] zumindest eng verwandt ist[36]. Schon aus prozeßökonomischen Gründen ist die Alternative des Amtshaftungsanspruchs meistens

---

27 Die Reformbemühungen um ein Staatshaftungsrecht sehen allerdings vor, den primären und den sekundären Rechtsschutz in einem Rechtsweg zusammenzuführen -siehe zuletzt Gemeinsame Arbeitsgruppe 1987, S. 147/48-, so daß die Verwaltungsgerichte auch über Amtshaftungsansprüche zu entscheiden hätten.

28 Krasney, Ansprüche bei unterlassener oder unrichtiger Auskunft oder Beratung, BKK 1985, 380/81.

29 BGHZ 103, 242/48.

30 Löwer, S. 306; Brackmann, S. 79 o II; zusätzliche Schwierigkeiten kann die Subsidiaritätsklausel des § 839 BGB bereiten, BGHZ 103, 242/48; zu weiteren Erschwernissen siehe Wagner, Urteilsanmerkung, SGb. 1993, 45/47 f.

31 Z.B. OVG Koblenz, NVwZ 1985, 509/10; Stelkens/Bonk/Leonhardt, VwVfG, § 31 Rz 8.

32 Siehe insbesondere Menger, GS-Jellinek, S. 347; Vogel, S. 23 ff; ähnlich K. Redeker, Urteilsanmerkung, DVBl. 1963, 509/10, und in anderem Zusammenhang Schenke, Folgenbeseitigungsanspruch und mitwirkendes Verschulden - BVerwG NJW 1989, 2484, JuS 1990, 370/76.

33 BVerfGE 58, 300.

34 Diese Vorstellung lag seit jeher auch § 839 Abs. 3 BGB zugrunde, Berkemann, Vortrag, S. 14.

35 Berkemann, Vortrag 1987, S. 14.

nicht sinnvoll, weil dieser nicht geeeignet ist, ein Schadensgeschehen bereits vor dem endgültigen Schadenseintritt aufzufangen, wie es der Herstellungsanspruch vermag[37]. Aus dieser Vorverlagerung ist allerdings nicht zu folgern, daß der Herstellungsanspruch kein Institut des Staatshaftungsrechts ist[38], weil auch der Herstellungsanspruch einen Ausgleich für rechtswidriges Staatshandeln ermöglicht[39]. Er dient im Interesse des Bürgers der Rechtsverwirklichung[40].

c) Der Folgenbeseitigungsanspruch

In seiner klassischen Form gilt der Folgenbeseitigungsanspruch nur im Bereich der Eingriffsverwaltung[41], während der Herstellungsanspruch der Beseitigung der Folgen rechtswidrigen Verwaltungshandelns im Bereich der Leistungsverwaltung dient. Nach traditioneller Ansicht ermöglicht der Folgenbeseitigungsanspruch auch keine umfassende Naturalrestitution, sondern nur die Wiederherstellung des früheren Zustandes[42]. Zwar erfährt

---

36 BGHZ 103, 242/47.

37 BSG, SGb. 1986, 34/36; v.Einem, RV 1986, 134; Krasney, BKK 1985, 380/81; Löwer, S. 302/03 und S. 282:"Naturalrestitution im Vorfeld endgültigen Schadenseintritts"; Brückner, ZfSH/SGB 1983, 103/07:"Schadensabwendungsanspruch"; Jochum, Auskunfts- und Hinweispflichten bei der Wahrnehmung hoheitlicher Aufgaben, NVwZ 1987, 460/64, der zufolge der Herstellungsanspruch den Zielen des Bürgers eher gerecht wird als die Amtshaftung; vgl. auch Brugger, AÖR 112, (1987), 398/439, zur Rechtsprechung des BVerwG zum Lastenausgleichsrecht.
Kritisch zu der Klassifizierung des Herstellungsanspruchs als Schadensabwendungsanspruch Bley, SGB-SozVers-GK I, vor §§ 13 - 15 SGB I, Anm. 5 f dd, weil der Herstellungsanspruch auch die bereits entstandenen Schäden erfasse.

38 So aber Ladage, S. 123.

39 Bühler, RV 1993, 8; Bieback, DVBl. 1983, 159/60, und ders., Grundlagen und Schranken des sozialrechtlichen Herstellungsanspruchs, SGb. 1990, 517/19; siehe auch Adolf, S. 78 ff.: "Der Herstellungsanspruch im System der Staatshaftung".

40 Bieback, Urteilsanmerkung, SGb. 1986, 36.

41 Vgl. statt aller Wallerath, DÖV 1987, 505.

der Folgenbeseitigungsanspruch immer wieder Erweiterungen, doch gehören diese nicht zu seinem allseits anerkannten und gesicherten Bestand, so daß sie bislang nicht konsensfähig sind. Auf die Erweiterungsfähigkeit des Folgenbeseitigungsanspruchs wird noch zurückzukommen sein[43].

d) Anspruchsgrundlagen im Verwaltungsverfahrensrecht

Im Verwaltungsverfahrensrecht sind bei rechtswidriger Beeinträchtigung von Leistungsansprüchen des Bürgers insbesondere die §§ 25, 48 VwVfG, §§ 13 - 17 SBG I und § 44 SGB X anwendbar. Diese Regelungen sind jedoch vor allem hinsichtlich der Rechtsfolgen lückenhaft[44]. Sie behandeln nicht die Folgen fehlerhaften Verwaltungshandelns im Vorfeld des Verfahrens oder außerhalb von Verwaltungsakt und -vertrag[45]. Die verfahrensrechtlichen Vorschriften über eine Wiedereinsetzung in den vorigen Stand nach § 32 VwVfG, § 27 SGB X, die -ebenso wie die ungeschriebene Nachsichtgewährung- der Korrektur von Fristversäumnissen dienen, erfassen die Herstellungsfälle ebenfalls nicht. Der Herstellungsanspruch greift nach heutigem Stand zwar nicht nur bei der Verjährung von Ansprüchen aufgrund fehlerhaften Behördenhandelns ein, sondern auch bei sonstigen Leistungshindernissen wie Fristversäumnissen[46]. Seine Rechtsfolgen gehen aber weiter als die von Wiedereinsetzung und Nachsichtgewährung, mit denen beispielsweise ein Nachholen der zur Herstellung des hypothetischen Zustandes erforderlichen (Amts-) Handlungen nicht

---

42 Maurer, § 29 Rz 1 und 2.

43 Siehe unten § 4 II 3 und 4.

44 Bieback, DVBl. 1983, 159/68 ff.

45 Kühl, Der sozialrechtliche Herstellungsanspruch - ein Abriß, VersB 1984, 137/38; ähnlich Bieback, DVBl. 1983, 159/63.

46 Siehe z.B. LSG NRW, RV 1986, 130, Brackmann, S. 79 o IV, und im einzelnen unten § 1 II. A.A. v.Einem, RV 1986, 134, der in nicht nachvollziehbarer Weise den Fall, daß aufgrund fehlerhafter Beratung ein Antrag überhaupt nicht gestellt wird, von

möglich ist[47]. Die Wiedereinsetzung kann jedoch ergänzend neben dem Herstellungsanspruch in Betracht kommen[48].

2. Legitimität und Akzeptanz des Herstellungsanspruchs

Unabhängig von der dogmatischen Einordnung wird die Legitimität des Herstellungsanspruchs kaum bestritten[49]. Seine weitgehende faktische Anerkennung stützt sich vor allem auf seine billig und gerecht erscheinenden Ergebnisse[50]. Mittelbar anerkannt hat ihn auch der Gesetzgeber, dessen Hinweis auf die Anwendung allgemeiner Haftungsgrundsätze anläßlich der Regelung der §§ 13-17 SBG I[51] dafür spricht, daß der Herstellungsanspruch nicht in Frage gestellt werden sollte[52]. In der Diskussion und Normierung des geplanten Staatshaftungsgesetzes von 1981 spielte der Herstellungsanspruch allerdings ebensowenig eine Rolle wie bei den neueren Reformarbeiten[53] zum Staatshaftungsrecht[54]. Dies wurde überwiegend als Versehen[55] bzw. als eine der Schließung

---

dem Fall unterscheidet, daß der Antrag aus den gleichen Gründen zu spät gestellt wird.

47 Siehe unten insbesondere § 4 II 2 c.

48 Bieback, SGb. 1990, 517/26.

49 Brugger, AÖR 112 (1987), 389/425 FN 142, mit Nachweisen; Ossenbühl, § 39, 1 a.

50 Schmidt-De Caluwe, S. 157/58; siehe auch Berkemann, Vortrag 1987, S. 16: "Denn wir wissen sehr genau, daß es 'billig und gerecht' ist, daß die öffentliche Hand den Zustand herzustellen hat, der ohne ihr rechtswidriges Zutun 'eigentlich' bestehen würde."

51 Vgl. BT-Drucksache 7/868, S. 25.

52 Brugger, a.a.O., S. 427.

53 Siehe Gemeinsame Arbeitsgruppe 1987.

54 Schmidt-De Caluwe, S. 320.

durch Richterrecht zugängliche Regelungslücke[56] interpretiert, teilweise aber auch dahingehend aufgefaßt, daß das StHG eine abschließende Regelung enthalte[57]. Da das StHG gescheitert ist, ist dieser Meinungsunterschied praktisch bedeutungslos. Von Belang erscheint hingegen eine Rechtfertigung, die der Herstellungsanspruch durch § 2 Abs. 2 SGB I erfährt, wonach bei Auslegung der Vorschriften des SGB und bei der Ermessensausübung die Verwirklichung sozialer Rechte sicherzustellen ist. Insofern verstößt der Herstellungsanspruch nicht gegen das vom Gesetzgeber Gewollte, sondern fördert sogar die gesetzgeberischen Intentionen[58]. Mit der -gegenüber der allgemeinen Betreuungspflicht der Verwaltung- rechts- und sozialstaatlich verstärkten besonderen Betreuungspflicht erklärt sich die **Legitimität** des Herstellungsanspruchs[59]. Seine **Notwendigkeit** wird jedoch in neuerer Zeit teilweise bezweifelt[60]. Allerdings stellen diejenigen, die die Notwendigkeit des Herstellungsanspruchs verneinen, mehr seine Anspruchsqualität als seine grundsätzliche Existenzberechtigung in Frage[61]. Hinsichtlich der Zulässigkeit des

---

55 Brugger, a.a.O., S. 427 f., S. 428 FN 149 und S. 446. Nach Krasney, BKK 1985, 380/81, entspricht der Herstellungsanspruch den Vorstellungen des Gesetzgebers des StHG; ebenso Brackmann, S. 79 o I, II.

56 Schmidt-De Caluwe, S. 320/21; Maier, SRH, B. 7, Rz 63.

57 So Bieback, Urteilsanmerkung, SGb. 1983, 28/31, der daraus folgert, daß der Herstellungsanspruch nur im Rahmen des § 15 Nr. 1 StHG (besonderer Anspruch aus vertragsähnlichem Rechtsverhältnis) hätte weiterbestehen können; vgl. auch Seewald, Urteilsanmerkung, SGb. 1980, 549. Eine andere Schlußfolgerung zieht Maier, SRH, B. 7, Rz 32 und 63: da der Herstellungsanspruch nur als Anspruch nach § 15 Nr. 1 StHG zu qualifizieren war, wäre Raum für die richterliche Fortentwicklung des Herstellungsanspruchs geblieben.

58 Brugger, a.a.O., S. 428 FN 149.

59 Ossenbühl, § 39, 1 a.

60 Mit jeweils unterschiedlicher Begründung und unterschiedlicher Tragweite Schmidt-De Caluwe, zusammenfassend S. 304 und S. 530/31; Ladage, zusammenfassend S. 121 - 124; Adolf, zusammenfassend S. 217 - 219; Rüfner, Sozialrecht, S.61.

Herstellungsanspruchs stellt sich vor allem das Problem einer Folgenbeseitigung contra legem[62] und damit verbunden das der Rechtssicherheit[63]. Mit dem Argument, der Rechtsbestand sei strukturell stärker als der Rechtsanspruch geschützt[64], werden im Rahmen der Kritik am Herstellungsanspruch auch Autonomie und Selbstverantwortung des Bürgers[65] sowie die Notwendigkeit der Verwaltungseffizienz hervorgehoben[66]. Dies schließt allerdings nicht die Anwendbarkeit des Herstellungsanspruchs aus, sondern ist vielmehr ein Gesichtspunkt bei der Frage, wie weit behördliche Betreuungspflichten reichen[67]. Dabei kann nicht von einer Allwissenheit des Bürgers ausgegangen werden[68], weil der Her-

---

61 Schmidt-De Caluwe, S. 503/04; Ladage, S. 108/09; siehe auch unten § 1 IV 3. Adolf, S. 215/16, konstatiert eine Regelungslücke -und gleichzeitig die Notwendigkeit eines Primäranspruchs- nur für das sozialversicherungsrechtliche **Vorsorge**verhältnis, weil im **Leistungs**verhältnis seiner Ansicht nach die Grundsätze des verwaltungsrechtlichen Schuldverhältnisses eine ausreichende Haftung gewährleisten. Da er zuvor selbst die Anwendung dieser Grundsätze ausdrücklich abgelehnt hat, S. 144, vgl. auch S. 203 FN 19, ist diese Differenzierung nicht überzeugend.

62 Merten, Auskunftsanspruch und Auskunftsbescheid im Sozialrecht, VSSR 1973/74, 66/67, lehnt den Herstellungsanspruch als Folgenbeseitigung contra legem ab, siehe dazu § 1 III 8 und § 4 III 2 c; vgl. auch Löwer, S. 280/81; Weyreuther, Gutachten, B 126 FN 539, und Weyreuther, Die Gesetzesbindung der Verwaltung und ihre Grenzen, DVBl. 1964, 893/95.

63 Brugger, AÖR 112 (1987), 389/447.

64 Schoch, VerwA 79 (1988) 1/42.

65 Schoch, VerwA 79 (1988), 1/61 FN 375. Vgl. ferner Bieback, DVBl. 1983, 159/67, und Löwer, S. 285.

66 Vgl. Löwer, S. 285, und Bieback, a.a.O.

67 Vgl. Berkemann, Vortrag 1987, S 6, dem zufolge die Reichweite des Herstellungsanspruchs faktisch durch die richterrechtlich zu steuernde Intensität der Beratungs- und Auskunftspflichten geprägt wird. Vgl. auch Ratzel, Die Anregungspflicht des Finanzamts nach § 89 Satz 1 AO, NWB Fach 2 (1985), 4527, wonach das Finanzamt aufgrund der Massenarbeit bei begrenztem Personalbestand eine nur eingeschränkte Anregungspflicht hat; ähnlich Lohmeyer, Die Fürsorgepflicht der Finanzbehörde nach §

stellungsanspruch gerade für die Fälle geschaffen wurde, in denen eine Kooperation der Behörde aufgrund der sozialen Abhängigkeit des Bürgers besonders erforderlich ist[69]. Als weitere Bedenken gegen den Herstellungsanspruch werden die gesetzliche Prärogative bei der Verteilung staatlicher Mittel zur Erfüllung öffentlicher Aufgaben und die Konsistenz der staatlichen Haftungssysteme angeführt[70]. Dennoch ist der Herstellungsanspruch inzwischen "ein Faktum, das kaum mehr rückgängig zu machen" ist[71]. Auch der BGH hat sich der Sache nach in ähnlich gelagerten Fällen nicht grundsätzlich ablehnend gezeigt[72]. Für den Bereich der Sozialgerichtsbarkeit erkennt er den Herstellungsanspruch ohnehin an[73]. Selbst das BVerfG scheint dem Herstellungsanspruch positiv gegenüberzustehen[74]. In einer Entscheidung aus dem Jahre 1988 spricht es von der grundsätzlichen Möglichkeit des der Wahrung des Sozialstaatsprinzips dienenden Herstellungsanspruchs sowie dem von der Rechtsprechung aner-

---

89 AO, DStZ 1979, 190/91, und BFH, BStBl 1960, Teil III, S. 178/79.

68 Funk, Der sozialrechtliche Herstellungsanspruch in der Rechtsprechung des BSG, DAngVers 1981, 26/30.

69 Bieback, SGb. 1990, 517/20.

70 Brugger, AÖR 112 (1987), 389/447.

71 Brugger, AÖR 112 (1987), 389/91; ablehnend Merten, VSSR 1, 66/76, und in neuerer Zeit Schoch, VerwA 79 (1988), 1/57 f., der jedoch de lege ferenda für einen allgemeinen Wiedergutmachungsanspruch eintritt, S. 61 ff.

72 BGH, NVwZ 1985, 936, zur Beratungspflicht im Beamtenverhältnis; BGH, NVwZ 1985, 938: Fiktion der Wahrung einer Frist nach dem BEG; siehe in diesem Zusammenhang auch BAG, NVwZ 1985, 941.

73 BGH, FamRZ 1990, 365; BGHZ 103, 242/47 f., wonach die Geltendmachung des Herstellungsanspruchs vor den Sozialgerichten die Verjährung des Amtshaftungsanspruchs unterbricht; ablehnend Berkemann, Referat 1990, 7, insofern, als der BGH damit die rechtliche Möglichkeit eines weiteren Streitverfahrens unterstellt, nachdem die Klage auf Grundlage des Herstellungsanspruchs erfolglos blieb.

kannten Recht des Betroffenen, in bestimmten Situationen Herstellung zu verlangen[75].
Der Herstellungsanspruch spielt nicht nur in der Rechtsprechung, sondern auch in der Verwaltungspraxis eine Rolle. Die Sozialverwaltungen sind durch Verwaltungsvorschriften ausdrücklich zu seiner Berücksichtigung angehalten[76]. Sie entscheiden über den Herstellungsanspruch durch Verwaltungsakt[77]. Darüber hinaus ist der Herstellungsanspruch auch fester Bestandteil populärwissenschaftlicher Ratgeber[78].
Wie der Herstellungsanspruch in der Spruchpraxis der Sozialgerichte angewandt und in der sozialrechtlichen Literatur behandelt wird, wird im folgenden darzustellen und zu würdigen sein.

II. Historische Entwicklung[79]

Der Gedanke des Herstellungsanspruchs lag in Ansätzen bereits einer Entscheidung des Reichsversicherungsamtes aus dem Jahr 1911 zugrunde[80]. Das BSG wandte den Herstellungsanspruch erstmals 1962 an[81] und hat ihn seither laufend fortentwickelt. Ein

---

74 So auch die Einschätzung Rüfners, Das Sozialrecht in der Rechtsprechung des Bundesverfassungsgerichts, Jahrbuch des Sozialrechts der Gegenwart 1989 (Bd. 11), 35/40.

75 BVerfGE 78, 165/78.

76 Schmidt-De Caluwe, Der sozialrechtliche Herstellungsanspruch und die Rücknahme rechtswidriger, nicht begünstigender Verwaltungsakte gemäß § 44 SGB X, SozVers 1991, 134 FN 2; Nachweise bei Böhm, Der Herstellungsanspruch im sozialrechtlichen Entschädigungsrecht und Schwerbehindertenrecht, Teil I, VersB 1985, 39/49 FN 5.

77 Böhm, VersB 1985, 39/40; Bühler, RV 1993, 8/11; vgl. auch G. Dörr, DAngVers 1993, 182/84.

78 Nachweise bei Schmidt-De Caluwe, SozVers 1991, 314 FN 2.

79 Siehe dazu z.B. Schmidt-De Caluwe, S. 153 ff.

Großteil der Entscheidungen des BSG zum Herstellungsanspruch erging im Bereich des Sozialversicherungsrechts, insbesondere im Rentenversicherungsrecht[82]. Dort entsteht ein Herstellungsanspruch dann, wenn der Versicherungsträger eine sich aus dem Versicherungsverhältnis ergebende Nebenpflicht zur Auskunft, Belehrung und verständnisvollen Förderung des Versicherten verletzt, indem er sie trotz eines konkreten Anlasses für die genannten Dienstleistungen nicht oder nur unzureichend erfüllt[83]. Typische Fallkonstellation ist die bereits eingangs erwähnte Verjährung von Rentenansprüchen aufgrund einer Falschauskunft des Sozialversicherungsträgers[84]. Sollten mit dem Herstellungsanspruch ursprünglich Verjährungs- und materiellrechtliche Ausschlußfristen überwunden werden, so entwickelte er sich im Laufe der Zeit zunehmend zu einem Anspruch auf Vornahme von Amtshandlungen bei Verwaltungsunrecht[85], dessen Rechtsfolge auf Herstellung des Zustandes gerichtet ist, der bei rechtmäßigem Handeln der Verwaltung bestünde[86]. Der Herstellungsanspruch wird nach heutiger Rechtsprechung nicht mehr nur bei Verletzung von Auskunfts- und Beratungspflichten gewährt, sondern auch dann, wenn der Leistungsträger zu Unrecht eine Leistung verweigert hat[87]. Generell läßt sich sagen, daß es in den bisher ein-

---

80 Kreßel, S. 284; Geschwinder, Der sozialrechtliche Herstellungsanspruch in der Praxis, ZfS 1985, 70/71.

81 BSG, MDR 1962, 1022.

82 Schmidt-De Caluwe, S. 142.

83 BSGE 60, 85.

84 BSG, MDR 1962, 1022; BSGE 32, 60.

85 Schoch, VerwA 79 (1988), 1/29; er kritisiert dies als "allgemeinen Billigkeitsanspruch", S. 58. Vgl. auch Frohn, Der Herstellungsanspruch - ein sozialrechtliches Ausgleichsinstitut sui generis -BSG RV 87, 155 ff.-, Jura 1989, 523/27: "Materielle Rechtmäßigkeitsrestitution".

86 Beispiele bei BSGE 59, 60/62; etwas anders Kreßel, S. 300, dem zufolge die rechtswidrig beeinträchtigte Berechtigung des Betroffenen herzustellen ist.

schlägigen Fällen um die rechtswidrige Ablehnung von Begünstigungen, um falsche Auskünfte und um fehlerhafte Betreuung durch die Sozialbehörden ging[88]. Der Herstellungsanspruch ist somit "auf Vornahme einer mit Recht und Gesetz in Einklang stehenden Amtshandlung zur Herbeiführung desjenigen Zustandes gerichtet, der eingetreten wäre, wenn der Versicherungsträger die ihm obliegenden Pflichten wahrgenommen hätte"[89].

III. Tatbestandliche Voraussetzungen des Herstellungsanspruchs im einzelnen[90]

1. Bestehen eines Sozialrechtsverhältnisses

Das Sozialrechtsverhältnis verpflichtet die Sozialbehörde, den Bürger neben der Gewährung der ihm zustehenden Leistungen zu beraten und verständnisvoll zu fördern[91] sowie auf naheliegende Gestaltungsmöglichkeiten hinzuweisen[92]. Maßstab für das Beratungserfordernis sind die vom Leistungsträger zu erfüllenden

---

87 So wird z.B. in BSGE 53, 273/77 und BSGE 35, 10/14 der Herstellungsanspruch für den Ersatz von Aufwendungen bejaht, die der Versicherte wegen der rechtswidrigen Leistungsverweigerung durch die Behörde machen mußte; ähnlich BSG, Breithaupt 1980, 828; siehe auch Ladage, S. 52.

88 Siehe zu den einzelnen Fallgruppen auch Adolf, S. 31 ff.; Kreßel, S. 303 und S. 350/51; Frohn, Jura 1989, 523/28; Bogs, Sozialversicherungsrechtlicher Schadensausgleich im Staatshaftungssystem, FS-BSG, S. 149/57; Schnapp, Urteilsanmerkung, SGb. 1977, 307/08. Löwer, S. 198-200, reduziert den Anwendungsbereich des Herstellungsanspruchs auf die Verletzung von Betreuungspflichten; ebenso Schmidt-De Caluwe, S. 183/84.

89 BSG, SozR § 1300 § 44 Nr. 18 (S. 41). Eine Übersicht über die typischen Fallgruppen des sozialrechtlichen Herstellungsanspruchs findet sich bei G. Dörr, DAngVers 1993, 182/83 ff.

90 Siehe dazu u.a. Ebsen, DVBl. 1987, 389/90 f., und Bühler, RV 1993, 8/9 f.

91 BSG, MDR 1962, 1022; SG Berlin, InfAuslR 1986, 70.

Zielsetzungen[93]. Die sozialrechtliche Sonderbeziehung ist i.d.R. eine intensive, dauerhafte Rechtsbeziehung, die von einer gesteigerten Abhängigkeit des Bürgers von Beratung und Betreuung geprägt ist[94]. Kennzeichnend sind auch die existenzielle Bedeutung der Sozialleistungen für den einzelnen sowie die Komplexität und Kompliziertheit des Sozialrechtsverhältnisses[95]. Dementsprechend geht es beim Herstellungsanspruch nicht um eine Haftung für rechtswidriges Handeln der Verwaltung schlechthin, sondern insbesondere um Pflichtwidrigkeiten bei der Beratung und Betreuung des Bürgers[96]. Allerdings hat die Rechtsprechung den Herstellungsanspruch auch bei nur punktuellem Kontakt[97] und -bei **individueller** Falschberatung- sogar ausserhalb von Sozialrechtsverhältnissen angewandt[98]. Dies macht deutlich, daß zwischen Betreuungspflichtverletzungen und dem Herstellungsanspruch zwar ein enger Zusammenhang besteht[99], die Reichweite des Herstellungsanspruchs aber "noch keineswegs bis in den letzten Winkel ausgeleuchtet" ist[100].

2. Art der Pflichtverletzung

Nach heutigem Stand der sozialgerichtlichen Rechtsprechung gilt der Herstellungsanspruch in erster Linie bei jeglicher Art von

92 BSGE 55, 275/60.

93 Krause/Sattler, Die höchstrichterliche Rechtsprechung zum SGB I (Allgemeiner Teil) und zum SGB IV (Gemeinsame Vorschriften für die Sozialversicherung), Jahrbuch des Sozialrechts der Gegenwart 1991 (Bd. 13), 73/76, mit Nachweisen.

94 Ossenbühl, § 39, 1 b aa.

95 Ossenbühl, a.a.O.

96 Bieback, Urteilsanmerkung, SGb. 1986, 36/37.

97 Z.B. BSGE 52, 254/61.

98 LSG Berlin, Breithaupt 1984, 783/85; vgl. auch Bieback, SGb. 1990, 517/19, und Hertwig, S. 208.

99 Krasney, BKK 1985, 389/81.

Nebenpflichtverletzungen -sei es aus einem konkreten Verwaltungsverhältnis, sei es aus allgemeinen Nebenpflichten heraus[101]- und unabhängig davon, ob es sich um Betreuungspflichtverletzungen oder sonstige Verfahrenspflichten handelt[102]. Darüber hinaus wird der Herstellungsanspruch aber auch bei der Verletzung von Hauptpflichten angewandt[103]. Dem gegenüber wird freilich eingewandt, es bestünde bei der Verletzung von Haupt**leistungs**pflichten kein Bedürfnis für den Herstellungsanspruch, weil auf den eigentlichen Leistungsanspruch zurückgegriffen werden könne[104]. Dieser Einwand betrifft jedoch zunächst nur die Fälle, in denen Hauptpflicht und Leistungsanspruch miteinander korrespondieren, was beispielsweise bei den als Hauptpflichten ausgestalteten Beratungspflichten der §§ 13 ff. SGB I nicht der Fall ist[105]. Ansonsten kommt es entscheidend darauf

---

100 Funk, DAngVers 1981, 26/29.

101 Bieback, SGb. 1983, 28/30. Mittlerweile reicht jeder Kontakt aus, der über das normale Bürger-Staat-Verhältnis hinausgeht, Schmidt-De Caluwe, S. 142. So hat BSGE 50, 12/14 einen konkreten Anlaß für ein Tätigwerden der Verwaltung bereits darin gesehen, daß eine Prüfung des Versicherungsträgers zur Feststellung einer dem Versicherten günstigen Rechtslage führte, die der Versicherte nicht kannte und deshalb nachteilige Maßnahmen ergriff.

102 Adolf, S. 45.

103 BSGE 53; 273/77; BSGE 35, 10/14; BSG, Breithaupt 1980, 828; BSGE 49, 76/81 = SGb. 1980, 546/48, mit Anmerkung Seewald; Schoch, VerwA 79 (1988), 1/27 FN 54, mit weiteren Nachweisen; Ladage, S. 27/28 und S. 121; Wallerath, DÖV 1987, 505/09; Bieback, DVBl. 1983, 159/63; Geschwinder, ZfS 1985, 70/72; v.Einem, Das Verhältnis des sozialrechtlichen Herstellungsanspruchs zur Rücknahme eines Verwaltungsakts nach § 44 SGB X, SozVers 1982, 1/2; Funk, DAngVers 1981, 26/30; Adolf, S. 45; Brückner, ZfSH/SGB 1983, 103/07; vgl. auch Adolf, S. 202.

104 Hofe, Das System der Bescheidkorrektur bei rechtswidrigen nicht begünstigenden Verwaltungsakten (SGB X), SGb. 1986, 11/15; so wohl auch Krause, Die höchstrichterliche Rechtsprechung zum SGB I (Allgemeiner Teil) und zum SGB IV (Gemeinsame Vorschriften für die Sozialversicherung), Jahrbuch des Sozialrechts der Gegenwart, 1982, 47/48; BSG, SGb. 1986, 11/15, bzgl. eines Rehabilitationsanspruchs; Schmidt-De Caluwe, S. 302/03.

an, ob die Pflichtverletzung im Einzelfall gesetzlich sanktioniert ist, der Herstellungsanspruch also überflüssig ist[106], weil keine Regelungslücke besteht[107]. Liegt eine solche Lücke hingegen vor, so fällt die Verletzung von Hauptleistungspflichten erst recht in den Anwendungsbereich des Herstellungsanspruchs[108], weil auch die Verletzung von Nebenpflichten nur im Interesse der Verwirklichung der Hauptleistungspflicht sanktioniert wird[109]. Die Fälle rechtswidriger Leistungsversagung werden im Sozialrecht häufig schon von § 44 SGB X erfaßt[110], wobei allerdings strittig ist, ob § 44 SGB X den Herstellungsanspruch ausschließt[111] oder lediglich lex specialis ist[112]. Sofern die Ablehnung einer Leistung nur weitere Folge einer primären Ver-

105 BSG, SozR 1200 § 14 Nr. 9; Krasney, BKK 1985, 380/82. Gegen eine Anwendung des Herstellungsanspruchs bei Verletzung der "selbständigen Beratungs- und Auskunftspflichten im Sinne der §§ 14,15 SGB I" aber Krause, a.a.O., S. 50, weil der Herstellungsanspruch seine Grundlage in § 242 BGB und damit im konkreten Sozialrechtsverhältnis behalten solle.
Ob die §§ 13-15 SGB I Hauptpflichten im zivilrechtlichen Sinne sind, ist strittig, aber praktisch bedeutungslos, Frohn, Jura 1989, 523 FN 1. Die Terminologie bzgl. der Haupt- und Nebenpflichten im Sozialrecht ist uneinheitlich und verwirrend, siehe dazu Schoch, VerwA 79 (1988), 1/27 FN 154. Damit ist auch erklärlich, weshalb das BSG verbal mitunter entgegen seiner eigenen Rechtsprechung den Herstellungsanspruch auf Nebenpflichtverletzungen beschränken will; Nachweise bei Kreßel, S. 287 FN 25, der seinerseits nicht zwischen Haupt- und Nebenpflichten differenziert.

106 BSGE 60, 158/64 = ZfSH/SGB 1986, 605/08 = DRV 1987, 64/68; danach kommt der Herstellungsanspruch jedenfalls dann nicht zur Anwendung, wenn § 44 SGB X einschlägig ist.

107 Fehl, in Wilke, § 1 BVG Rz 123; vgl. Adolf, S. 45.

108 Vgl. BSG, SozR 1200 § 14 Nr. 9; ähnlich Kunkel, Die Rechtsfolgen unzulässigen Offenbarens eines Geheimnisses, VBlBW 1992, 47/50.

109 Vgl. Kreßel, S. 385/86.

110 Ausführlich zum Verhältnis zwischen § 44 SBG X und dem Herstellungsanspruch Schmidt-De Caluwe, S. 184-200.

111 BSGE 60, 158/64; Böhm, VersB 1985, 50/52; Schulin, Rz 932: "subsidiär"; Hauck/Haines, SGB X 1/2, K § 44 Rz 32; bzgl. der Verletzung einer Hauptleistungspflicht Hofe, SGb. 1986, 11.

letzung der Betreuungspflicht ist, etwa weil aufgrund fehlerhafter Beratung der Betroffene in einem für seinen Rentenanspruch nicht ausreichendem Maße Beiträge entrichtet[113], später aber gleichwohl eine höhere Rente fordert, geht der Herstellungsanspruch über den Anwendungsbereich des § 44 SGB X hinaus[114], weil die Verletzung der Betreuungspflicht nicht von der Bestandskraft der Leistungsversagung erfaßt wird[115]. Wenn der Bürger fehlbetreuungsbedingt einen Antrag in nur eingeschränkter Form stellt, obwohl er einen uneingeschränkten Anspruch hat, so greift § 44 SGB X ebenfalls nicht ein, weil der Antrag den Gegenstand des Verwaltungsverfahrens begrenzt[116] und der daraufhin ergehende Verwaltungsakt nicht rechtswidrig ist[117]. § 44 SGB X verdrängt den Herstellungsanspruch auch dann nicht, wenn der rechtswidrige Verwaltungsakt den Betroffenen zu nachteiligen Dispositionen veranlaßt hat[118] oder wenn die Behörde,

---

112 V.Einem, SozVers 1982, 1/2, wonach der Herstellungsanspruch in § 44 SGB X positiv-rechtlich geregelt ist; Geschwinder, ZfS 1985, 70/74; Maier, Der sozialrechtliche Herstellungsanspruch - Auswirkungen der Rechtsprechung des Bundessozialgerichts auf die Verwaltungstätigkeit der Rentenversicherungsträger-, SGb. 1982, 133/37, und SRH, B. 7, Rz 61. Ähnlich betrachtet Kreßel, S. 233 ff., die §§ 48, 49 VwVfG und § 44 a BHO als abschließende Regelungen seines Bestandsschutzanspruchs. Kreßel, Zum sozialrechtlichen Herstellungsanspruch, SGb. 1987, 313/15, zufolge konstituiert § 44 SGB X den Herstellungsanspruch nicht, sondern erweitert lediglich denjenigen Herstellungsanspruch, der aus einer bestandskräftigen rechtswidrigen Leistungsverweigerung entstanden ist. Ebsen, DVBl. 1987, 389/93 f., entnimmt § 44 SGB X den allgemeinen Rechtsgedanken, daß auch rechtswidriges schlichthoheitliches Handeln rückgängig zu machen ist.

113 Dazu Kreßel, SGb. 1987, 313 ff.

114 Kreßel, SGb. 1987, 313/15 f.; nach Bieback, DVBl. 1983, 159/62, können § 44 SGB X und der Herstellungsanspruch daher zusammenwirken.

115 Kreßel, SGb. 1987, 313/16.

116 BSGE 59, 60/62. Siehe unten § 4 III 2 c bb.

117 Krasney, BKK 1985, 380/85, mit der allerdings unzutreffenden Begründung, der für den Betroffenen entstehende Zustand sei nicht rechtswidrig; abgesehen davon, daß dies umstritten ist, siehe unten § 4 II 4 b aa, ist damit noch nichts über die

was bei Auskünften regelmäßig der Fall ist, keine Willens-, sondern bloße Wissenserklärungen abgegeben hat[119].

Unerheblich ist, ob die Pflichtverletzung in einem Handeln oder Unterlassen der Verwaltung besteht[120]; ein Eingriffsakt ist nicht erforderlich[121]. Beispielsweise kann dem BSG zufolge auch die unzutreffende Begründung eines Bescheides einen Herstellungsanspruch auslösen[122]. Ebenso sei eine objektiv unrichtige Satzung einer Falschauskunft gleichzustellen, weil die Satzung die Auskunft ersetzen solle[123]. Im Einzelfall kann das Sozialrechtsverhältnis nach seiner Beendigung fortwirken[124].

Ferner soll der Herstellungsanspruch bei fehlerhafter Aufklärung in Merkblättern oder Broschüren Anwendung finden[125] und somit eine Prospekthaftung begründen können[126]. Andererseits begründet die unterlassene oder fehlerhafte Aufklärung der Be-

---

Rechtmäßigkeit oder Rechtswidrigkeit des Verwaltungsakts gesagt.

118 Schmidt-De Caluwe, S. 145/86.

119 Kreßel, SGb. 1987, 313/15; Frohn, Jura 1989, 523/26 und FN 12, sowie Bieback, DVBl. 1983, 159/62, wonach nur das Verweigern jeglicher Auskunft ein Verwaltungsakt ist.

120 Dazu SG Berlin, InfAuslR 1986, 70; Löwer, S. 290; Krasney, BKK 1985, 380/83.

121 Brückner, ZfSH/SGB 1983, 103/07.

122 BSG, Breithaupt 1986, 47.

123 BSGE 56, 61 ff.; noch offengelassen von BSGE 50, 12/14; ablehnend Bieback, SGb. 1990, 517/20 f., da es an einer individuellen Beziehung zum Bürger fehle.

124 Krause/Sattler, Jahrbuch des Sozialrechts der Gegenwart 1991 (Bd. 13), 73/75.

125 BSG, Urteil vom 15.12.1983 -12 RK 6/83-, abgedruckt bei Grüner/Dalichau, SGB I, § 13 S. 22 (Nr. 10); vgl. auch BSG, SozR 2200 § 381 Nr. 44, S. 121.

126 Vgl. Wallerath, DÖV 1987, 505/10; Schoch, VerwA 79 (1988), 1/28; Bieback, SGb. 1990, 517/21.

völkerung über gesetzliche Fristen bei Fristversäumnis eines einzelnen keinen Herstellungsanspruch[127].

3. Art des Schadens

Der für den Herstellungsanspruch relevante Schaden kann in der rechtswidrigen Versagung von Leistungen und anderen Berechtigungen oder in der Auferlegung von Verpflichtungen bestehen[128]. In erster Linie soll der Herstellungsanspruch Dispositionsschäden des betroffenen Bürgers beseitigen[129], die diesem im Vertrauen auf die Richtigkeit behördlichen Verhaltens entstanden sind, etwa bei verspäteter Antragstellung, unterlassener Beitragszahlung, zurückgenommenen Anträgen oder Austritten aus Versicherungsverhältnissen und finanziell unkluger Rechtswahl von Versicherungsverhältnissen[130]. Daraus, daß der Herstellungsanspruch bei der Verletzung von Hauptleistungspflichten eingreifen kann, ergibt sich aber bereits, daß er vom BSG auch in Fällen angewandt wird, in denen die Schadensverursachung ausschließlich und unmittelbar in der Sphäre der Sozialverwaltung liegt[131]. So wird der Herstellungsanspruch in Fällen einer Verletzung des Sicherstellungsgebotes[132] oder sonstiger Rechts-

---

127 BSG, Urteil vom 21.6.190 -12 RK 27/88- = NVwZ-RR 1991, 646, und vom 25.10.1990 -12 RK 29/88-, besprochen bei Krause/Sattler, Jahrbuch des Sozialrechts der Gegenwart 1991 (Bd. 13), 73/74 ff., die zutreffend darauf hinweisen, daß ansonsten alle nachteiligen Regelungen, die für den Fall einer Fristversäumnis geschaffen wurden, insbesondere § 27 SGB X, hinfällig würden. Ob eine Verletzung der allgemeinen Aufklärungspflicht nach § 13 SGB I überhaupt einen Herstellungsanspruch begründen kann, wird offengelassen von BSGE 55, 257/61; dagegen G. Dörr, DAngVers 1993, 182/85.

128 Funk, DAngVers 1981, 26/29.

129 Statt aller Rüfner, Sozialrecht, S. 61; Ladage, S. 121/22; Brugger, AÖR 112 (1987), 389/93 f.; Adolf, S. 51.

130 Berkemann, Vortrag 1987, S. 6.

pflichten[133] angewandt sowie bei verzögerter Sachbearbeitung durch die Behörde[134]. Da § 44 SGB X den Herstellungsanspruch verdrängt[135], stellt sich das Problem seiner Anwendbarkeit bei unmittelbarer Schadensverursachung durch die Behörde im Sozialrecht nicht allzu häufig, doch reicht auch die Aufhebung eines rechtswidrigen Verwaltungsakts allein nicht immer aus, beispielsweise, wenn sich der Betroffene die begehrte Leistung zwischenzeitlich anderweitig beschafft hat und nun Kostenersatz verlangt[136].

---

131 BSGE 50, 12; BSGE 35, 10; BSG, SozR 2200 § 182 Nr. 57; BSG, SGb. 1983, 26; vgl. auch BSGE 44, 41. Ob mit dem Herstellungsanspruch eine bloße Leistung in Form der Beitragsrückerstattung durchsetzbar ist, wird offengelassen von BSGE 50, 129/32; vgl. Maier, SGb. 1982, 133/36. Gegen diese Rechtsprechung Schmidt-De Caluwe, S. 198 ff. und S. 302/03, da es in diesen Fällen an einer Regelungslücke fehle.

132 Adolf, S. 51 FN 173. Der Sicherstellungsauftrag verpflichtet die Kassenärztlichen Vereinigungen und die Krankenkassen für eine bedarfsgerechte ärztliche Versorgung der Versicherten zu sorgen, Schulin, Rz 277.

133 BSGE 48, 269/75 zur Verpflichtung der Bundesanstalt für Arbeit, einen Antrag auf Konkursausfallgeld zu stellen.

134 BSG, SozR 2200 § 1241 a Nr. 9 und § 1241 d Nr. 9; BSG, Breithaupt 1986, 612: Herstellungsanspruch, wenn infolge verzögerlicher Antragsbehandlung eine dem Betroffenen günstige zeitliche Leistungsbemessungsgrenze überschritten wird; Adolf, S. 45 und S. 51 FN 173; Ladage, S. 53 und S. 107; Bühler, RV 1993, 8/9; vgl. auch Schmidt-De Caluwe, S. 75.

135 Ladage, S. 123; daher sei im Anwendungsbereich des Herstellungsanspruchs das Unterlassen der Anfechtung eines Verwaltungsaktes als Dispositionsakt ausgenommen, S. 121/22; ferner Bley, Sozialrecht, S. 83; Schmidt-De Caluwe, S. 184 und S. 199. Siehe i.e. oben § 1 III 2.

136 Zu einem solchen Fall siehe BSG, SGb. 1983, 26 ff.; Bieback, DVBl. 1983, 159/62, weist insofern zutreffend auf ein mögliches Zusammenwirken zwischen § 44 SGB X und dem Herstellungsanspruch hin.

4. Kausalität

Grundsätzlich bestimmt sich die Ursächlichkeit nach dem sozialrechtlichen Kausalbegriff von der wesentlichen Bedingung[137], der seine Parallele in der zivilrechtlichen Adäquanztheorie hat[138]. Die Verwaltung hat nur das herzustellen und zu leisten, was sie bei ordnungsgemäßer Betreuung hätte leisten müssen[139]. Die Kausalität ist jedoch individuell zu bestimmen; einen generellen Erfahrungssatz gibt es nicht[140]. Folgen, die auch ohne Verwaltungsfehler entstanden wären, sind nicht auszugleichen[141]. Mangels erforderlicher Kausalität ist eine unzureichende oder verspätete Beratung ohne Bedeutung, wenn der Versicherte erkennbar von der sich bietenden Gestaltungsmöglichkeit keinen Gebrauch gemacht hätte[142]. Insgesamt stellt die Praxis an die Kausalität keine strengen Anforderungen; im Einzelfall wird -widerlegbar- vermutet, daß der Betroffene aufgrund be-

---

137 BSG, SGb. 1986, 34/36; Scheerer, Urteilsanmerkung, SGb. 1985, 300, unter Verweis auf BSGE 1, 268 ff.; Maier, SGb. 1982, 133/35; Kreßel, S. 299 und S. 384. Gegen eine Anwendung dieser Theorie auf den Herstellungsanspruch Ladage, S. 114, der den Herstellungsanspruch als Sonderfall einer materiellen Wiedereinsetzung definiert und Abwägungen auf der seiner Ansicht nach erforderlichen Schuldebene vornehmen möchte. Hingegen zustimmend Schmidt-De Caluwe, S. 495/96, für seine Konzeption des Herstellungsanspruchs als Vertrauensschutztatbestand.

138 Schulin, Rz 323 ff., und unten § 5 V 1.

139 BSGE 32, 60/65; dazu Bieback, SGb. 1990, 517/21.

140 BSGE 59, 60/67 f.; siehe auch Bieback, SGb. 1983, 28/30, und BSG, Urteil vom 23.10.1987 -12 RK 23/86-, zitiert bei Eichenhofer/Schuler, Das internationale Sozialrecht der Bundesrepublik Deutschland in der höchstrichterlichen Rechtsprechung und Literatur, Jahrbuch des Sozialrechts der Gegenwart 1989 (Bd. 11), 425/28 f.

141 Bieback, SGb. 1990, 517/22; Scheerer, SGb. 1985, 300.

142 Krause/Sattler, Jahrbuch des Sozialrechts der Gegenwart 1990 (Bd. 12), 37/39, unter Berufung auf BSG, Urteil vom 26.9.1989 -11 RAr 63/88-.

hördlichen Fehlverhaltens nachteilig disponiert hat und ohne diesen Fehler anders disponiert hätte[143].

5. Verschuldensunabhängigkeit

Nach der Rechtsprechung des BSG ist der Herstellungsanspruch verschuldensunabhängig[144], weil die Verwaltung die Aufgabe hat, die Erfüllung des Gesetzeszweckes sicherzustellen[145]. Außerdem geht es beim Herstellungsanspruch um Sanktionen und Korrekturen des Verhaltens von Organisationen, während das Verschulden grundsätzlich nur individuell zurechenbar ist[146]. Dem Verzicht auf das Verschuldenserfordernis auf der Tatbestandsseite entspricht auf der Rechtsfolgeseite die Beschränkung des Anspruchs auf bloße Herstellung[147]. Das BSG läßt es sogar ausreichen, wenn sich die Rechtswidrigkeit des Behördenhandelns erst nachträglich herausstellt, beispielsweise durch spätere Entscheidung einer zunächst objektiv ungeklärten Rechtsfrage durch die Rechtsprechung[148]. Für den Herstellungsanspruch ist demnach die ex-post-Sicht maßgeblich[149]. Dies rechtfertigt sich damit, daß

---

143 Bley, SGB-SozVers-GK I, vor §§ 13 - 15 SGB I, Anm. 5 f cc ccc.

144 Grundlegend insofern BSGE 49, 76/80; ferner BSGE 51, 89/94. Anderer Ansicht aber Terwey, S. 173, und Maier/Hannemann, Schadensersatz aus dem Versicherungsverhältnis, DAngVers 1975, 346.

145 BSGE 49, 76/80; BSG, SozR 3100 § 44 BVG Nr. 11: "Wichtig ist allein die Herstellung des rechtmäßigen, namentlich des verfassungsadäquaten Zustandes..." Scheerer, SGb. 1985, 300/301, will sogar auf das Erfordernis der Rechtswidrigkeit verzichten; da mit dem Herstellungsanspruch kein Vorwurf gegenüber der Behörde verbunden sei, müsse es reichen, wenn eine Beratung trotz objektiver Notwendigkeit unterblieben sei.

146 Bieback, SGb. 1990, 517/21.

147 Bley, SGB-SozVers-GK I, vor §§ 13 - 15 SGB I, Anm. 5 f ff.

148 BSGE 49, 76/78. Dagegen Maier, SGb. 1982, 133/36, und SRH, B. 7, Rz 47, sowie Funk, DAngVers 1981, 26/30, weil von der Be-

Grund für die Verantwortung nicht die Zurechnung von Pflichtverletzungen ist, sondern die Kompetenz zur Beseitigung der rechtswidrigen Beeinträchtigung[150]. Da der Herstellungsanspruch die Funktion hat, den objektiv gebotenen Rechtszustand herzustellen[151], müssen alle subjektiven Kriterien folgerichtig außer Betracht bleiben[152].

6. Mitverantwortung

Das BSG wendet auf den Herstellungsanspruch den Gedanken des § 254 BGB analog an. Bei grobem Mitverschulden des betroffenen Bürgers ist demnach eine Haftung ausgeschlossen[153]. Der Herstellungsanspruch soll also ausscheiden, wenn der Betroffene

---

hörde keine hellseherischen Fähigkeiten verlangt werden könnten. Dieser Einwand geht jedoch fehl, weil der Herstellungsanspruch keinen Schuldvorwurf gegen die Behörde beinhaltet, Gagel, AFG, vor § 142 Rz 226. Differenzierend Krasney, BKK 1985, 380/83, wonach nur bzgl. der **Erkenntnis**möglichkeiten der letzte Entscheidungszeitpunkt für den Herstellungsanspruch maßgeblich ist.

149 Ladage, S. 122.

150 Ebsen, DVBl. 1987, 389/94 FN 62.

151 Bieback, SGb. 1986, 36/37; Adolf, S. 221 f.

152 Kreßel, S. 299.

153 BSGE 34, 124/28; dazu Brugger, AÖR 112 (1987) 389/96 f.; Bieback, SGb. 1990, 517/23; Schmidt-De Caluwe, S. 304; Kreßel, S. 318/29; Möhle, Der sozialrechtliche Herstellungsanspruch und Sozialhilfe, ZfSH/SGB 1990, 522/23, bzgl. einer Säumnis des Bürgers.
Gegen eine analoge Anwendung von § 254 BGB Ladage, S. 121. LSG NRW, RV 1986, 130/33, will den Herstellungsanspruch sogar nur bei Vorsatz des Betroffenen scheitern lassen; dagegen v.Einem, RV 1986, 134, wonach der Herstellungsanspruch zumindest unter den gleichen Voraussetzungen wie eine Wiedereinsetzung in den vorigen Stand und damit bei jeglicher Art von Fahrlässigkeit auf Seiten des Bürgers ausgeschlossen sein müsse. Er übersieht dabei aber, daß der Herstellungsanspruch, anders als die Wiedereinsetzung, eine Pflichtwidrigkeit der Behörde voraussetzt, die eine Berücksichtigung nur der grob fahrlässigen und vor-

vorsätzlich oder grob fahrlässig dazu beigetragen hat, daß die ihm erteilte Auskunft der Behörde fehlerhaft war, oder wenn er deren Unrichtigkeit erkannte bzw. grob fahrlässig nicht erkannt hat[154]. Trifft den Bürger hingegen nur der Vorwurf leichter Fahrlässigkeit, bleibt dies als gegenüber dem Fehlverhalten der Behörde unwesentlich außer Betracht[155]. Letztlich geht es dabei -wie beim Folgenbeseitigungsanspruch, auf den die Rechtsprechung ebenfalls § 254 BGB analog anwendet[156]- um die Abgrenzung von Verantwortungs- und Zurechnungssphären[157].

7. **Handeln von Drittbehörden**

Der Herstellungsanspruch wird auch bei rechtswidrigem Handeln von Drittbehörden angewandt[158], wenn diese arbeitsteilig in den Verwaltungsprozeß eingeschaltet waren[159] und der dem Bürger entstandene Schaden durch eine Amtshandlung der dafür zuständi-

---

sätzlichen Mitverantwortung rechtfertigt, siehe Bieback, SGb. 1990, 517/26.

154 BSGE 34, 124; anders Ladage, S. 114/15, der eine Mitverantwortlichkeit des Bürgers grundsätzlich unberücksichtigt wissen möchte.

155 Bley, SGB-SozVers-GK I, vor §§ 13 - 15 SGB I, Anm. 5 f cc ccc.

156 BVerwG, NJW 1971, 269; VGH Mannheim, NVwZ 1985, 1482; a.A. z.B. Schoch, VerwA 79 (1988), 1/53 f.

157 Bieback, SGb. 1990, 517/23.

158 BSGE 51, 89; BSG, SGb. 1986, 34 ff., bzgl. des Verhältnisses der Ausgabestelle für Versicherungskarten zum Rentenversicherungsträger; BSG, Urteil vom 22.9.1988 -2/9b RU 36/87-; dazu Krause/Sattler, Jahrbuch des Sozialrechts der Gegenwart 1989 (Bd. 11), 49/50 f.; Ebsen, DVBl. 1987, 389/94.
So auch für den Folgenbeseitigungsanspruch Obermayer, Zur Rechtsstellung des Nachbarn im Baurecht und zum Folgenbeseitigungsanspruch - OVG Lüneburg, DÖV 1962, 467-, JuS 1963, 110.

159 BSG, SGb. 1986, 34/36; Bieback, SGb. 1990, 517/23, und ähnlich in SGb. 1986, 36/38 (engerer Zusammenhang zwischen beiden Behörden, effektive Einflußmöglichkeit der zuständigen auf die

gen Verwaltungsbehörde ausgeglichen werden kann[160]. So haftet etwa ein Versicherungsträger, wenn eine Gemeinde den Antrag eines Gewerbetreibenden auf freiwillige Versicherung nicht in der nach der Satzung erforderlichen Schriftform entgegennimmt[161]. Der Herstellungsanspruch soll nämlich Fehler im Verwaltungsablauf möglichst schon mit Mitteln der Verwaltung ausgleichen, damit der Geschädigte nicht wegen eines Schadensersatzanspruchs auf den Zivilrechtsweg verwiesen werden muß[162]. Da der Herstellungsanspruch ein Instrument zur Erreichung und Sicherung des Gesetzeszweckes des § 2 Abs. 2 SGB I ist[163], wird er durch die organisatorische Verlagerung von Teilen eines Verwaltungsverfahrens auf eine andere Behörde nicht ausgeschlossen, zumal es um Belastungen geht, die die Versicherungsgemeinschaft aufgrund der bestehenden Bestimmungen ohnehin hätte tragen müssen[164].

8. Anspruchsinhalt

Der Herstellungsanspruch ermöglicht nur eine an sich gesetzlich zulässige Amtshandlung[165]. Mit ihm kann nicht mehr verlangt werden, "als mit verwaltungskonformen Mitteln im Rahmen der gesetzlichen Regelungen"[166]. Er modifiziert lediglich das für

---

dritte Behörde). Weiter hingegen Krasney, BKK 1985, 380/82, dem zufolge die Einbindung in das Sozialleistungssystem ausreicht; ähnlich Gagel, AFG, vor § 142, Rz 228.

160 BSG, SGb. 1986, 34/36; weitere Nachweise bei Ladage, S. 48 FN 102.

161 BSG, Urteil vom 22.9.1988 -2/9b RU 36/87-.

162 BSG, a.a.O., und BSG, SGb. 1986, 34/36; ebenso Krasney, BKK 1985, 380/81, und v.Einem, RV 1986, 134.

163 BSGE 51, 89/94 f.

164 BSGE 51, 89/94 f.: Gedanke einer Funktionseinheit. Gegen dieses seiner Meinung nach zu pauschale Argument Ladage, S. 116, der es als "lediglich fiskalischen Trost" bezeichnet. Ebsen, DVBl. 1987, 389/94, leitet die Haftung für Drittbehörden auch daraus ab, daß der Herstellungsanspruch eine Zustandshaftung begründe; dies ist jedoch strittig, siehe i.e. unten § 4 II 4 b aa.

diese Amtshandlung maßgebliche Recht[167]. Mit diesem -in der praktischen Fallanwendung schwer zu handhabendem Erfordernis- bleibt der Herstellungsanspruch hinter einem allgemeinen Wiedergutmachungsanspruch zurück[168]. Da er kein "Allheilmittel" bei Verwaltungsfehlern sein soll[169], wird damit gleichzeitig einer Ausuferung der Haftung vorgebeugt[170]. Vor allem aber soll der Herstellungsanspruch hinsichtlich seines Anspruchsinhalts von einer Folgenbeseitigung contra legem im weiteren Sinne abgegrenzt werden[171]. Die Contra-legem-Problematik stellt sich zwar nicht nur beim Herstellungsanspruch, sondern auch beim Folgenbeseitigungsanspruch[172], doch werden dort, anders als beim Herstellungsanspruch, eher die tatsächliche Unmöglichkeit und die Unzumutbarkeit als die rechtliche Unmöglichkeit (Unzulässigkeit) relevant[173]. Ähnliche Probleme tauchen übri-

---

165 Statt aller BSG, SGb. 1984, 206/07, und BSGE 50, 129/32 f.

166 BSG, DRV 1985, 717/19.

167 BSG, SGb. 1984, 206/07: Herstellungsanspruch nur bei "an sich zulässiger Amtshandlung zur Naturalrestitution". Kritisch hierzu Ebsen, DVBl. 1987, 389/91, und Ladage, S. 55: "Petitio principii".

168 Löwer, Rechtsverhältnisse in der Leistungsverwaltung, NVwZ 1986, 793/98. Vgl. auch BSG, SGb. 1984, 206/07, wonach in diesem Erfordernis ein wesentlicher Unterschied zum Schadensersatzanspruch besteht.

169 Wanka, Urteilsanmerkung, SGb. 1986, 116/17; G. Dörr, DAngVers 1993, 182/88; ähnlich Bühler, RV 1993, 8, wonach der Herstellungsanspruch nicht zum "Zauberwort" werden dürfe, und Hofe, SGb. 1986, 11/15, dem zufolge der Herstellungsanspruch wegen der allgemein gehaltenen Formulierung seiner Anspruchsgrundlagen teilweise als "Sesam-öffne-Dich" bei verfahrenen Rechtslagen betrachtet wird.

170 Vgl. Brückner, ZfSH/SGB 1983, 103/08; restriktiv daher BezG Erfurt, SGb. 1993, 43.

171 Siehe hierzu Weyreuther, Gutachten, B 97, B 126 FN 539 und B 133, sowie Weyreuther, DVBl. 1964, 893, und Löwer, S. 280/81; vgl. auch Merten, VSSR 1973/74, 66/76, der den Herstellungsanspruch pauschal als unzulässige Folgenbeseitigung contra legem ablehnt.

172 Weyreuther, Gutachten, B 97.

gens im Zusammenhang mit der Selbstbindung der Verwaltung nach Art. 3 Abs. 1 GG und der verwaltungsrechtlichen Zusage auf[174]. Da der Herstellungsanspruch andererseits überflüssig wäre, wenn es nicht gerade darum ginge, eine nach jetzigem Sach- und Rechtsstand unzulässige Gestaltung zu erreichen[175], und es auch für den Herstellungsanspruch selbst keine ausdrückliche gesetzliche Grundlage gibt[176], ist im Einzelfall zwischen disponiblen und nicht disponiblen Leistungs- oder Rechtsgestaltungsvoraussetzungen zu unterscheiden[177]. Klare Kriterien dafür fehlen bisher[178]. In vielen Fällen werden gesetzliche Hindernisse durch Fiktionen überwunden[179]. Grundsätzlich ist die Außerachtlassung geltenden Rechts dann zulässig, wenn es zur Rekonstruktion eines durch den Verwaltungsfehler gestörten Verlaufs des

---

173 Weyreuther, Gutachten, B 133; Bieback, SGb. 1990, 517/24; zu einem umstrittenen Fall der Unmöglichkeit beim Folgenbeseitigungsanspruch siehe VGH Baden- Württemberg, VBlBW 1990, 102, mit ablehnender Anmerkung Bender, VBlBW 1990, 223.

174 Weyreuther, DVBl. 1964, 893/96 ff.; nach Ansicht von Kunze, S. 174, gebietet die Rechtssicherheit die Einhaltung bestandskräftiger rechtswidriger Zusagen, so daß hier, nicht aber beim Herstellungsanspruch, ausnahmsweise contra legem gehandelt werden dürfe. Zur Zusage im Steuerrecht siehe in diesem Zusammenhang Lohmeyer, DStZ 1979, 190/92.

175 Schoch, VerwA 79 (1988), 1/29; ähnlich Brückner, ZfSH/SBG 1983, 103/08; siehe auch H. Plagemann, Urteilsanmerkung, SGb. 1984, 208; Bieback, SGb. 1990, 517 f.; Heuer, Urteilsanmerkung, SGb. 1985, 36/37; Krasney, BKK 1985, 380/84.

176 Brückner, ZfSH/SGB 1983, 103/08; Scheerer, SGb. 1985, 300/301.

177 Heuer, SGb. 1985, 36/37; Bieback, SGb. 1990, 517 ff.; Ebsen, DVBl. 1987, 398/91, zufolge geht es dabei um die Unterscheidung zwischen rechtswidrigen Statusbeeinträchtigungen und weitergehenden Schäden, S. 394/94; nach Oberfeld, Urteilsanmerkung, SGb. 1986, 432/34 f., ist entsprechend dem Zweck des Herstellungsanspruchs jedes nicht ausdrücklich verbotene Mittel richterrechtlich erlaubt.

178 Ebsen, DVBl. 1987, 398/91.

179 Vgl. Grüner/Dalichau, SGB I/2, Einleitung, S. 61. Beispiele für von der Rechtsprechung fingierte Tatbestandsvoraussetzungen

jeweiligen Rechtsverhältnisses notwendig ist[180]. Daher ist zwischen dem eigentlichen Leistungsinhalt[181], der gesetzlich anerkannt sein muß, und den Formen seiner Realisierung zu unterscheiden[182], auch wenn damit allein noch nichts über das Leistungsziel und die Frage, welche Mittel inwieweit vom Leistungsrecht dispensieren können, gesagt ist[183]. Nimmt man die Aussagen des BSG zur zulässigen Amtshandlung wörtlich, läßt sich feststellen, daß es schon des öfteren von seinem eigenen Grundsatz abgewichen ist[184]. So hat es z.B. die Verwaltung im Widerspruch zum Sachleistungsprinzip[185] dazu verurteilt, an-

---

finden sich bei Brückner, ZfSH/SGB 1983, 103/08; siehe auch BSGE 55, 257/59.

180 Brugger, a.a.O., S. 395.

181 Hinsichtlich dieser Formulierung kritisch Bieback, SGb. 1983, 28/30, dem zufolge statt von Leistungs**inhalt** von Leistungs**ziel** gesprochen werden sollte.

182 G. Dörr, DAngVers 1993, 182/87; Brückner, ZfSH/SGB 1983, 103/08; BSG, SGB 1983, 26/28, wonach es in der Natur des allgemeinen Schadensersatzanspruchs wie auch des Herstellungsanspruchs liegt, daß jeder dieser Ansprüche gerade deshalb über den Weg, der zu der vorgesehenen Leistung führe, hinausgreifen müsse, weil diese widerrechtlich nicht gewährt worden sei. Siehe auch H. Plagemann, SGb. 1984, 208.

183 Bieback, SGb. 1990, 517/18; dies übersieht Bühler, RV 1993, 8/10, der meint, daß es lediglich auf das Bestehen einer Rechtsgrundlage im Zeitpunkt der Antragstellung ankommt.

184 Schoch, VerwA 79 (1988), 1/29, mit Nachweisen; bspw. liefert BSGE 59, 60/65 = SGb. 1984, 429, eine ausführliche Begründung, warum der Herstellungsanspruch eine ansonsten unzulässige Verschiebung (also eine Umbuchung auf andere Zeiten) und Umwandlung von Versicherungsbeiträgen ermöglichen kann, u.a. mit dem Argument, anders sei der Herstellungsanspruch in diesen Fällen nicht realisierbar. Dazu Adolf, S. 55, und Schmidt-De Caluwe, S. 149 FN 751. Zur früher strittigen Zulässigkeit solcher Umbuchungen siehe auch Oberfeld, SGb. 1986, 423/34 f.

185 Vgl. Böhm, VersB 1985, 39/40.

dere, gesetzlich nicht vorgesehene Leistungen zu finanzieren[186].

Würde man eine "nachholende Erfüllung" unbedingt verneinen, würde man den rechtsstaatlichen und sozialstaatlichen Motiven des Herstellungsanspruchs nicht gerecht[187]. Die Gesetzwidrigkeit soll im Rahmen der Herstellung gerade die Gesetzmäßigkeit der Verwaltung sichern, so daß aus Gründen der Rechtssicherheit nur solche Amtshandlungen von vornherein ausscheiden, die auf **mehr** oder **wesentlich** anderes als die Nachholung des ordnungsgemäßen Versicherungsverlaufs bei unterstellter korrekter Beratung abzielen[188]. Der Bürger kann sich mit dem Herstellungsanspruch also nicht eine Leistung beschaffen, die vom Gesetz ausgeschlossen ist[189]. Die rückwirkende Korrektur muß, wenn auch auf einer anderen Rechtsgrundlage, ihrer Art nach überhaupt rechtlich zugelassen sein[190]. Die folgenden Beispiele[191] aus der sozialgerichtlichen Rechtsprechung verdeutlichen die

---

186 BSG, SozR 2200, § 182 Nr. 57, und BSG, SGb. 1983, 26: Kostenerstattung statt Übernahme der Behandlung; siehe auch FN 182; ablehnend Krause, Jahrbuch des Sozialrechts der Gegenwart, Bd. 4 (1982), 47/48, wonach es sich in diesem Fall um den Hauptinhalt der Leistungspflicht und somit um keinen Fall des Herstellungsanspruchs handele.

187 Brugger, AÖR 112 (1987), 389/443. Siehe auch Frohn, Jura 1989, 523/27, wonach der Herstellungsanspruch nur im Einzelfall derogiert und dies auch nicht wegen der Verfassungswidrigkeit, sondern gerade wegen der Verfassungsmäßigkeit der jeweiligen Norm. Eine verfassungsrechtliche Kassation der jeweiligen Norm wäre daher überhaupt nicht möglich. Ähnlich Schmidt-De Caluwe, S. 503/04.

188 Brugger, AÖR 112 (1987), 389/95; nach BSG, SozR 4100 § 56 Nr. 18, S. 50, gewährt der Herstellungsanspruch weder mehr noch weniger als den gesetzmäßigen Zustand. Daher muß nach BSG, SozR 1200 § 14 Nr. 18, und BSG, SGb. 1986, 34/36, der Betroffene vor einer gerichtlichen Entscheidung einen etwaigen Vermögensvorteil ausgleichen; vgl. auch BSGE 55, 257/59. Die praktische Handhabung bleibt dabei offen, Krasney, BKK 1985, 380/85. Siehe auch BSG, SozR 3100 § 44 BVG Nr. 11, S. 28.

189 Brückner, ZfSH/SGB 1983, 103/08.

190 Bender, Staatshaftungsrecht, Rz 454.

Schwierigkeiten bei der Interpretation des Tatbestandsmerkmals der "an sich zulässigen Amtshandlung"[192]:

-Der Herstellungsanspruch kann sich nicht auf die (gesetzeswidrige) Erfüllung des Rentenanspruchs auch ohne Wartezeit richten, sondern nur auf Ersatz des Dispositionsschadens, also auf die Möglichkeit zur Nachentrichtung von Rentenbeiträgen[193].

-Der Zuständigkeitsbereich des jeweiligen Sozialleistungsträgers darf nicht überschritten werden[194]. Da der Leistungsträger nicht zu einem gesetzwidrigen Handeln verpflichtet werden darf, kann mit dem Herstellungsanspruch kein rechtserheblicher Tatbestand erzeugt werden, den herzustellen nicht in der Macht des Leistungsträgers steht[195].

-Außerhalb des Sozialrechtsverhältnisses liegende Tatbestände, die nach materiellem Recht für die Entstehung des Sozialrechtsanspruchs erforderlich sind, lassen sich nicht mit dem Herstellungsanspruch fingieren[196].

-Erfüllungsansprüche aufgrund einer rechtswidrigen Auskunft sind mit dem Herstellungsanspruch nicht durchsetzbar[197], weil dieser nicht auf das positive Interesse zielt[198]. Die Verwal-

---

191 Siehe ferner die Beispiele bei Bieback, SGb. 1990, 517 FN 7-13 und 15-19.

192 BSG, SGb. 1984, 206/07.

193 Bogs, FS-BSG, S. 176; BSGE 59, 60.

194 Vgl. BSG, SGb. 1986, 34/36.

195 BSG, SGb. 1990, 523/26, besprochen bei Bieback, SGb. 1990, 517, und bei Krause/Sattler, Jahrbuch des Sozialrechts der Gegenwart 1991 (Bd. 13), 73/76.

196 Urteile des 7. Senats in SGb. 1986, 111/15, und NZA 1990, 76; kritisch dazu Bieback, SGb. 1990, 517/18. Ferner BezG Erfurt, SGb. 1993, 43/45, mit Anmerkung Wagner, ebenda. Vgl. auch Urteil des 11. Senats, BSG, SozR 4100 § 112 Nr. 51, S. 247 ff., der dem 7. Senat darin folgen will, daß Sachverhalte, die zu Vorteilen des Betroffenen geführt haben, nicht rückabzuwickeln sind.

tung hat sich also nicht so zu verhalten, als wäre die Beratung richtig gewesen[199]. In diesen Fällen fehlt es schon an einem Schaden oder Nachteil für den Bürger, weil er alles erhalten hat, was ihm nach den gesetzlichen Vorschriften zusteht[200].

-Die tatsächliche Entwicklung kann nicht mehr rückgängig gemacht werden[201]. So lehnte es das BSG ab, das Anspruchsmerkmal der Verfügbarkeit für die Arbeitsvermittlung durch eine Amtshandlung nachträglich herzustellen, da die Verfügbarkeit von einer tatsächlichen Verhaltensweise des Arbeitslosen abhänge; ohne Vorliegen der Anspruchsvoraussetzung der Verfügbarkeit könne aber der Herstellungsanspruch nicht eingreifen[202]. Da der Herstellungsanspruch nicht darauf gerichtet sei, anstelle des wirklichen Sachverhalts den bei pflichtgemäßem Behördenhandeln fiktiv zu ermittelnden Sachverhalt zugrundezulegen, könne auch nicht eine aufgrund einer Arbeitsbeschaffungsmaßnahme erworbene Anwartschaft weggedacht werden, die zu einem gegenüber der Arbeitslosenhilfe geringeren Arbeitslosengeldanspruch führe[203].

---

197 BSGE 41, 260/61; BSG, Breithaupt 1977, 243/45; zustimmend Brackmann, S. 79 o II und III; vgl. Kreßel, S. 350/51 Nr. 6, und Krause, Das öffentlich-rechtliche Schuldverhältnis in der Rechtsprechung des BSG, BlStSozArbR 1979, 145/52; siehe dazu auch Kunze, S. 164/65. A.A. Rüfner, Sozialrecht, S. 62. Nach Geschwinder, ZfS 1985, 70/74, gilt dieser Grundsatz des BSG auch bei Rechtsänderungen.

198 Denck, Urteilanmerkung, SGb. 1990, 74; Wagner, SGb. 1993, 45/46.

199 BSG, SGb. 1977, 120, mit Anmerkung Thieme, SGb. 1977, 121.

200 BSG, a.a.O.

201 BSG, Urteil vom 26.9.1989 -11 RAr 79/89-; dazu Krause/Sattler, Jahrbuch des Sozialrechts der Gegenwart 1990 (Bd. 12), 37/39; siehe auch Brückner, ZfSH/SGB 1983, 103/08.

202 BSGE 58, 104/09. Inzwischen ist diese Rechtsprechung zwischen den einzelnen Senaten umstritten, Nachweise bei Krause/Sattler, Jahrbuch des Sozialrechts der Gegenwart 1990 (Bd. 12), 37/39. Die Literatur hält die Fiktion der tatsächlich nicht gegebenen Verfügbarkeit für zulässig, Grüner/Dalichau, SGB I/2, Einleitung, S. 61, und Bieback, SGb. 1990, 517/24 f.; siehe auch Wagner, SGB. 1993, 45/47.

-In der Vergangenheit abgeschlossene Versicherungsverhältnisse können nicht nachträglich rückabgewickelt werden[204].
-Verwaltungsakte, die aufgrund einer rechtswidrigen Beitragssatzung ergehen, können nicht mit dem Herstellungsanspruch überwunden werden, weil dem der Rechtsgedanke der § 79 Abs. 2 BVerfGG, §§46 Abs. 6 Satz 3, 183 VwGO entgegensteht[205].
-Die Auslegung von Fristvorschriften kann im Einzelfall ergeben, daß sie als Stichtagsregelungen und Ausschlußfristen mit vorrangiger Ordnungsfunktion, insbesondere Steuerungs- und finanzieller Entlastungsfunktion, eine Herstellung ausnahmsweise strikt ausschließen[206].
-Der Herstellungsanspruch kann keine vollständige Erstattung rechtmäßig entrichteter Beiträge bewirken, wenn nur das Erlöschen der durch diese Beiträge begründeten, nicht aber aller Beitragszeiten begehrt wird[207]. Die begehrte Amtshandlung muß nämlich dem BSG zufolge auch ihrer "wesentlichen Struktur" nach im Gesetz vorgesehen sein, weil der Herstellungsanspruch keine "verkappte Verurteilung zum Schadensersatz in Geld" ermöglichen, sondern nur eine Lücke im Schadensersatzrecht schließen soll[208].
In anderen Fällen hat es das BSG offengelassen, ob mit dem Herstellungsanspruch eine Erstattung rechtmäßig entrichteter Beiträge und damit eine bloße Leistung bewirkt werden kann[209]. Je-

---

203 BSG, Urteil vom 26.9.1989 -11 RAr 79/89-; ebenso BSG, Urteil vom 12.7.1989 -7 RAr 62/88-; zustimmend Bieback, SGb. 1990, 517/24, da es der gesetzlichen Zielvorstellung entspreche, wenn der Arbeitslose eine zumutbare neue Arbeit annehme.

204 BSGE 24, 45/48; E 26, 120/23.

205 BSGE 50, 129/32 f.

206 BezG Erfurt, SGb. 1993, 43/45, zu einer Frist des Arbeitsförderungsrechts unter Bezugnahme auf Bieback, SGb. 1990, 517/25.

207 BSG, SGb. 1984, 206.

208 BSG, SGb. 1984, 206/07. H. Plagemann, SGb. 1984, 208, wendet demgegenüber aber zu Recht ein, daß Herstellungsanspruch

denfalls aber scheide eine Beitragsrückerstattung aus, wenn Voraussetzung dafür eine nachträgliche Umgestaltung des Versicherungsverhältnisses sei und in bereits vollständig abgewickelte Rechtsbeziehungen eingegriffen werden müsse[210]. In einer weiteren Entscheidung hat das BSG den beklagten Sozialversicherungsträger anstelle einer Beitragsrückerstattung zu einer Neubescheidung der Rente verurteilt, wobei die Beitragsnachentrichtung fiktiv auf das Maß reduziert wurde, das sie bei sachgerechter Beratung von Anfang an gehabt hätte[211].

Von den Grundlagen des Herstellungsanspruchs her gesehen sind die einzelnen Differenzierungskriterien häufig schwer verständlich[212]. Daß die Technik zur Realisierung des Herstellungsanspruchs ungewöhnlich ist und im Normalfall nicht zur Verfügung steht, ist dem Herstellungsanspruch immanent, ja macht ihn überhaupt erst erforderlich[213]. Da es, abgesehen von § 27 SGB X über die Wiedereinsetzung in den vorigen Stand[214], überhaupt keine gesetzlichen Formen gibt, mit deren Hilfe der Herstellungsanspruch erfüllt werden könnte, hinge es vom Zufall ab, ob eine an sich für diesen Fall ohnehin nicht vorgesehene Handlungsform zur Verfügung steht oder nicht[215]. Die fehlenden ge-

---

und Schadensersatz "hintereinander, nicht nebeneinander" stehen, der Herstellungsanspruch also der "direktere Weg" ist.

209 BSGE 50, 129/32; BSGE 55, 40/43; diese Möglichkeit bejahend BSGE 52, 145/48, da die Beitragsrückerstattung sogar der gesetzlich vorgesehene Normalfall sei.

210 BSGE 50, 129.

211 BSG, Urteil vom 8.4.1987 -1 RA 55/85-, SozR 1200 § 14 Nr. 25; dazu Eichenhofer/Schuler, Jahrbuch des Sozialrechts der Gegenwart 1989 (Bd. 11), 425/28 f.

212 Bieback, SGb. 1990, 517/18; Heuer, SGb. 1987, 36/37.

213 Plagemann/Plagemann, Der Beratungsanspruch im Sozialrecht, ZfS 1983, 156/58.

214 Dazu BSG, SGb. 1990, 26/27, mit Anmerkung Bogs/Mestwerdt; vgl. auch BSG, SGb. 1990, 523/36.

setzlichen Voraussetzungen müssen von der Behörde daher notwendigerweise "übersprungen" oder als erfüllt vorausgesetzt werden[216]. In der Literatur wird deshalb vorgeschlagen, die Schranken für eine Durchbrechung gesetzlicher Regelungen durch Anforderungen an die Kausalität und den Rechtswidrigkeitszusammenhang zu bestimmen[217]. Funk vertritt die Auffassung, es sei dogmatisch präziser, anstelle der Zulässigkeit der begehrten Amtshandlung das Vorliegen eines für den Herstellungsanspruch relevanten Schadens zu prüfen[218]. Wenn man einerseits den Schaden als das rechtswidrige Versagen von Leistungen o.ä. definiere, andererseits aber der geltend gemachte Anspruch nach dem maßgeblichen Recht nicht mehr existiere, könne seine Versagung nicht als Schaden angesehen werden, weil der Verlust einer rechtlich nicht existenten Rechtsposition nicht möglich sei[219]. Diese Ansicht verlagert das Problem jedoch lediglich, weil sie zu der Frage zwingt, welches Recht -unter Berücksichtigung des Herstellungsanspruchs- noch nachträglich erfüllt werden kann und welches nicht[220].

---

215 H. Plagemann, SGb. 1984, 208; kritisch auch Scheerer, SGb. 1985, 300/01: die zunächst rechtmäßige Beitragszahlung stelle sich aufgrund des Herstellungsanspruchs wenn nicht als rechtswidrig, so doch als fehlerhaft dar, weil sie ohne genügende Kenntnis der Konsequenzen irrtümlich erfolgt sei. Vgl. auch Bieback, SGb. 1990, 517/18, wonach kein Grund ersichtlich sei, weshalb manche Voraussetzungen fingiert/ersetzt würden, andere hingegen nicht. Ähnlich Heuer, SGb. 1987, 36/37.

216 Bieback, SGb. 1990, 517.

217 Bieback, SGb. 1983, 28/30, und ausführlich in SGb. 1990, 517/18 ff., der dabei auch auf die Ordnungsfunktion von Fristen hinweist, S. 525.

218 Funk, DAngVers 1981, 26/29.

219 Funk, DAngVers 1981, 26/29.

220 Siehe zum Verhältnis des Herstellungsanspruchs zum Ausgangsrecht § 1 IV 3.

IV. Dogmatische Begründung für den Herstellungsanspruch[221]

1. Durch das BSG[222]

Ursprünglich berief sich das BSG auf Mengers allgemeinen Wiedergutmachungsanspruch als Parallele zur actio negatoria nach §§ 12, 862, 1000 BGB[223].

Später griff das BSG auf den auch im Öffentlichen Recht geltenden[224] Grundsatz von Treu und Glauben und das Verbot des venire contra factum proprium in Verbindung mit dem Gedanken einer Nebenpflichtverletzung des Sozialrechtsverhältnisses zurück[225]. Dem liegt die Vorstellung von einer Selbstbindung der Verwaltung zugrunde[226].

Seit 1979 leitet das BSG den Herstellungsanspruch auch aus dem Folgenbeseitigungsanspruch ab[227], ohne dabei aber die anderen Modelle zu verwerfen. Diese werden vielmehr miteinander kombi-

---

221 Siehe dazu vor allem Schmidt-De Caluwe, Adolf und Ladage sowie Ossenbühl, § 39, 1 d.

222 Besprechung dieser Rechtsprechung u.a. bei Wallerath, DÖV 1987, 505/07 f.

223 BSG, MDR 1962, 1022, unter Verweis auf Menger, GS-Jellinek, S. 347/54 ff.; BSGE 41, 126.

224 Statt aller Weber, Entwicklung und Ausdehnung des § 242 BGB zum königlichen Paragraphen, JuS 1992, 631/ 33 ff.

225 BSGE 41, 126/27 = SGb. 1977, 306; BSGE 50, 12/13 f.

226 Löwer, NVwZ 1986, 793/98.

227 BSGE 49, 76 = SGb. 1980, 546, mit Anmerkung Seewald, SGb. 1980, 549; BSG, Breithaupt 1980, 828/31: "Sozialrechtlicher Folgenbeseitigungsanspruch"; BSGE 51, 89/94: "Begriffliche Umorientierung zum Folgenbeseitigungsanspruch"; noch anders BSGE 41, 126/27, da der Folgenbeseitigungsanspruch nur bei Beeinträchtigung eines Freiheitsrechts oder eines gleichgestellten Unterlassungsanspruchs, nicht aber bei der Verletzung von Leistungsrechten enstehen könne. Siehe auch BAG, NJW 1989, 2909, wonach der Herstellungsanspruch als Parallele zum Folgenbeseitigungsanspruch auf dem Gebiet der Leistungsverwaltung entwickelt wurde. BSGE 53, 273/76, meint, der Herstellungsanspruch leite sich aus den in § 131 Abs. 1 SGG anerkannten Grundsätzen zur Beseitigung des rechtswidrigen Zustandes bzw. Herstellung

niert[228], weil man offenbar meint, mit keinem der Begründungsmodelle alle Fallgestaltungen erfassen zu können, auf die der Herstellungsanspruch angewandt wird[229]. Das BSG behandelt den Herstellungsanspruch damit als ein sozialrechtliches Rechtsinstitut sui generis mit erheblichen Parallen zum Folgenbeseitigungsanspruch[230]. In neuerer Zeit unternimmt das BSG überhaupt keine Herleitungsversuche mehr, sondern begnügt sich mit dem Hinweis auf die anerkannte Existenz des Herstellungsanspruchs[231], was sich auch damit erklärt, daß sich bis in die jüngste Zeit keine grundlegende Kritik gegen den Herstellungsanspruch regte[232].

Greift der Herstellungsanspruch im Einzelfall nicht ein, so zieht die Sozialgerichtsbarkeit den Grundsatz von Treu und Glauben und die Möglichkeit einer Nachsichtgewährung daneben selbständig in Betracht[233].

---

des rechtmäßigen Zustandes ab; dies trifft aber nicht zu, da für den gleichlautenden § 113 Abs. 1 Satz 2 VwGO anerkannt ist, daß er den Folgenbeseitigungsanspruch nicht statuiert, sondern ihn lediglich voraussetzt (Kopp, VwGO, § 113 Rz 38); i.E. ebenso Hertwig, S. 211/12.

228 BSGE 41, 126/27, s.o.; weitere Beispiele bei Wallerath, DÖV 1987, 505/05.

229 Vgl. Frohn, JURA 1989, 523/28; Ossenbühl, DVBl. 1994, 977/83, meint, es gebe beim Herstellungsanspruch, wie auch beim Folgenbeseitigungsanspruch, keinen kontinuierlichen und konsistenten Zusammenhang zwischen rechtsnormativer Grundlage und tatbestandlicher Ausprägung des Herstellungsanspruchs.

230 Maier, SRH, B. 7, Rz 29.

231 Vgl. Adolf, S. 75. Allerdings schafft dies zwar faktische Argumentationszwänge, aber für sich allein noch keinen rechtserzeugenden Tatbestand, Larenz, Methodenlehre, S. 415/16.

232 Vgl. Adolf, S. 75.

233 LSG Berlin, Breithaupt 1984, 783/87. Zur Abgrenzung des Herstellungsanspruchs von Nachsichtgewährung und Wiedereinsetzung siehe Bieback, SGb. 1990, 517/26.

2. Durch das Schrifttum

Im Schrifttum werden folgende Begründungsmodelle für den Herstellungsanspruch vertreten[234]:

-Haftung wegen Pflichtverletzung im Rahmen des Sozialrechtsverhältnisses
Teilweise wird angenommen, der Herstellungsanspruch ergebe sich aus einer culpa in contrahendo oder einer positiven Forderungsverletzung des Sozialrechtsverhältnisses[235]. Bemerkenswert daran ist, daß die gesetzliche Regelung der Informations- und Betreuungspflichten in §§ 13 - 17 SGB I erst seit 1976 existiert[236], während der Herstellungsanspruch schon seit den sechziger Jahren angewandt wird.

-Sozialstaatsprinzip
Da der Herstellungsanspruch der Verwirklichung sozialer Rechte dient und damit der Intention des § 2 Abs. 2 SGB I entspricht, wird er mitunter auch unmittelbar dem Sozialstaatsprinzip nach Art. 20 Abs. 1 GG entnommen[237]. "Ist das Staatshaftungsrecht 'ultima ratio des Rechtsstaats', so ist der Herstellungsanspruch ultima ratio des durch das Sozialgesetzbuch insoweit konkretisierten Sozialstaatsprinzips. Nur der Herstellungsan-

---

234 Siehe dazu auch Wallerath, DÖV 1987, 505/08.

235 Maier, SGb. 1982, 133/35 f.; Maier/Hannemann, DAngVers 1975, 346/52 ff.; Löwer, S. 460 f.; Krause, BlStSozArbR 1979, 145 ff. -dazu ausführlich Ladage, S. 68 ff.-; vgl. auch Maier, SRH, B. 7, Rz 37. Siehe zum Sozialleistungsverhältnis ferner Terwey, S. 28 ff., der daraus allerdings nicht die dogmatische Begründung für den Herstellungsanspruch in seiner verschuldensunabhängigen Form ableitet.
Zu den Argumenten, die gegen eine Begründung des Herstellungsanspruchs mit dem Gedanken einer Pflichtverletzung des Sozialleistungsverhältnisses sprechen, Brugger, AÖR 112 (1987), 389/418 ff., und Kunze, S. 173 ff.

236 BSGE 50, 12/14; Brugger, AÖR 112 (1987), 389/93.

237 Vgl. Bogs, FS-BSG, S. 149/61; zu dieser Meinung Ladage, S. 68 ff., und Bieback, DVBl. 1983, 159/69.

spruch kann auch bei rechtspflichtwidrigem Verhalten der Verwaltung die Erreichung des Gesetzeszweckes sicherstellen" [238].

-Art. 20 Abs. 3 GG
Die Herleitung des Herstellungsanspruchs aus Art. 20 Abs. 3 GG geschieht unter Berufung auf das Rechtsstaatsprinzip[239], den Vertrauensschutzgrundsatz[240], und den Gesetzmäßigkeitsgrundsatz in Verbindung mit einem Kontinuitätsgebot[241].

-Treu und Glauben im weiteren Sinn
Bei der Begründung des Herstellungsanspruchs mit Treu und Glauben wird sowohl auf §§ 162, 242 BGB als auch auf das Verbot des venire contra factum proprium zurückgegriffen[242].

---

238 Adolf, S. 216.

239 Gagel, AFG, vor § 142 Rz 223: Herstellungsanspruch als Instrument zur Sicherung des Rechtsstaats; vgl. auch Bogs, FS-BSG, S. 170 und 175, bei dem aber offen bleibt, ob er das Rechtsstaatsprinzip als allein ausreichende Grundlage betrachtet; zu dieser Ansicht z.B. Wallerath, DÖV 1987, 505/10 f., und Ladage, S. 68.

240 Hertwig, Urteilsanmerkung, JA 1986, 388/89; Schmidt-De Caluwe, S, 503/04, wonach die ausnahmslose Geltung von Ausschluß- und Leistungsbeginnfristen den durch Art. 14 Abs. 1 GG in den Herstellungsfällen geforderten Vertrauensschutz des Sozialleistungsberechtigten mißachte, so daß ihre Anwendung partiell verfassungswidrig sei. Allgemein zum Vertrauensschutzgrundsatz Ossenbühl, Vertrauensschutz im sozialen Rechtsstaat, DÖV 1972, 25.

241 Schnapp, SGb. 1977, 307/08, im Anschluß an Papier, Verfassungsschutz sozialrechtlicher Rentenansprüche, -anwartschaften und -"erwerbsberechtigungen", VSSR 1973/74, 33/50 f.

242 Rüfner, Sozialrecht, S. 61; Frohn, Jura 1989, 523/27; Krause in Jahrbuch des Sozialrechts der Gegenwart, Band 1 (1982), 47/50; ebenso Krause, BlStSozArbR 1979, 145/51, der aber auch eine Parallele zur Folgenbeseitigungslast sieht; ähnlich Jakumeit/Wilde, Die behördliche Betreuungspflicht in der Rechtsprechung des Bundessozialgerichts, insbesondere die damit verbundenen Rechtswegfragen, SGb. 1971, 375/76.
Ferner Pietzner/Müller, VerwA 85 (1994), 603/21, bzgl. des "von der Verwaltungsgerichtsbarkeit betreuten" Bereichs des Sozialrechts.

-Gesichtspunkt der Folgenbeseitigung

Die herrschende Meinung leitet den Herstellungsanspruch aus dem Folgenbeseitigungsanspruch her[243], weil mit beiden Rechtsfiguren die Folgen rechtswidrig-schuldlosen Verwaltungshandelns ausgeglichen würden[244]. Herangezogen wird dabei bisweilen auch die Folgenbeseitigungslast[245], die von Weyreuther im Umfeld des Folgenbeseitigungsanspruchs entwickelte wurde[246], und mit deren

---

243 Brugger, AÖR 112 (1987), 389/435 FN 180 und S. 486; Ebsen, DVBl. 1987, 389/394; Wallerath, DÖV 1987, 505/15; Bley, SGB-SozVers-GK I, vor §§ 13 - 15 SGB I, Anm. 5 f ff; Schellhorn, Gemeinkomm. SGB I, § 14 Rz 43; Scheerer, SGb. 1985, 300; Marburger, Verletzung von Auskunfts- und Beratungspflichten durch Sozialversicherungsträger und ihre Folgen, SGb. 1989, 13; wohl auch Berkemann, Vortrag 1987, S. 14/15; Hauck/Haines, SGB I, K § 14 Rz 15, die zu Unrecht meinen, diese Ansicht sei unstrittig; Brackmann, S. 79 o, der allerdings nicht deutlich zwischen Folgenbeseitigungsanspruch und Folgenbeseitigungslast unterscheidet; vgl. auch Möhle, ZfSH/SGB 1990, 522; Krasney, BKK 1985, 380/81; Maurer, § 29 Rz 20, der den Herstellungsanspruch im Zusammenhang mit dem Folgenbeseitigungsanspruch behandelt, obwohl grundsätzliche Unterschiede bestünden.

244 Wie vor; gegen eine Herleitung des Herstellungsanspruchs aus dem Folgenbeseitigungsanspruch z.B. Schoch, VerwA 79 (1988), 1/55 ff., und ausführlich Schmidt-De Caluwe, S. 266 - 290 sowie S. 327 - 335.

245 Vgl. Jakumeit/Wilde, SGb. 1971, 375/76; Krause, BlStSozArbR 1979, 145/51; Brackmann, S. 79 o.

246 Weyreuther, Gutachten, B 106 ff. und zusammenfassend B 134: "Wenn der Staat oder ein anderer Träger öffentlicher Gewalt durch hoheitliches Handeln jemanden in seiner Rechtsstellung widerrechtlich beeinträchtigt, trifft ihn eine Folgenbeseitigungslast. Die Folgenbeseitigungslast wird wirksam als Bindung bei einer späteren Entscheidung, soweit sie in die Freiheit der zuständigen Behörde gestellt ist. ... Sie führt dazu, daß die Behörde bei ihrer Entscheidung fehlerfrei nur dann handeln kann, wenn sie bei der Abwägung zugunsten der Betroffenen die vorangegangene widerrechtliche Beeinträchtigung angemessen berücksichtigt. Fehlt es gegenüber der Folgenbeseitigungslast an durchgreifenden Gegengründen, kann die Entscheidungsfreiheit der Behörde zugunsten des Betroffenen aufgehoben, die Behörde also verpflichtet sein, ihre Entscheidung zu seinen Gunsten zu treffen."

Hilfe er nachwies, daß "die Leistungsanprüche nicht in vollem Umfang aus dem Umkreis der Folgenbeseitigung verbannt sind"[247].

-Bestandsschutzanspruch

Kreßel begründet den Herstellungsanspruch mit dem von ihm konstruierten einheitlichen Bestandsschutzanspruch, der sich aus dem subjektiv-öffentlichen Recht ergebe[248] und auf Wiederherstellung des zuerkannten rechtlichen Bestandes gerichtet sei[249]. Anknüpfungspunkt für den Herstellungsanspruch sei somit nicht die Pflichtverletzung der Behörde, sondern die Verletzung der Rechte des Bürgers[250]. Der Bestandsschutzanspruch ist Kreßel zufolge mit dem Folgenbeseitigungsanspruch und dem Herstellungsanspruch "weitgehend" identisch[251].

-Materiellrechtliche Wiedereinsetzung in den vorigen Stand

Vor allem Ladage konstruiert den Herstellungsanspruch als Sonderfall einer materiellrechtlichen Wiedereinsetzung in den vorigen Plan in Analogie zu § 27 SGB X[252].

-Rechtsinstitut sui generis

Mit der Charakterisierung des Herstellungsanspruchs als Rechtsinstitut sui generis[253] mit multikausalem Hintergrund[254] ist

---

247 Weyreuther, a.a.O., B 93.

248 Kreßel, S. 297 ff.; ähnlich schon derselbe in SGb. 1987, 313/14 ff. Dazu eingehend und im Ergebnis ablehnend Schmidt-De Caluwe, S. 342 ff.
Vgl. auch Schoch, VerwA 79 (1988), 1/37, der zwar den Herstellungsanspruch ablehnt, S. 57 ff., aber im Rahmen seiner Begründung für den Folgenbeseitigungsanspruch den jeweiligen Beseitigungs- und Unterlassungsanspruch zum "Integritätsanspruch" zusammenfaßt.

249 Kreßel, S. 298; besprochen bei Ebsen, VSSR 1992, 149/50 ff.

250 Kreßel, a.a.O.

251 Kreßel, S. 387.

252 Ladage, insbesondere S. 77 ff. und zusammenfassend S. 121 ff.; besprochen bei Ebsen VSSR 1992, 149/52 ff.; zustimmend

zwar keine dogmatische Herleitung verbunden, doch dürfte sich das Ergebnis des bisherigen Meinungsstandes zum Herstellungsanspruchs so am ehesten kennzeichnen lassen[255].

3. Stellungnahme zur Anspruchsqualität des Herstellungsanspruchs

Allen rechtsdogmatischen Einordnungen gemeinsam ist die Voraussetzung eines gesteigerten Pflichtenstatus der Verwaltung[256]. Die skizzierten Meinungen lassen sich insofern in zwei Gruppen aufteilen, als die Anspruchsqualität des auf Herstellung gerichteten Rechtsinstituts nur teilweise bejaht wird[257]. Vor allem diejenigen, die den Herstellungsanspruch mit Treu und Glauben im weiteren Sinne begründen, gehen vom Fortbestehen des ursprünglichen Leistungsanspruchs aus und fassen den Herstellungs-"anspruch" als eine Art Gegeneinrede auf[258], der seinen Namen nur wegen seiner begrifflichen Etablierung beibehalten

Bühler, RV 1993, 8; ähnlich schon Berkemann, Vortrag, S. 6 und S. 15, und Referat 1990, 6.

253 Ossenbühl, § 39, 1 d; Geschwinder, ZfS 1985, 70/71; Maurer, § 29 Rz 23.

254 Ossenbühl, DVBl. 1994, 977/84.

255 Ladage, S. 76; siehe auch Maier, SRH, B. 7, Rz 29.

256 Bieback, SGb. 1990, 517/20.

257 Vgl. Ossenbühl, § 39, 1 a, und Krause, BlStSozArbR 1979, 145/51. Vgl. auch Maier, SRH, B.7, Rz 19, wonach die Nichtberufung auf den Ablauf einer Frist für sich allein noch keine den Herstellungsanspruch erforderlich machende Amtshandlung ist; sehe man darin jedoch lediglich die Voraussetzung des vom Sozialleistungsberechtigten verfolgten Anspruchs auf Erlaß eines begünstigenden Verwaltungsakts, so könne dieser Anspruch als sozialrechtlicher Herstellungsanspruch kategorisiert werden, Rz 58.

258 So ausdrücklich Hertwig, JA 1986, 388/89; ähnlich Jakumeit/Wilde, SGb. 1971, 375/76, denen zufolge sich ein spezifisch sozialversicherungsrechtlicher Ausgleichsanspruch erüb-

sollte[259]. Selbst das BSG geht mitunter vom Fortbestehen des ursprünglichen Erfüllungsanspruchs aus[260]. Allerdings läßt sich aus den entsprechenden Entscheidungen nichts über die Natur des Herstellungsanspruchs ableiten, da in ihnen lediglich die Anwendbarkeit des Herstellungsanspruchs für den Fall verneint wird, daß der Leistungsträger aufgrund gesetzlicher Vorschriften ohnehin verpflichtet ist, die verlangte Leistung zu erbringen[261]. Dennoch bleibt häufig offen, weshalb das BSG die Nichtberufung auf den Ablauf einer Frist unter den Herstellungsanspruch subsumiert, ohne eine Abgrenzung zum Gebot von Treu und Glauben vorzunehmen[262].

Unter der Prämisse, daß der Herstellungsanspruch kein eigener Anspruch ist, stellt sich die Frage nach seiner Notwendigkeit[263]. Die Gegenansicht verweist jedoch zu Recht darauf, daß in den Herstellungsfällen häufig Modifikationen erforderlich

---

rigt; Schmidt-De Caluwe, S. 504: "Die Bezeichnung 'Herstellungsanspruch' deklariert sonach allein eine spezifisch sozialrechtliche Problemlage, in der dem Vertrauensschutz des einzelnen ein besonderes Gewicht beizulegen ist..."; ähnlich Rüfner, Sozialrecht, S. 61/62; im Ergebnis ebenso Geschwinder, ZfS 1985, 70/74, und Krause, BlStSozArbR 1979, 145/51; offengelassen bei Hofe, SGb. 1986, 11/16 FN 65.

259 So Schmidt-De Caluwe, S. 528/29, weil der Herstellungsanspruch lediglich eine besondere Sachverhaltskonstellation umschreibe; i.E. ebenso Ladage, S. 123.

260 BSG, SozR 4100 § 56 Nr. 18, S. 49 f.; vgl. auch BSGE 48, 269/76, wonach sich der Herstellungsanspruch mit anderer Begründung auf die Erfüllung der ursprünglichen Leistung richtet; BSGE 55, 261/63; Bieback, DVBl. 1983, 159/63 FN 40, unter Hinweis auf BSG, SozR 4100 § 141 b Nr. 11; Funk, DAngVers 1981, 26/28 f.; Nachweise auch bei Hertwig, JA 1986, 388/89.

261 BSG, SozR 4100 § 56 Nr. 18, S. 49/50: "Der Rehabilitationsanspruch ist insoweit selbst eine Art Herstellungsanspruch, indem er bestehen bleibt, bis das gesetzgeberisch angestrebte Ziel ... erreicht ist." Vgl. auch BSGE 60, 158/64 ff.

262 Z.B. BSG, SozR 3100 § 44 BVG Nr. 11; weitere Nachweise bei Maier, SRH, B. 7, Rz 19; ders. in SGb. 1982, 133/34; vgl. auch Bieback, SGb. 1990, 517/20.

263 Rüfner, Sozialrecht, S. 61, und Rüfner, in Erichsen/ Martens, § 53 Rz 33, wonach der Herstellungsanspruch in den bisher von der Rechtsprechung entschiedenen Fällen entbehrlich

sind, die mit dem ursprünglichen Leistungsanspruch nicht immer erfaßt werden[264]. Ohne Annahme eines eigenständigen Anspruchs[265] wäre nicht die Entscheidung von Fällen erklärlich, in denen das rechtswidrige Verhalten der Behörde die Erfüllung der Hauptleistungspflicht unberührt läßt und die Herstellung damit keine Hauptleistungspflicht betrifft, beispielsweise beim Rückabwickeln von Versicherungsverhältnissen[266] und bei der Umbuchung von Beiträgen[267]. In diesen Fällen kann die Herstellung nur durch ein aktives Handeln der Verwaltung bewirkt werden[268]. Gleiches gilt, wenn die Erfüllung der Hauptleistungspflicht nicht mehr sinnvoll und möglich ist[269].

Mit der Annahme, der alte Leistungsanspruch bestehe fort, entsteht außerdem der falsche Eindruck, daß Fristen und negative gesetzliche Sanktionen zur Disposition der Verwaltung stünden[270].

Zwar erweist sich bei rein ergebnisorientierter Betrachtungsweise in vielen, wenn auch nicht allen Fällen[271] die erstge-

---

gewesen ist. Ebenso Pietzner/Müller, VerwA 85 (1994), 603/21, für den sozialrechtlichen Bereich der Verwaltungsgerichtsbarkeit. Nach Wallerath, DÖV 1987, 505/10, wären die meisten, wenn auch nicht alle Fälle mit den herkömmlichen Instrumenten lösbar gewesen. Siehe auch Schoch, VerwA 79 (1988), 1/57 ff., dem zufolge der über Treu und Glauben sowie die obligationenrechtliche Haftung hinausgehende Anwendungsbereich des Herstellungsanspruchs eine unzulässige richterliche Rechtsfortbildung darstellt.

264 Bieback, DVBl. 1983, 158/63 f.; Bender, Staatshaftungsrecht, Rz 455.

265 Siehe auch BSG, NSZ 1992, 148/50, wonach der Rechtsprechung des BSG zum Herstellungsanspruch die Unterscheidung zwischen primären Leistungspflichten und sekundären Einstandspflichten zugrunde liegt. Der Herstellungsanspruch greife immer dann ein, wenn wegen der Verletzung der behördlichen Pflicht zu verständnisvoller Förderung primäre Leistungspflichten nicht mehr bestünden.

266 Sofern überhaupt zulässig, s.o. § 1 III 6.

267 Bieback, DVBl. 1983, 159/63.

268 Bieback, SGB. 1990, 517/20, mit weiteren Beispielen.

269 Bieback, a.a.O., und oben § 1 III 8.

nannte Ansicht, wonach die Annahme eines Fortbestehen des alten Leistungsanspruchs ausreicht, als richtig[272]. Herstellungsanspruch und Primäranspruch sind untrennbar miteinander verbunden[273], da der Herstellungsanspruch auf Verwirklichung des ursprünglichen Leistungszieles gerichtet ist[274].
Ohne den Herstellungsanspruch ist aber nicht erklärlich, warum die Erfüllung des Ausgangsrechts jetzt noch möglich sein soll. Diese Verwirklichung des Ausgangsrechts wird erst durch den Herstellungsanspruch ermöglicht[275], zumal es auch Fallkonstellationen gibt, in denen mit dem Herstellungsanspruch etwas anderes als die frühere Leistung begehrt wird[276], z.B. wenn nach rechtswidriger Leistungsversagung Kostenersatz verlangt wird[277]. Dies zeigt, daß der Herstellungs**vorgang** nicht außer acht gelassen werden darf. Sinn und Zweck des Herstellungsanspruchs ist es ja gerade, den Zustand zu **bewirken**, der bei rechtmäßigem Verhalten der Behörde von vornherein bestanden

---

270 Bieback, a.a.O.; vgl. auch v.Einem, RV 1986, 134.

271 Bley, SGB-SozVers-GK I, vor §§ 13 - 15 SGB I, Anm. 5 f dd.

272 Bieback, SGb. 1990, 517/20; nach Grüner/Dalichau, SGB I/2, Einleitung, S. 62, ist der Herstellungsanspruch nur dann entbehrlich, wenn man seinen Anwendungsbereich auf Fälle von Dispositionsschäden beschränkt, weil eine richtige Disposition aufgrund des Rechtsgedankens des § 162 BGB fingiert werden könne; ebenso Maier, SGb. 1982, 133/36, und SRH, B. 7, Rz 46, doch werde damit das Spektrum des sozialrechtlichen Herstellungsanspruchs nicht hinreichend abgedeckt.

273 Kreßel, S. 302; BGHZ 103, 242/47: "eng verwandt".

274 Bieback, SGb. 1990, 517/22.

275 Bley, SGB-SozVers-GK I, vor §§ 13 - 15 SGB I, Anm. 5 f dd: "... Rechtsgrundlage für das Erbringen der zunächst ausgebliebenen Leistung (ist) nicht deren Anspruchstatbestand für sich allein, sondern nur in Verbindung mit dem Herstellungsanspruch ..., der die Geltendmachung leistungshindernder Einwendungen ausschließt oder den Eintritt formeller Anspruchsvoraussetzungen fingiert ..."; ähnlich BSGE 48, 261/76; BGHZ 103, 242/47; Fehl, in Wilke, § 1 BVG Rz 124.

276 BSGE 48, 269/76.

hätte. Insbesondere dann, wenn Drittbehörden rechtswidrig gehandelt haben[278] oder eine Amtshandlung begehrt wird[279], zeigt sich, daß es für die Mittel zur Erreichung des gewünschten Zustandes eines besonderen Anspruchs bedarf[280]. Diesen Gesichtspunkten wird die erstgenannte Ansicht nicht gerecht.

---

277 BSGE 53, 273/77; Bieback, SGb. 1990, 517/20, und oben § 1 II und § 1 III 8.

278 Bieback, DVBl. 1983, 159/63.

279 Funk, DAngVers 1981, 26/34. Zwar ist die Nichtberufung auf einen Fristablauf für sich allein genommen noch keine Amtshandlung, doch ist dies nur Voraussetzung für den vom Bürger eigentlich begehrten begünstigenden Verwaltungsakt, Funk, a.a.O., und Maier, SGb. 1982, 133/37.

280 Maier, SGb. 1982, 133/34. Dies gilt auch bei der vom BSG im Rahmen des Herstellungsanspruchs neuerdings für zulässig gehaltenen Umbuchung von Sozialversicherungsbeiträgen, BSGE 59, 60; siehe dazu oben § 1 III 8.

§ 2 DER HERSTELLUNGSANSPRUCH IM VERWALTUNGSRECHT

I. Die Verwaltungsgerichtsbarkeit

Die Verwaltungsgerichte verhielten sich gegenüber dem Herstellungsanspruch bisher auch im sozialrechtlichen Bereich überwiegend ablehnend, obwohl die "Einheit der sozialrechtlichen Anspruchsgrundlagen auf dem Spiel steht"[281].
Diese Zurückhaltung mag darauf beruhen, daß das Instrumentarium des allgemeinen Verwaltungsrechts immer noch sehr von der Eingriffsverwaltung geprägt ist und im Einzelfall nicht immer so vitale und langfristige Interessen berührt sind wie etwa auf dem Gebiet des Rentenversicherungsrechts[282]. Angesichts der zahlreichen Meinungen, die zur Dogmatik des Herstellungsanspruchs nicht nur in der Literatur, sondern auch vom BSG selbst vertreten werden, erscheint der Herstellungsanspruch womöglich auch als zu wenig ausgereift[283]. Ferner treffen die Vorschriften, die im Zusammenhang mit dem Herstellungsanspruch von Bedeutung sind, wie die Beratungspflichten nach § 13 - 17 SGB I bzw. § 25 VwVfG sowie die Vorschriften über die Rücknahme rechtswidriger Verwaltungsakte nach § 44 SGB X bzw. § 48 VwVfG, im Verwaltungsrecht weniger weitgehende Regelungen zugunsten des Bürgers als im Sozialrecht[284]; der Vertrauensschutzgedanke

---

281 Grüner/Dalichau, SGB I/2, Einleitung, S. 60; ähnlich Brückner, ZfSH/SGB 1983, 103/06 f.

282 Ladage, S. 65/66.

283 Vgl. OVG Berlin, Urteil vom 19. 12. 1991 -6 B 26/90-, und vom 23. 11.1989 -6 B 5/89-; Siehe auch BezG Erfurt, SGb. 1993, 43/45, wonach die Diskussion über den Herstellungsanspruch noch sehr im Fluß ist; ähnlich Ebsen, VSSR 1992, 149/54.

284 Bieback, DVBl. 1983, 159/70; Ladage, S. 66, zu § 48 VwVfG: "... es widerstrebt dem Rechtsempfinden, demjenigen, der einen rechtswidrigen Verwaltungsakt bestandskräftig werden läßt, weniger Rechte einzuräumen als dem, der infolge falscher Beratung bereits von der Antragsstellung absieht."

ist im Verwaltungsrecht weniger stark ausgeprägt als im Sozialrecht[285].

Soweit die Verwaltungsgerichte im sozialrechtlichen Bereich zu entscheiden haben, ist dieser Aspekt allerdings irrelevant[286]. Dennoch lehnte das OVG Koblenz in der wohl bekanntesten verwaltungsgerichtlichen Entscheidung zum Herstellungsanspruch dessen Anwendung im Sozialhilferecht dezidiert ab, weil das Sozialhilferecht von dem übrigen Sozialleistungsrecht wesensverschieden sei[287]. Das OVG Berlin ist in mehreren Entscheidungen dieser Begründung im wesentlichen gefolgt[288], während sie in der Literatur auf nahezu einhellige Kritik gestoßen ist[289]. Teilweise bejaht hat die Anwendbarkeit des Herstellungsanspruchs im Sozialhilferecht hingegen das Verwaltungsgericht Hamburg[290].

In einer Entscheidung zum BAföG aus dem Jahre 1979 wandte das VG Sigmaringen den Herstellungsanspruch sogar mit erstaunlicher Selbstverständlichkeit an:

> "Aus der Verletzung der Pflicht zur vollständigen und richtigen Beratung folgt ... der Anspruch des Klägers, von den Folgen der falschen Beratung freigestellt zu werden. Dieser dem Gedanken der Wiedergutmachung folgende Folgenbeseitigungsanspruch ist auf die Herstel-

---

285 Vgl. OVG Münster, NVwZ 1986, 134/35.

286 Bieback, DVBl. 1983, 159/70; siehe auch Bachof, DÖV 1990, 895/96.

287 OVG Koblenz, NVwZ 1985, 509/10; siehe dazu im einzelnen § 2 III 2.

288 OVG Berlin, Urteil vom 23. 11. 1989 -6 B 5/89-, und OVG Berlin, Urteil vom 21. 11. 1991 -6 B 35/90-, zum bundesrechtlichen Sozialhilferecht; vgl. auch OVG Berlin, Urteil vom 19. 12. 1991 - 6 B 26/90-, zum landesrechtlichen Pflegegeldrecht.

289 Siehe z.B. Ladage, S. 65; Schoch, VerwA 79 (1988), 1/30; Martens, Die Rechtsprechung zum Verwaltungsverfahrensrecht, NVwZ 1986, 533; Brugger, AÖR 112 (1987), 389/440 f. und 441 FN 199; vgl. auch Bieback, DVBl. 1983, 159/70 FN 109.

290 VG Hamburg, Urteil vom 18. 11. 1988 - 7 VG 1256/88-, bzgl. Sozialhilfeleistungen (Rundfunkgebührenfreiheit); VG Hamburg, Urteil vom 30. 11. 1988 -8 VG 2379/87-: ablehnend bzgl. Pflegehilfe nach dem BSHG, aber offengelassen bzgl. Telefonhilfe als

lung des Zustands gerichtet, der bei fehlerfreier Beratung bestehen würde..."[291]

Der 3. Senat des BVerwG lehnte in einer Entscheidung aus dem Jahr 1988 die Übernahme des Herstellungsanspruchs für das sonstige Verwaltungsrecht ab, weil auf dem Gebiet des allgemeinen Verwaltungsrechts unrechtmäßiges Verwaltungshandeln oder Unterlassen nur im Rahmen zulässigen Verwaltungshandelns ausgeglichen werden könne[292]. In dem zugrundeliegenden Fall war dem Kläger eine nur innerhalb eines bestimmten Zeitraums gewährte Agrarsubvention entgangen, weil die dafür erforderlichen Baumaßnahmen zur Vermehrung von Kuhplätzen nicht rechtzeitig genehmigt worden waren.
Demgegenüber hat der 7. Senat in einem Urteil aus dem Jahr 1990 ausdrücklich offengelassen, ob der Herstellungsanspruch "auch außerhalb von Sozialrechtsverhältnissen anzuerkennen ist"[293]. In dieser Entscheidung ging es darum, daß eine Fernuniversität den klagenden Gasthörer nicht auf die bevorstehende Schließung seines Studiengangs hingewiesen hatte, so daß dieser es versäumte, sich noch rechtzeitig einzuschreiben. Im Gerichtsverfahren berief sich der Kläger auf seine besondere Schutzbedürftigkeit, die es gebiete, die aus dem verfassungsrechtlichen Freiheitsschutz folgende Pflicht zur Beseitigung rechtswidriger Beeinträchtigungen auch auf eine Herstellung zu erstrecken. Die auf Geldersatz gerichteten Vorschriften böten in Hinblick auf Art. 12 Abs. 1 GG keinen interessengerechten Ausgleich für ein entgangenes Studium. Der 7. Senat schloß nicht aus, daß diesem

---

Eingliederungshilfe für Behinderte; siehe auch die Besprechung dieser Entscheidungen bei Möhle, ZfSH/SGB 1990, 522.

291 VG Sigmaringen, KMK-HSchR 1980, 42.

292 BVerwGE 79, 192/94 = NVwZ 1988, 922. Gegen diese Begründung Berkemann, Referat 1990, 8, weil es zum einen gerade Sinn des Herstellungsanspruchs sei, sich über eine an sich entgegenstehende Rechtslage hinwegzusetzen, und weil der 3. Senat zum anderen nicht begründete, aus welchen inneren Gründen der Herstellungsanspruch ausscheiden sollte. Offengelassen, ob dem 3. Senat in dieser Allgemeinheit zu folgen sei, 4. Senat, BVerwG, NVwZ 1994, 275/79.

rechtlichen Ansatzpunkt zu folgen sei[294], mußte dies aber nicht entscheiden, weil er bereits das Vorliegen einer Betreuungspflichtverletzung verneinte. Dem Urteil läßt sich entnehmen, daß der 7. Senat jedenfalls für den **sozialrechtlichen** Bereich der Verwaltungsgerichtsbarkeit von einer Anwendbarkeit des Herstellungsanspruchs ausgeht.
Der für Sozialrecht zuständige 5. Senat lehnte dagegen in mehreren Beschlüssen die Anwendung des Herstellungsanspruchs ab, weil sie in Widerspruch zum Grundsatz stünde, daß Hilfe für die Vergangenheit nicht begehrt werden könne[295].
In einer vielbeachteten Entscheidung zum Folgenbeseitigungsanspruch hat der 4. Senat 1989 den sozialrechtlichen Herstellungsanspruch wiederum als "gesicherte Rechtsüberzeugung", wie sie in der höchstrichterlichen Rechtsprechung wiederholt zum Ausdruck gekommen sei, bezeichnet[296].

II. Die Literatur

Die Literatur tendiert zu einer positiven Haltung gegenüber einer Anwendbarkeit des sozialrechtlichen Herstellungsanspruchs im Verwaltungsrecht[297].
Für eine generelle Anerkennung sprechen sich vor allem die

---

293 BVerwG, Urteil vom 9. 3. 1990, Buchholz 11 Art. 20 Nr. 118.

294 BVerwG, a.a.O., S. 17.

295 BVerwG, Beschluß vom 29. 7. 1982 -5 B 27/82-, in Heft 69 der Kleineren Schriften des Deutschen Vereins für öffentliche und private Fürsorge: "Die Rechtsprechung des Bundesverwaltungsgerichts in Sozialhilfesachen 1981 bis 1984", S. 30 ff; BVerwG, Beschluß vom 6. 8. 1982 -5 B 137/81-; vgl. auch BVerwG, Beschluß vom 12. 11. 1990 -5 B 92/90-.
Siehe dazu i.e. unten § 3 I 2.

296 BVerwGE 82, 24/28.

297 Ossenbühl, DVBl. 1994, 977 ff.; siehe ferner Nachweise im folgenden. Anders aber Stelkens/Bonk/Leonhardt, VwVfG, § 9 Rz 27 und § 25 Rz 8 b, Rz 31; Schoch, VerwA 79 (1988), 1/34 ff.,

(wenigen) Befürworter eines allgemeinen Wiedergutmachungsanspruchs aus[298]. Häufiger wird eine Anerkennung des Herstellungsanspruchs für den sozialrechtlichen Bereich der Verwaltungsgerichtsbarkeit befürwortet[299]. Eine darüber hinausgehende Anwendung des Herstellungsanspruchs wollen manche auch von besonderen Voraussetzungen abhängig machen[300]. Dabei differenziert Brugger zwischen einer richterrechtsfreundlichen, sozialstaatsmaximierenden und einer die Optimierung der Gesamtverfassung berücksichtigenden, stärker gewaltenteilungsorientierten Sichtweise[301]. Zentrale Frage sei, ob es für den Herstellungsanspruch ausreiche, wenn ein grundrechtlich schutzwürdiges Interesse durch einen Verwaltungsakt verletzt werde, oder ob es sich um die Verletzung eines auf Dauer angelegten und von staatlicher Förderung abhängigen Verwaltungsverhältnisses handeln müsse[302]. Brugger zufolge sollte der Herstellungsanspruch nur bei "'qualifiziertem' Verwaltungsfehlverhalten in umfassenden Dauerrechtsverhältnissen"[303] angewandt werden, also in al-

---

der meint, der Herstellungsanspruch lasse sich anders als der Folgenbeseitigungsanspruch nicht verfassungsrechtlich begründen, und ihn daher generell ablehnt; dagegen aber Wallerath, DÖV 1987, 505/13, dem zufolge auch der Folgenbeseitigungsanspruch in seiner **konkreten** Ausprägung auf der Ebene des einfachen Rechts angesiedelt ist. Abwartend Maurer, § 29 Rz 25, und Grüner/Dalichau, SGB I/2, Einleitung, S. 54/55.

298 Haueisen, DVBl. 1973, 739; M. Redeker, DÖV 1987, 194; teilweise Wallerath, DÖV 1987, 505/15; ähnlich Rüfner, in Erichsen/Martens, § 53 Rz 32 FN 84, Berkemann, Vortrag 1987, S. 14 ff., und Referat 1990, 6 ff.; i.E. auch Kreßel, zusammenfassend S. 383 ff., unter Berufung auf seinen Bestandsschutzanspruch.

299 Bieback, DVBl. 1983, 159/70; Möhle, ZfSH/SGB 1990, 522/24; Ebsen, DVBl. 1987, 389/95; Brugger, AÖR (1987) 112, 389/439 ff.; Seifert, BAföG, § 41 Rz 3; Kunkel, VBlBW 1992, 47/50. Vgl. auch Ladage, S. 63 ff.; Schoch, VerwA 79 (1988), 1/30; Ramsauer/Stallbaum, BAföG, § 41 Rz 3.

300 Brugger, AÖR 112 (1987), 389/445; vgl. aber auch Bieback, DVBl. 1983, 159/70, wonach die schwächere Ausprägung der Betreuungspflichten im Verwaltungsrecht keine hinreichende, inbesondere keine rechtsdogmatische Begründung für eine Ablehnung des Herstellungsanspruch ist; Rüfner, in Erichsen/Martens, § 53 Rz 32 und FN 84.

301 Brugger, AÖR 112 (1987), 389/437 f.

len faktischen Zwangslagen sozialer Bedürftigkeit[304], in denen von "erheblicher informatorischer und finanzieller Asymmetrie"[305] auszugehen sei. Eine weitere Ausdehnung hält Brugger zwar für verfassungsrechtlich möglich, nicht aber für geboten[306]. Hill befürwortet eine Anwendung des Herstellungsanspruchs auf die Fälle, in denen zwischen Verwaltung und Bürger eine engere Beziehung besteht und die verletzte Verfahrenspflicht eine Hauptpflicht darstellt, verkennt aber den Inhalt des Herstellungsanspruchs, wenn er meint, dieser sei auf Erteilung der richtigen Auskunft gerichtet[307].

III. Verwaltungsrechtliche Fallgruppen, in denen eine Anwendung des Herstellungsanspruchs in Betracht kommt

1. Ausgangsüberlegung

Die Anwendbarkeit des Herstellungsanspruchs im Verwaltungsrecht setzt jedenfalls außerhalb des sozialrechtlichen Bereichs der Verwaltungsgerichte voraus, daß sich der Herstellungsanspruch nicht allein aus den Besonderheiten des Sozialrechtsverhältnisses ergibt[308].

---

302 A.a.O., S.443/44.

303 A.a.O., S. 445.

304 A.a.O., S. 439.

305 A.a.O., S. 440.

306 A.a.O., S. 446 FN 214; ähnlich Bender, Staatshaftungsrecht, Rz 455; Ossenbühl, § 37, 1 b, im Zusammenhang mit dem Folgenbeseitigungsanspruch.

307 Hill, S. 450; vgl. auch Schoch, VerwA 79 (1988), 1/61 FN 374.

308 Zu den Besonderheiten des sozialrechtlichen Rechtsverhältnisses siehe Wallerath, DÖV 1987, 505/07 und 514; Meyer, Behördliche Betreuungspflichten im Sozialverwaltungsrecht - An-

Die dogmatischen Begründungsmodelle zum Herstellungsanspruch beinhalten sämtlich Rechtsgedanken und -figuren, die im gesamten Verwaltungsrecht beheimatet sind[309]. Lediglich die Argumentation mit dem sozialrechtlichen Schuldverhältnis greift auch auf spezifisch sozialrechtliches Gedankengut zurück. Den Befürwortern dieser Argumentation ist dabei bewußt, daß eine schuldrechtliche Konzeption des Herstellungsanspruchs nur zum Sozialleistungs-, insbesondere Sozialversicherungsrecht, paßt, nicht aber zu einer Ausgestaltung des sozialrechtlichen zum öffentlich-rechtlichen Herstellungsanspruchs[310]. Gegen eine Herleitung des Herstellungsanspruchs aus dem sozialrechtlichen Schuldverhältnis[311] spricht schon, daß die schuldrechtliche Haftung Verschulden erfordert[312], während der Herstellungsanspruch dieses gerade nicht verlangt[313]. Vor allem aber ist der Herstellungsanspruch ein Restitutionsanspruch und kein

---

merkung zur Typik und zur rechtsdogmatischen Grundlegung, SGb. 1985, 57/61 f.

309 Vgl. Ebsen, VSSR 1992, 149 ff., der an der Konzeption des Herstellungsanspruchs als Bestandsschutzanspruch bei Kreßel und als materiellrechtliche Wiedereinsetzung bei Ladage kritisiert, daß zwar einerseits die Frage nach der sozialrechtlichen Besonderheit der jeweiligen Konzeption offenbleibe, andererseits aber die Ausweitung auf das Verwaltungsrecht nicht diskutiert werde.

310 Z.B. Maier, SRH, B. 7, Rz 37.

311 Zum Sozialleistungsverhältnis Adolf, S. 149 ff.; allgemein zum verwaltungsrechtlichen Schuldverhältnis Maurer, § 8 Rz 16 ff. und § 28 Rz 2 ff.

312 Allerdings gilt hierbei wie im Zivilrecht ein objektiver Fahrlässigkeitsbegriff, so daß der Unterschied zur reinen Rechtswidrigkeitshaftung mitunter nicht groß ist, Brugger, AÖR 112 (1987), 398/419; ähnlich Grüner/Dalichau, SGB I/2, Einleitung, S. 62/63, bzgl. §§ 162, 242 BGB. Anders aber ist es in Fällen, in denen sich die Rechtswidrigkeit erst später herausstellt, Ebsen, DVBl. 1987, 389/90 f. und 394 FN 62.

313 Ladage, S. 62; Schoch, VerwA 79 (1988), 1/60; Brugger, AÖR 112, 389/419 und 425 FN 141. Konsequent insofern Maier/Hannemann, DAngVers 1975, 346/52 ff., und Maier, SGb. 1982, 133/35; in SRH, B. 7, Rz 43 ff., meint ders., vom Verschuldensnachweis "eigentlich" nicht absehen zu könen; dies gelinge nur "über die Identifikation des sozialrechtlichen Her-

Schadensersatzanspruch[314]. Er gewährt keine Ersatzleistung wie der Schadensersatzanspruch im engeren Sinn, sondern zielt, wenn auch mit anderer Begründung, auf die ursprüngliche sozialrechtliche Leistung ab[315], vermittelt also keinen **Wert**ausgleich[316]. Ausnahmen im Einzelfall[317] ändern am Charakter des Herstellungsanspruchs nichts[318]. Auch wenn das BSG den Herstellungsanspruch gelegentlich als Schadensersatzanspruch bezeichnet[319], ist damit nur der Schadensersatzanspruch im engeren Sinn von § 249 BGB gemeint[320]. Daher ist, wie das BSG selbst hervorhebt, auch der früher gelegentlich verwandte Ausdruck vom

---

stellungsanspruchs mit dem Folgenbeseitigungs- bzw. der Kreation eines übergreifenden öffentlich-rechtlichen Herstellungsanspruchs...", Rz 46.

314 BSG, SGb. 1986, 34/36; Adolf, S. 144; Kreßel, S. 289; Brugger, AÖR 112 (1987), 389/419 f.; Denck, SGb. 1990, 76/77. Anders Maier/Hannemann, DAngVers 1975, 346/52 ff., und Schoch, VerwA 79 (1988), 1/60 FN 368.
Zum Schadensersatzbegriff im Öffentlichen Recht und der nur eingeschränkten Verbindlichkeit zivilrechtlicher Dogmatik Brugger, AÖR 112 (1987), 389/99 FN 45, und Schoch, VerwA 79 (1988), 1/45 ff.

315 BSGE 48, 269/76; BGHZ 103, 242/47. Aus dem Zusammenspiel von Ausgangsrecht und Herstellungsanspruch folgert allerdings Bley, SGB-SozVers-GK I, vor §§ 13 - 15 SGB I, Anm. 5 f dd, daß der Herstellungsanspruch im weiteren Sinne doch ein Schadensersatzanspruch ist. Im weiteren Sinne ist aber ohnehin jede Schadensbeseitigung als Schadensersatz anzusehen, da sie Geschehenes wieder ausgleichen will, Bachof, Amtshandlung, S. 115.

316 Vgl. Bachof, Amtshandlung, S. 115; ferner Brugger, AÖR 112 (1987), 389/99 FN 45.

317 Geldersatz statt Naturalrestitution bei Kostenersatz nach rechtswidriger Verweigerung von Leistungen, die sich der Betroffene zunächst auf eigene Kosten beschafft hat, BSGE 53, 273/77.

318 Vgl. BGHZ 103, 242/47.

319 BSG, SozR 1200 § 14 Nr. 6.

320 Brugger, AÖR 112 (1988), 389/98 FN 44, unter Hinweis auf BSGE 57, 288/90 und BSG, NZA 1986, 691/93. Ähnlich unterscheidet BVerwGE 33, 183/90 zwischen "echten" Schadensersatzansprüchen, für die der Zivilrechtsweg eröffnet ist, und den Ansprüchen auf Naturalrestitution, über die die Verwaltungsgerichte

"sozialrechtlichen Schadensersatzanspruch" mißverständlich[321]. Der Herstellungsanspruch unterscheidet sich allerdings auch von der herkömmlicherweise verstandenen Restitution beim Folgenbeseitigungsanspruch[322], die ein Minus gegenüber der Naturalrestitution des § 249 BGB darstellt[323], weil sie allein auf Wiederherstellung des **früheren** Zustandes gerichtet ist.
Würde man dagegen den Herstellungsanspruch als Schadensersatzanspruch auffassen, so wären für seine Anwendung nicht die Sozial- und Verwaltungsgerichte, sondern gemäß § 40 Abs. 2 VwGO die Zivilgerichte zuständig[324]. Gegen die Herleitung des Herstellungsanspruchs aus einem sozialrechtlichen Schuldverhältnis

---

entscheiden. Siehe auch Maier, SGb. 1982, 133/34: "Sozialversicherungsrechtliche Naturalrestitution".

321 BSG, SGb. 1980, 546/48.
Praktische Bedeutung hat der Charakter des Herstellungsanspruchs als Restitutionsanspruch bspw. im Rahmen der Kriegsopferversorgung, weil der eigentliche Kostenträger (der Bund als Träger der Kriegsopferfürsorge) und nicht das Land, in dessen Diensten der fehlerhaft handelnde Bedienstete steht, belastet wird, Fehl, in Wilke, § 1 BVG Rz 124.

322 Zum früheren Streit über die Natur des Folgenbeseitigungsanspruchs als Kompensations- oder Restitutionsanspruch Schleeh, Zur Dogmatik der öffentlich-rechtlichen Folgenbeseitigung, AÖR 92 (1967), 58 ff., sowie Schoch, VerwA 79 (1988), 1/44 FN 256. Siehe auch Rösslein, S. 37/38 und S. 58, der darauf hinweist, daß der umfassende Folgenbeseitigungsanspruch (Wiedergutmachungsanspruch) bei Bachof, Amtshandlung, S. 114 ff., noch in die Richtung eines Schadensersatzanspruches ging.

323 Ossenbühl, § 36, 2 a, wonach die Restitution beim Folgenbeseitigungsanspruch gegenüber einem Entschädigungsanspruch ein aliud ist. Im Vergleich zu § 249 BGB handele es sich dagegen um einen verkürzten Anspruch auf Naturalrestitution, weil § 249 BGB auf Herstellung des Zustandes gerichtet sei, der ohne das schädigende Verhalten bestehen **würde**. Ähnlich Grüner/Dalichau, SGB I/2, Einleitung, S. 52; Maurer, § 29 Rz 2; Schloer, Der Folgenbeseitigungsanspruch, JA 1992, 39/40.
Dennoch beruft sich das BVerwG beim Folgenbeseitigungsanspruch gelegentlich auf § 249 BGB, z.B. BVerwGE 69, 366/70; kritisch dazu Schoch, VerwA 79 (1988), 1/44, der selbst aber die Meinung vertritt, S. 8, daß auch beim Folgenbeseitigungsanspruch eine Hypothese aufgestellt werden müsse, da nicht der frühere, sondern nur ein gleichwertiger Zustand geschaffen werden könne. Vgl. auch unten § 4 II 4 b.

spricht zudem, daß das verwaltungsrechtliche Schuldverhältnis generell in Rechtsprechung und Literatur noch keine festen Konturen gewonnen hat[325]. Auch ist die Verwaltung Sachwalterin des Gesetzes[326], so daß, anders als im zivilrechtlichen Schuldverhältnis, zwischen ihr und dem Bürger kein Interessengegensatz besteht[327].

Dem Herstellungsanspruch liegen demnach keine spezifisch sozialrechtlichen Überlegungen zugrunde, so daß seine Anwendung im Verwaltungsrecht grundsätzlich in Betracht kommt. Da der Herstellungsanspruch einen gesteigerten Pflichtenstatus der Verwaltung voraussetzt[328], bedarf es dazu auch im Verwaltungsrecht einer besonderen Nähe und Intensität des Bürger-Staat-Verhältnisses. Das allgemeine Vertrauen des Bürgers in die Rechtmäßigkeit der Verwaltung reicht allein noch nicht aus[329].

2. Sozialrechtlicher Bereich (§ 188 VwGO)

Besonders naheliegend ist es, den sozialrechtlichen Herstellungsanspruch auf dem Gebiet des Sozialrechts anzuwenden. Den Verwaltungsgerichten sind insoweit gemäß § 188 VwGO Streitig-

---

324 Strittig, vgl. Maurer, § 28 Rz 9, und Kopp, VwGO, § 40 Rz 72.

325 Ablehnend daher auch Bieback, DVBl. 1983, 159/65 f.; Brugger, AÖR 112 (1987), 389/424 f., mit dem zutreffenden Hinweis, daß dieses Erklärungsmodell auf eine doppelte Analogie hinausläuft; vgl. auch Schmidt-De Caluwe, SGb. 1992, 487/95.
Zu weiteren Einwänden siehe Wallerath, DÖV 1987, 505/10 (Prospekthaftung sei so mangels konkreter, individueller Rechtsbeziehung schwer erklärlich), und Bieback, SGb. 1986, 36/37 (Erklärungsschwierigkeiten hinsichtlich der Haftung für Drittbehörden).

326 BSGE 49, 76/80.

327 Brugger, AÖR 112 (2987), 389/421; Schmidt-De Caluwe, SGb. 1992, 487/95 f.; zur Nichtvergleichbarkeit von verwaltungsrechtlicher Determination und privatrechtlicher Autonomie auch Adolf, S. 132 - 143, und Bieback, DVBl. 1983, 159/66.

328 Bieback, SGb. 1990, 517/20.

keiten auf den Gebieten der Jugendhilfe, der Kriegsopferfürsorge, der Schwerbehindertenfürsorge und der Ausbildungsförderung zugewiesen[330]. Wegen § 8 Abs. 2 BSHG bietet sich eine Anwendung des Herstellungsanspruchs vor allem im Sozialhilferecht an, dem auch in der Praxis die größte Bedeutung zukommt. Mit der umfassenden Betreuungs- und Beratungspflicht nach § 8 Abs. 2 BSHG wird ein besonders intensiver Betreuungsbedarf des Bürgers im Sozialhilferecht gesetzlich anerkannt[331]. Allerdings bestehen gerade auf diesem Gebiet wegen des Gedankens des "in praeteritum non vivitur" Bedenken. § 5 BSHG ist nämlich zu entnehmen, daß Sozialhilfe als Notfallhilfe nicht für die Vergangenheit zu leisten ist[332].

3. Betreuungspflichtverletzungen

Eine enge Beziehung zwischen Bürger und Staat besteht auch aufgrund von Betreuungs- und Beratungspflichten, die sich aus dem jeweils zugrunde liegenden materiellen Rechtsverhältnis[333] oder aus dem Verwaltungsverfahrensrecht[334] ergeben können. Relevant werden diese Pflichten vor allem, wenn es um die Einhaltung von Antrags- und Verjährungsfristen auf dem Gebiet der Leistungsverwaltung geht, z.B. im Subventions- oder Filmförderungsrecht. Werden solche Fristen aufgrund rechtswidrigen Verwaltungshan-

---

329 BSG, SozR 1200 § 14 Nr. 26, S. 73; zustimmend Bieback, SGb. 1990, 517/20.

330 Dabei handelt es sich im einzelnen um Streitigkeiten nach dem BSHG, dem SchwBehG, dem KörperbeschG, Teilen des BVG, § 85 SoldatenVersorgG, dem BAföG, dem HäftlingshilfeG und der VO über die Befreiung von Rundfunkgebühren, Kopp, VwGO, § 188 Rz 3.

331 Bieback, DVBl. 1983, 159/70.

332 Statt aller BVerwGE 68, 285.

333 Stelkens/Bonk/Leonhardt, VwVfG, § 9 Rz 25.

delns versäumt, so wenden die Verwaltungsgerichte zugunsten des Bürgers im Einzelfall den Gedanken der §§ 242, 162 BGB sowie das Verbot des venire contra factum proprium an[335]. Stattdessen könnte generell die Anwendung des Herstellungsanspruchs erwogen werden. Dies gilt auch bei Fristversäumnissen im beamtenrechtlichen Versorgungsrecht, da hier eine Parallele zum Sozialversicherungsrecht besteht[336].

4. Sonderrechtsverhältnisse, insbesondere: das Beamtenrechtsverhältnis

Sonderrechtsverhältnisse sind ebenfalls durch eine besondere Nähe von Bürger und Staat gekennzeichnet[337]. Die Sozialgerichtsbarkeit hat sogar bis in die jüngere Zeit das "besondere Gewaltverhältnis" zur Begründung von sozialrechtlichen Betreuungspflichten herangezogen[338], während heutzutage schwerpunktmäßig auf die Mündigkeit des Bürgers abgestellt wird[339]. Repräsentativ für Sonderrechtsverhältnisse, die eine spezielle Für-

---

334 Hill, S. 275; Kreßel, S. 239 ff.

335 Kopp, VwVfG, § 25 Rz 12; Schmidt-De Caluwe, S. 50 - 54 und S. 531; siehe im einzelnen unten § 3 II 4 b.

336 Anders aber Adolf, S. 218/19, da das Versorgungsrecht zwingend sei und der Beamte keine Dispositionsmöglichkeiten habe. Andererseits geht auch Adolf von der Anwendbarkeit des Herstellungsanspruchs bei der Verletzung von Hauptpflichten aus, wenn eine Regelungslücke besteht, S. 45. Der Widerspruch ist nur erklärlich, wenn man die Äußerungen Adolfs auf S. 218/19 im Zusammenhang mit seiner, von der des BSG abweichenden Konzeption des Herstellungsanspruchs betrachtet.
Siehe zum beamtenrechtlichen Versorgungsrecht unten § 3 II 4 a und b.

337 Maurer, § 6 Rz 17; zu den Sonderrechtsverhältnissen gehören das Schul-, das Strafgefangenen-, das Beamten-, Hochschul- und Wehrdienstverhältnis, Ossenbühl, in Erichsen/Martens, § 3 Rz 63.

338 Z.B. LSG NRW, Breithaupt 1972, 201/02.

sorgepflicht des Staates gegenüber dem Bürger beinhalten, ist das Beamtenverhältnis[340]. Der Herstellungsanspruch könnte im Beamtenrecht beispielsweise herangezogen werden, wenn ein Beamter, der gegen eine rechtswidrige Beförderungsentscheidung vorgeht, nach erfolgreichem Gerichtsverfahren rückwirkend befördert werden will oder wenn sich für einen Beamten negative Konsequenzen daraus ergeben, daß er rechtswidrig nicht zum Beamten auf Probe, sondern zum Beamten auf Widerruf ernannt wurde[341]. Die Rechtsprechung lehnt in diesen Fällen die denkbare Anwendung des Folgenbeseitigungsanspruchs mit der Begründung ab, es könne nicht die Wiedereinräumung von Rechtspositionen verlangt werden, die man nie besessen habe[342]. Teilweise wird dies für rechtlich unmöglich gehalten[343]. Ähnliche Probleme können im Fall des zu Unrecht nicht versetzten Schülers entstehen, der nach erfolgreicher Anfechtung der Prüfungsentscheidung in der neuen Klasse aufgrund des Zeitablaufs den Anschluß verpaßt und nun erneut durchzufallen droht[344]. Auch wenn dieser Fall meist als Beispiel für einen wegen Sinnlosigkeit nicht durchsetzbaren Folgenbeseitigungsanspruch behandelt wird[345], handelt es sich der Sache nach um einen Herstellungsfall[346].

---

339 Schmidt-De Caluwe, SGb. 1992, 487/95.

340 Krieger, S. 139 ff.

341 Siehe zu diesem Fall BVerwGE 28, 155 = DVBl. 1968, 641/44, besprochen von Schmidt, Der verwaltungsrechtliche Beseitigungsanspruch, JuS 1969, 166.

342 BVerwG, a.a.O.; BVerwG, DVBl. 1979, 852; BVerwG, BayVBl. 1987, 541; vgl. auch BVerwGE 53, 12/21 zur Falschberatung im Soldatenrecht und VG Würzburg, NVwZ 1983, 239, zum Verschwinden von Prüfungsarbeiten.

343 Eyermann/Fröhler, § 113 Rz 38; dagegen aber Kreßel, S. 73 ff.

344 Beispiel bei Obermayer, JuS 1963, 110/114.

345 Die Sinnlosigkeit wird vor allem dann offenbar, wenn das Schuljahr, in das der Betroffene aufgenommen werden wollte, bereits abgelaufen ist, siehe Czermak, Nochmals: Zum Beurtei-

5. Gesetzesänderungen zuungunsten des Bürgers während eines laufenden Gerichtsverfahrens

Gesetzesänderungen während eines laufenden **Verwaltungs**verfahrens müssen wegen Wesen und Aufgabe des Vorverfahrens grundsätzlich berücksichtigt werden[347]. Würde man nämlich auf die Gesetzeslage zum Zeitpunkt des rechtswidrigen Erstbescheides abstellen, so hätte die Widerspruchsbehörde nicht mehr die Möglichkeit, erkannte Fehler zu beheben[348]. Bei verzögerlicher Bearbeitung eines Antrags durch die Behörde bleibt dem Bürger angesichts einer drohenden Gesetzesänderung die Möglichkeit, eine Untätigkeitsklage nach § 75 VwGO zu erheben.
Bei Gesetzesänderungen während eines **Gerichts**verfahrens bzw. nach Erlaß des Widerspruchsbescheides[349] wäre es aber denkbar, den Bürger, dem rechtswidrig eine Genehmigung versagt worden ist, auf die er zwar nach altem, nicht aber nach neuem Recht einen Anspruch hatte, mit Hilfe des Herstellungsanspruchs so zu stellen, wie er bei rechtmäßigem Verwaltungshandeln stünde. Von Bedeutung ist dies vor allem bei Änderungen im Baurecht, im Gewerbe- und Berufsrecht, im Prüfungsrecht und im Ausländerrecht. Allerdings ist zu beachten, daß der Herstellungsanspruch soweit

---

lungszeitpunkt beim verwaltungsgerichtlichen Verpflichtungsurteil, BayVBl. 1965, 93.

346 So zutreffend Ossenbühl, § 37, 4, der darauf hinweist, daß der Schüler nicht die -sinnlose- **Wieder**herstellung des früheren Zustandes, sondern die Herstellung des hypothetischen Jetzt-Zustandes anstrebt. Das Begehren des Schülers sei daher nicht vom Folgenbeseitigungsanspruch gedeckt. Weyreuther, Gutachten, B 125, behandelt diesen Fall unter dem Gesichtspunkt der Folgenbeseitigungslast.

347 Vgl. BVerwG, NJW 1970, 263.

348 Bosch/Schmidt, § 39 II 2. Eine Ausnahme davon wird gemacht, wenn sich die Rechtslage zuungunsten des Bauherrn bei Anfechtung der Baugenehmigung durch einen Dritten ändert, BVerwG, NJW 1970, 263/64; Bosch/Schmidt, § 39 III 2 b bb, und Redeker/v.Oertzen, VwGO, § 108 Rz 25; dagegen aber Schuegraf, Urteilsanmerkung, NJW 1970, 581/82.

349 Vgl. Kreßel, S. 368, wonach es nicht darauf ankommt, ob bereits Klage erhoben worden ist.

ersichtlich auch im Sozialrecht in solchen Fallkonstellationen bisher noch nicht ausdrücklich angewandt wurde[350].
Bei einer rechtswidrig versagten Baugenehmigung legt das BVerwG die Gesetzeslage zum Zeitpunkt der letzten mündlichen Verhandlung zugrunde[351] und folgt damit der entsprechenden, für Verpflichtungsklagen geltenden prozeßrechtlichen Regel[352], die gleichermaßen im sozialgerichtlichen Verfahren gilt[353].
Im Gewerbe- und Berufsrecht hingegen erachtet das BVerwG aus rechtsstaatlichen Gründen die Gesetzeslage zum Zeitpunkt der letzten Behördenentscheidung als maßgeblich[354].

---

350 Siehe aber BSGE 5, 238/41 f. = NJW 1957, 1693, wo das BSG bei einer Verpflichtungsklage auf den Zeitpunkt der Verwaltungsentscheidung abstellte; dazu unten § 3 IV 1.

351 BVerwG, DVBl. 1962, 178; BVerwG, DÖV 1974, 565; anders OVG Lüneburg, JuS 1962, 467, und ihm zustimmend Obermayer, JuS 1963, 110.

352 Kopp, VwGO, § 113 Rz 96; Ule, Verwaltungsprozeßrecht, § 57 II. Zur Frage, inwieweit hierbei das materielle Recht maßgeblich ist, siehe unten § 3 IV 2 und Kopp, Der für die Beurteilung der Sach- und Rechtslage maßgebliche Zeitpunkt bei verwaltungsgerichtlichen Anfechtungs- und Verpflichtungsklagen, FS-Menger, S. 694.

353 Nachweise bei Meyer-Ladewig, SGG, § 53 Rz 34.

354 BVerwG, DVBl. 1959, 775; BVerwG, DVBl. 1960, 778; BVerwG, DVBl. 1961, 447.

§ 3 BISHERIGE BEHANDLUNG DER HERSTELLUNGSFÄLLE IM VERWALTUNGSRECHT

I. Fallgruppe 1: sozialrechtlicher Bereich

1. Kompetenzverteilung zwischen Verwaltungs- und Sozialgerichten

Die Kompetenzverteilung im Sozialrecht zwischen den Sozial- und den Verwaltungsgerichten rührt daher, daß bei der Umsetzung des Art. 97 GG nur die aus der älteren Tradition stammende Administrativjustiz der Sozialversicherungs- und später der Versorgungsbehörden auf die Sozialgerichte übertragen wurde[355]. Die allgemeinen Verwaltungsgerichte sind jedoch nicht anders als die Sozialgerichte -teilweise auch außerhalb des Anwendungsbereichs des § 188 VwGO, z.B. im Wiedergutmachungs- und Lastenausgleichsrecht- mit der Versorgungsverwaltung befaßt[356]. Da die Kompetenzverteilung im Sozialrecht damit letztlich auf einer historischen Zufälligkeit beruht, erscheint es aus der Sicht des Bürgers unbefriedigend, daß der Herstellungsanspruch nicht in beiden Gerichtszweigen angewandt wird[357]. Die ohnehin überfällige Festlegung einer ausschließlichen Zuständigkeit der Sozialgerichte für alle Bereiche des SGB[358], wird daher gerade

---

[355] Rüfner, Sozialrecht, S. 79.

[356] So in anderem Zusammenhang Schachtschneider, Neubescheidung nach Rechtskraft im Sozialversicherungsrecht und im allgemeinen Verwaltungsrecht, VerwA 63 (1972), 112.

[357] Grüner/Dalichau, SGB I/2, Einleitung, S. 60; Brückner, ZfSH/SGB 1983, 103/06. Vgl. auch Maier, SRH, B. 7, Rz 37: mit einer Ausdehnung des sozialrechtlichen zum öffentlich-rechtlichen Herstellungsanspruchs werde auch die verwaltungsgerichtliche Rechtsprechung "eingefangen"; der öffentlich-rechtliche Folgenbeseitigungsanspruch würde damit überlagert, so daß auf dem Gebiet des Öffentlichen Rechts Rechtseinheit erreicht werden könne.

im Interesse einer einheitlichen Rechtsentwicklung beim Herstellungsanspruch gefordert[359]. Mit Rücksicht auf Rechtssicherheit und Gleichbehandlung wäre eine Anwendung des Herstellungsanspruchs im gesamten Sozialrecht schon jetzt wünschenswert. Verfassungsrechtlich ist dies jedoch nicht erzwingbar, weil aufgrund der in Art. 97 Abs. 1 garantierten richterlichen Unabhängigkeit jedes Gericht nach freier Überzeugung entscheidet (vgl. § 108 VwGO)[360].

2. Pars pro toto: das Sozialhilferecht

In der bereits erwähnten Entscheidung des OVG Koblenz[361] ging es um einen Fall, in dem der Klägerin von einer dritten Behörde die falsche Auskunft gegeben worden war, sie habe keinen Anspruch auf Pflegegeld nach dem BSHG. Sie stellte daher einen Antrag auf Gewährung von Pflegegeld erst zu einem späteren Zeitpunkt. Mit der Klage begehrte sie von der beklagten Sozialbehörde die Zahlung von Pflegegeld auch für die Zeit zwischen der Falschauskunft und der Antragstellung. Das OVG Koblenz wies die Klage u.a. mit der Begründung ab, die Sozialhilfe sei keine rentenähnliche Dauerleistung und diene nur dazu, eine vorübergehende Notlage zu beheben. Sozialhilfe könne daher mit dem Herstellungsanspruch nicht rückwirkend begehrt werden. Hinsichtlich des für den Bürger wegen des Notfallcharakters der Sozialhilfe nur begrenzten Schadens biete die Amtshaftung einen zumutbaren Nachteilsausgleich[362]. Zudem erreiche das Sozialhil-

---

358 Diese Forderung wurde erst kürzlich wieder vom Präsidenten des BSG im Hinblick auf die geplante Novellierung des Sozialgerichtsgesetzes erhoben, siehe Hüttmann-Stoll, Probleme des Verfahrensrechts -24. Richterwoche des Bundessozialgerichts-, ZfS 1993, 26.

359 Brückner, ZfSH/SGB 1983, 103/06.

360 Vgl. BVerfGE 83, 216/27, zur richterlichen Einschätzung der Verfolgungsgefahr für bestimmte Volksgruppen im Asylrecht.

feverhältnis in der Regel nicht die Intensität und die Abhängigkeit des Bürgers von Nebenpflichten des Sozialhilfeträgers wie das für den sozialrechtlichen Herstellungsanspruch typische Sozialversicherungsverhältnis[363].
Dies ist jedoch unzutreffend. Zum einen existiert gerade im Sozialhilferecht eine umfangreiche Betreuungspflicht nach § 8 Abs. 2 BSHG, die darin begründet liegt, daß das Sozialhilferecht der Existenzsicherung dient. Zum anderen ist die Betreuung des Hilfesuchenden aufgrund des BSHG auch faktisch oft wesentlich intensiver und längerandauernd als dies im Sozialversicherungsverhältnis der Fall ist[364].
Zudem verkennt das OVG Koblenz, daß der Herstellungsanspruch nach heutigem Stand nicht an das Vorliegen eines Dauerschuldverhältnisses gebunden ist[365], weil ihn das BSG nicht mehr (nur) aus einem sozialrechtlichen Schuldverhältnis ableitet[366], sondern seine Parallele zum Folgenbeseitigungsanspruch betont[367]. Das Argument, die Amtshaftung biete ausreichenden

---

361 OVG Koblenz, NVwZ 1985, 509/10.

362 Ähnlich OVG Berlin, Urteil vom 19. 12. 1991 -6 B 26/90-, S. 13.

363 OVG Berlin, a.a.O., hebt hervor, daß im Sozialversicherungsrecht das Beitragsprinzip gilt, während etwa landesrechtliche Pflegeleistungen einseitige staatliche Leistungen seien.

364 Martens, NVwZ 1986, 533/35; so auch OVG Berlin, Urteil vom 23. 11. 1989 -6 B 5/89-, S. 8, das im übrigen dem OVG Koblenz folgt.

365 Möhle, ZfSH/SGB 1990, 522: "Überholte Herleitung"; Ebsen, DVBl. 1987, 389/95 FN 66; vgl. auch Schoch, VerwA 79 (1988), 1/30, und Ladage, S. 65, wonach das OVG Koblenz die Reichweite des Herstellungsanspruchs verkannt hat.

366 Siehe oben § 1 IV 1; insofern hat sich auch die Differenzierung des OVG Berlin, Urteil vom 19. 12. 1991 -6 B 26/90-, S. 13, zwischen dem vom Beitragsprinzip gekennzeichneten Sozialversicherungsverhältnis und den einseitigen staatlichen Pflegegeldleistungen überlebt.

367 Ebsen, DVBl. 1987, 389/95 FN 66.

Rechtsschutz, trägt nur dann, wenn man, anders als etwa im Sozialversicherungsrecht, Rechtsschutzlücken in Kauf nehmen will.

Ein sachlicher Grund hierfür läge vor, wenn der Charakter der Sozialhilfe wirklich eine rückwirkende Gewährung durch den Herstellungsanspruch ausschlösse, weil sich hier die vom BSG entwickelte Prämisse wiederfindet, wonach der Herstellungsanspruch sich nicht auf eine Leistung richten dürfe, die in dieser Form im Gesetz überhaupt nicht vorgesehen sei[368].
Und in der Tat hat unter dem Aspekt des Notfallcharakters der Sozialhilfe die Entscheidung des OVG Koblenz schließlich im **Ergebnis** vielerorts Zustimmung gefunden[369]. Auch die meisten anderen verwaltungsgerichtlichen Entscheidungen, die sich mit der Anwendung des Herstellungsanspruchs im Sozialhilferecht befassen, kommen zu dem Ergebnis, das Bedarfsdeckungsprinzip der Sozialhilfe vertrage sich nicht mit einer nachträglichen Naturalrestitution[370].
Aus § 5 BSHG, wonach die Sozialhilfe einsetzt, sobald der Sozialhilfeträger oder die von ihm beauftragten Stellen Kenntnis vom Bedarf des Hilfebedürftigen erlangen, ergibt sich nach der Rechtsprechung und der überwiegenden Meinung in der Literatur, daß Sozialhilfe nicht rückwirkend gewährt werden darf[371]. Hilfe

---

368 Ladage, S. 65; oben § 1 III 8.

369 Wallerath, DÖV 1987, 505, 14; ebenso Kreßel, S. 301; vgl. auch Ladage, S. 65. Allgemein gegen eine Anwendung des Herstellungsanspruchs im Sozialhilferecht Wagner, Urteilsanmerkung, SGb. 1993, 45/47.

370 BVerwG, Beschluß vom 29. 7. 1982 -5 B 27/82-, in Heft 69 der Kleineren Schriften des Deutschen Vereins für öffentliche und private Fürsorge: "Die Rechtsprechung des Bundesverwaltungsgerichts in Sozialhilfesachen 1981 bis 1984", S. 30 ff.; VG Hamburg, Urteil vom 30. 11. 1988 -8 VG 2379/87-; OVG Lüneburg, Urteil vom 13. 6. 1990 -4 L 52/89-, zur Kriegsopferfürsorge; OVG Berlin, Urteil vom 23. 11. 1989 -6 B 5/89-; OVG Berlin, Urteil vom 21. 11. 1991 -6 B 35/90-.
Vgl. auch OVG Berlin, Urteil vom 19. 12. 1991 -6 B 26/90-, sowie BVerwG, Beschluß vom 12. 11. 1990 -5 B 92/90-, und BVerwG, Beschluß vom 6. 8. 1982 -5 B 174/78-, zur Kriegsopferfürsorge.
Anders VG Hamburg, Urteil vom 18. 11. 1988 -7 VG 1265/88-, dazu unten im selben Abschnitt.

für einen vergangenen Bedarf sei denkgesetzlich ausgeschlossen[372]. Daher diene die Sozialhilfe auch nicht dazu, nachträglich finanzielle Aufwendungen für eine Notlage abzudecken, die vor der Kenntnis des Trägers der Sozialhilfe behoben worden sind[373].

Dem OVG Berlin zufolge sind auch in bezug auf den Herstellungsanspruch vergangene Fehler im Sozialhilferecht daher nur von Bedeutung, wenn ihretwegen noch in der Gegenwart eine Notlage besteht[374]. Es stützt sich dabei in einem Urteil[375] u.a. auf eine Entscheidung des BVerwG, in der die Anwendung der Rücknahmevorschrift des § 44 SGB X auf Bescheide, mit denen Sozialhilfe rechtswidrig verweigert wird, verneint wird[376].

Ausdrücklich lehnte das BVerwG die Anwendung des Herstellungsanspruchs in einem Fall ab, in dem die Klägerin die Zuerkennung eines erhöhten Pflegegeldes rückwirkend ab dem Zeitpunkt des Bezuges des niedrigeren Pflegegeldes mit der Begründung begehrte, die Voraussetzungen für das erhöhte Pflegegeld hätten bereits damals vorgelegen[377]. Voraussetzung dafür wäre dem BVerwG zufolge die Anerkennung, daß ein Hilfesuchender, dem rechtsirrtümlich Hilfe nicht gewährt wurde, dafür entschädigt

---

371 Z.B. BVerwGE 68, 285; OVG Münster, FEVS Bd. 39, 452, sowie die Nachweise im folgenden; siehe aber auch Maier, SRH, B. 7, Rz 37 FN 92, und Bieback, DVBl. 1983, 159/70 FN 109, wonach die Anwendung des Herstellungsanspruch im Sozialhilferecht Anlaß für eine kritische Überprüfung des Rückwirkungsverbots der Sozialhilfe bieten würde.

372 BVerwGE 26, 217/20 zur Kriegsopferfürsorge.

373 OVG Münster, FEVS Bd. 39, 452/53; siehe auch BVerwG, DÖV 1993, 37, wonach es grundsätzlich nicht Aufgabe der Sozialhilfe ist, Schulden des Hilfesuchenden zu tilgen.

374 OVG Berlin, Urteil vom 23. 11. 1989 -6 B 5/89-, S. 8.

375 OVG Berlin, Urteil vom 21. 11. 1991 -6 B 35/90-, S. 9.

376 BVerwGE 68, 285/87 = FEVS Bd. 33, 133.

377 BVerwG, Beschluß vom 29. 7. 1982 -5 B 27/82-, in Heft 69 der Kleineren Schriften des Deutschen Vereins für öffentliche und private Fürsorge: "Die Rechtsprechung des Bundesverwaltungsgerichts in Sozialhilfesachen 1981 bis 1984", S. 30 ff.

werden müsse; dies aber liefe dem Rückwirkungsverbot der Sozialhilfe zuwider[378].
In einem weiteren Urteil des OVG Berlin zum **landesrechtlichen** Pflegegeld wird ausgeführt, der Zweck des Pflegegeldes lasse sich für die Vergangenheit kaum noch erreichen[379]. Das BVerwG sieht jedoch in andererem Zusammenhang den Zweck des **bundesrechtlichen** Pflegegeldes in der Erhaltung der Pflegebereitschaft und Motivation der Pflegepersonen[380]. Es diene demgegenüber nicht dazu, den Pflegeaufwand abzugelten, denn dieser sei seinem Wesen nach unentgeltlich[381]. Da es beim Pflegegeld also anders als bei der Hilfe zum Lebensunterhalt nicht um Kostenaufwendungen geht, ist das Argument mit dem Notfallcharakter von Sozialleistungen hier von vornherein nicht stichhaltig[382].

Davon abgesehen werden vom Verbot rückwirkender Sozialhilfe verschiedene Ausnahmen gemacht[383].
So gewährt die Rechtsprechung dem Hilfesuchenden wegen des Grundrechts auf effektiven Rechtsschutz nach Art. 19 Abs. 4 GG rückwirkend ab dem Zeitpunkt der Klageerhebung gegen einen rechtswidrigen Versagungsbescheid Sozialhilfe[384]. Gleiches gilt

---

378 BVerwG, a.a.O., S. 32.

379 OVG Berlin, Urteil vom 19. 12. 1991 -6 B 26/90-, S. 13. Das OVG Berlin, a.a.O., S. 11-13, sieht für das Berliner Sozialrecht bzgl. einer Anwendung des Herstellungsanspruchs das zusätzliche Problem, daß sich der Landesgesetzgeber die Entwicklungen des Bundesrechts nicht habe zu eigen machen wollen; dies zeige neben dem Fehlen detaillierter Regelungen die Tatsache, daß mit dem Berliner Sozialrecht -das keine Entsprechung in anderen Bundesländern hat- kein umfassendes System sozialer Sicherung geschaffen werden sollte.

380 BVerwGE 29, 108 ff. = FEVS Bd. 15, 281 f.; BVerwG, Buchholz 436.0 § 69 BSHG Nr. 2 = FEVS Bd. 23, 45/47.

381 BVerwG, Buchholz 436.0 § 69 BSHG Nr. 2.

382 Vgl. Möhle, ZfSH/SGB 1990, 522/23.

383 Zum folgenden siehe insbesondere Möhle, ZfSH/SGB 1990, 522/24.

bei Geltendmachung eines Amtshaftungsanspruchs[385], der stets auf Schadensersatz gerichtet ist und damit auch rückwirkende Sozialhilfe umfassen kann[386].

In ständiger Rechtsprechung erkennt das BVerwG eine Ausnahme vom Bedarfsdeckungsprinzip des weiteren an, wenn die Effektivität der gesetzlichen Gewährleistung des Rechtsanspruchs des Bürgers auf Fürsorgeleistung dies erfordert[387], namentlich also in Fällen der Säumnis des Sozialhilfeträgers[388]. Gegen den Rechtsanspruch des Bürgers würde verstoßen, wenn die Behörde durch verzögerliche Behandlung eines ihr bekannt gewordenen Fürsorgefalls den mit dem eingetretenen Bedarf entstandenen Anspruch vereiteln könnte[389]. Während das BVerwG einerseits säumiges Verhalten nur annehmen will, wenn ein **gerichtlich** zuerkannter Anspruch von der Behörde nicht befriedigt wird[390], läßt es in einer anderen Entscheidung eine Ausnahme vom Rückwirkungsverbot bereits ab dem Zeitpunkt zu, in dem der Sozialhilfeträger vom Bedarf des Betroffenen Kenntnis erlangte[391].

---

384 BVerwGE 68, 285/89; E 68, 112/14; E 40, 343/46; OVG Lüneburg, FEVS Bd. 21, 418/19. Anders aber trotz § 44 SGB X, wenn die Ablehnung der Sozialhilfe bestandskräftig geworden ist, BVerwGE 68, 285.

385 Insofern ist es bemerkenswert, daß das OVG Koblenz einerseits zwar eine rückwirkende Gewährung von Sozialhilfe mittels des Herstellungsanspruchs ablehnt, andererseits aber auf die Amtshaftung verweist, NVwZ 1985, 509/10.

386 Möhle, ZfHS/SGB 1990, 522/24.

387 So erst kürzlich wieder BVerwG, DÖV 1993, 37; ähnlich Leisner, in Wilke, § 25 a BVG Rz 3: rückwirkende Kriegsopferfürsorge, wenn die Versagung einer nachträglichen Leistungsgewährung bei verständiger Würdigung des Einzelfalls dem Zweck der Kriegsopferfürsorge und dem allgemeinen Fürsorgegedanken widersprechen würde.

388 BVerwGE 68, 285/89; E 21, 274/81; BVerwG, FEVS Bd. 25, 265/77; OVG Lüneburg, FEVS Bd. 21, 418/19.

389 BVerwGE 26, 217/20.

390 BVerwGE 68, 285/89 unter Bezugnahme auf BVerwG, Beschluß vom 25. 9. 1975 -BVerwG 5 ER 247/72-.

Ähnlich wird es in einigen Entscheidungen auch für möglich gehalten, daß ein Verstoß der Behörde gegen Treu und Glauben eine Ausnahme begründen kann[392].

Auch wenn dem Hilfesuchenden die rechtzeitige Benachrichtigung der Behörde nicht zumutbar war, wird Sozialhilfe bei zwischenzeitlicher Bedarfsdeckung rückwirkend gewährt[393].

Unter Anwendung des Herstellungsanspruchs entsprach ferner die 7. Kammer des VG Hamburg einer Klage auf rückwirkende Befreiung von Rundfunkgebühren, weil das Sozialamt das Verfahren nicht, wie es gängiger Verwaltungspraxis entsprochen hätte[394], bis zur Entscheidung des Versorgungsamtes über die Schwerbehinderteneigenschaft der Klägerin ausgesetzt hatte[395]. Auch die 8. Kammer, die einen auf rückwirkende Zahlung von Pflegegeld nach dem BSHG gerichteten Herstellungsanspruch abgelehnt hatte[396], wollte im selben Urteil die Anwendung des Herstellungsanspruchs im Zusammenhang mit einer rückwirkenden Befreiung von der Telefongebüh-

---

391 BVerwG, FEVS, Bd. 25, 265/77 (das BVerwG stellt hierbei auf eine etwaige Säumnis des Betroffenen (!) bei der Anmeldung seines Bedarfs ab); unklar bei OVG Lüneburg, FEVS Bd. 21, 418/19.

392 OVG Münster, FEVS Bd. 39, 452/55; vgl. auch BVerwGE 68, 285 = FEVS Bd. 33, 133/36, und BVerwGE 58, 68/75. BVerwG, Beschluß vom 6. 8. 1982 -5 B 137/81-, läßt die Frage, ob Hilfe ausnahmsweise nachträglich geleistet werden muß, wenn sie absichtlich oder arglistig vorenthalten wurde, offen.

393 Strittig; siehe einerseits OVG Münster, FEVS Bd. 39, 452/54, sowie BVerwG, DÖV 1993, 37//38; andererseits VGH Baden-Württemberg, FEVS Bd. 26, 118/21.

394 Möhle, ZfSH/SGB 1990, 522/24.

395 VG Hamburg, Urteil vom 18. 11. 1988 -7 VG 1265/88-. Möhle, ZfSH/SGB 1990, 522/24, verweist in diesem Zusammenhang, ohne die Fundstelle zu nennen, auch auf eine Entscheidung des BVerwG, mit der rückwirkend Kriegsopferfürsorge zugesprochen wurde, obwohl der Kläger bei der Behörde zunächst nur einen Antrag auf Feststellung seines Versorgungsanspruchs gestellt hatte.

396 VG Hamburg, Urteil vom 30. 11. 1988 -8 VG 2379/87-.

renpflicht unter bestimmten Voraussetzungen nicht grundsätzlich ausschließen[397].

Auffällig an allen verwaltungsgerichtlichen Entscheidungen, die eine Anwendung des Herstellungsanspruchs unter Bezug auf das Bedarfsdeckungsprinzip ablehnen, ist, daß es sich beim Rückwirkungsverbot um das einzige jeweils in Betracht kommende Leistungshindernis handelte. Daß der Herstellungsanspruch gerade der Überwindung von Leistungshindernissen dient, wurde von den Verwaltungsgerichten in keiner Weise problematisiert. Die Argumentation, dem Herstellungsanspruch stehe ein Leistungshindernis in Form des Rückwirkungsverbots entgegen, verkennt also bereits den Charakter des Herstellungsanspruchs[398].
Im übrigen läßt sich die rückwirkende Gewährung von Sozialhilfe im Wege des Herstellungsanspruchs ebenso wie die bei verzögerlicher Behandlung eines Fürsorgefalls gemachte Ausnahme mit der Effektivität des Rechtsanspruchs auf Fürsorgeleistungen begründen. Hier wie dort droht die Verwirklichung des in § 1 Abs. 2 BSHG verankerten Rechtsanspruch auf Sozialhilfe zu scheitern, wenn die Behörde zu Lasten des Bürgers gegen ihre Betreuungspflichten verstößt. Rechtswidrig versagte Sozialhilfe bewirkt nicht einen reinen Vermögensschaden für den Bürger, sondern gefährdet das gesetzliche Ziel der Sicherung einer menschenwürdigen Lebensführung[399]. Im Interesse der Verwirklichung des Rechtsanspruchs auf Sozialhilfe kann das Rückwirkungsverbot des

---

397 VG Hamburg, a.a.O., S. 24, zitiert bei Möhle, ZfSH/SGB 1990, 522/24: "...liegt die Säumnis des Hilfesuchenden (auf einen Bedarf hinzuweisen) darin begründet, daß er nicht hinreichend über mögliche Ansprüche und ihn treffende Informationspflichten unterrichtet wurde, könnte ein sozialrechtlicher Herstellungsanspruch in der Weise erwogen werden, daß mit seiner Hilfe die Kenntnis des Trägers - ähnlich wie ein Antrag - rückwirkend fingiert wird, damit die Hilfegewährung nicht an § 5 BSHG scheitern muß."

398 Vgl. Berkemann, Referat 1990, 8, zu BVerwGE 79, 192; dazu oben § 2 I.

§ 5 BSHG, mit dem der Zweck der Sozialhilfe als Notfallhilfe gesichert werden soll, nicht stärker sein als die Betreuungs- und Beratungspflicht, die demselben Ziel dient[400]. Dies ergibt sich auch aus der Konkretisierung des verfassungsrechtlichen Sozialstaatsprinzips in § 2 Abs. 2 SGB I, wonach sicherzustellen ist, daß die sozialen Rechte möglichst weitgehend verwirklicht werden[401]. Insoweit gibt es einen gegenüber anderen Anspruchspositionen hervorgehobenen sozialrechtlichen Status[402]. Es wäre, bezogen auf die Rückwirkung der Sozialhilfe, letztlich nicht verständlich, weshalb derjenige, der einen rechtswidrigen Versagungsbescheid erfolgreich gerichtlich anficht, besser gestellt sein soll, als derjenige, der aufgrund falscher behördlicher Beratung einen Antrag auf Sozialhilfe zunächst nicht stellen konnte[403]. Die Ansicht des BVerwG, der Bedarfsdeckungsgrundsatz würde zur Gänze außer Kraft gesetzt, wenn man ihn bei zu Unrecht versagter Sozialhilfe nicht anwendete[404], kann insofern keine Geltung beanspruchen. Es ist ersichtlich nicht Sinn und Zweck des § 5 BSHG, rechtswidriges Behördenhandeln zu honorieren; vielmehr soll er nur verhindern, daß die Sozialbehörde für in der Vergangenheit liegende Notlagen einzustehen hat, von denen sie keine Kenntnis hatte und die sich daher auch ihrer Bewertung entziehen. In den Herstellungsfällen kennt jedoch die Behörde jedenfalls die **tatsächlichen** Umstände, die den Bedarf des Hilfesuchenden begründen, mag sie ihn auch rechtswidrig-schuldlos als im Sinne des BSHG **rechtlich** unerheblich betrach-

---

399 Brugger, AÖR 112 /1989), 389/441, der in FN 199 die von BSGE 58, 283 im Wege des Herstellungsanspruchs bewilligte nachträgliche Zahlung von Kindergeld als Grenzfall bezeichnet.

400 Möhle, ZfSH/SGB 1990, 522/25.

401 "In dubio pro statu sociali", Bogs/Mestwerdt, SGb. 1990, 28/29.

402 Schmidt-De Caluwe, SGb. 1992, 487/97.

403 Brugger, AÖR 112 (1987), 389/41; ähnlich Kunkel, VBlBW 1992, 47/50; anders aber BVerwG, Beschluß vom 6. 8. 1982 -5 B 137/81-.

ten. So gesehen bedarf es noch nicht einmal einer Fiktion der Kenntniserlangung, mit der § 5 BSHG umgangen werden könnte[405]. Zudem wird das Bedarfsdeckungsprinzips durch die Rechtsprechung mitunter rein formal gehandhabt und verliert damit als Einwand gegen eine Herstellung vollends an Überzeugungskraft. So hat das BVerwG eine Kostenerstattung für einen Erholungsurlaub im Sinne des Sozialhilferechts in einem Fall zugesprochen, in dem der Wunsch nach Erholungsurlaub an dem Tag an den Sozialhilfeträger herangetragen wurde, an dem der Urlaub begann[406]. Damit nämlich mache die Klägerin nicht die Befriedigung eines vergangenen Bedarfs geltend[407]. -Zu Recht- ohne Bedeutung scheint es für das BVerwG zu sein, daß die Klägerin ihren Bedarf zunächst selbst gedeckt hatte, und das spätere Verlangen nach Kostenerstattung daher eben doch auf nachträgliche Unterstützung gerichtet war.

Die Anwendung des Herstellungsanspruchs im Sozialhilferecht macht diesen nicht zu einem unzulässigen Schadensersatzanspruch[408], weil der Hilfesuchende keinen Wertausgleich erhält, sondern nur das, was ihm bei unterstelltem korrektem Verwaltungshandeln ohnehin zugestanden hätte. Insofern kann eine rückwirkende Gewährung von Sozialhilfe nicht anders beurteilt werden als die im Rechtsmittelverfahren erstrittene und deshalb unzweifelhaft für die Vergangenheit zu gewährende Sozialhilfe, für die auch das BVerwG annimmt, daß es sich dabei um keine Entschädigung handelt[409]. Ohnehin kann ein Geldanspruch dann ein Restitutionsanspruch sein, wenn sich, wie oftmals bei der

---

404 BVerwGE 40, 343/46 in einem Fall, in dem die rechtswidrige Ablehnung von Sozialhilfe bestandskräftig geworden war.

405 Vgl. VG Hamburg, Urteil vom 30. 11. 1988 -8 VG 2379/87-.

406 BVerwGE 35, 287.

407 BVerwGE, a.a.O., S. 288.

408 So aber BVerwG, Beschluß vom 29. 7. 1982, a.a.O., S. 32; gleiches klingt an bei OVG Berlin, Urteil vom 23. 11. 1989 -6 B 5/89-, S. 7.

409 BVerwG, Beschluß vom 29. 7. 1982, a.a.O.

Sozialhilfe, der ursprüngliche Anspruch ebenfalls auf Geld richtete[410].
Mithin wäre die Anwendung des Herstellungsanspruchs im Sozialhilferecht trotz § 5 BSHG rechtlich zulässig[411].

3. Sozialrechtliche Einzelfälle

Außerhalb des Sozialhilferechts stehen im sonstigen Sozialrecht einer Anwendung des Herstellungsanspruchs durch die Verwaltungsgerichte keinerlei Bedenken entgegen. So gehen auch einige verwaltungsgerichtliche Entscheidungen, vor allem zu Fällen einer behördlichen Falschberatung nach § 41 BAföG, wie selbstverständlich von der Anwendbarkeit des Herstellungsanspruchs aus[412]. Daß diese Entscheidungen vereinzelt geblieben sind, beruht vermutlich auf dem mangelnden Bekanntheitsgrad des Herstellungsanspruchs im Verwaltungsrecht.

---

410 Ossenbühl, § 36, 2 a.

411 Für eine Übernahme des Herstellungsanspruchs in das Sozialhilferecht daher auch Kunkel, VBlBW 1992, 47/50; Bieback, DVBl. 1983, 159/70; Ebsen, DVBl. 1987, 389/95; Möhle, ZfSH/SGB 1990, 522/25; Brugger, AÖR 112 (1987), 389, 440 f.; Bachof, DÖV 1990, 895/96.

412 VG Sigmaringen, KMK-HSchR 1980, 42, zitiert oben bei § 2 I; OVG Münster, KMK-HSchR 1984, 890/94. Siehe ferner Seifert, BAföG, § 41 Rz 3, und Ramsauer/Stallbaum, BAföG, § 41 Rz 3. Anders aber VGH Baden-Württemberg, Beschluß vom 12. 7. 1988 -7 S 1435/88-, S. 5; weitere Nachweise bei Pietzner/Müller, VerwA 85 (1994), 603/15 f., die auch auf zwei ablehnende Entscheidungen zum Wohngeld und zum berufsständischen Versorgungsrecht aufmerksam machen.

II. Fallgruppe 2: Betreuungspflichtverletzungen[413]

1. Begriff, Funktion und Rechtsgrundlagen für behördliche Betreuungspflichten[414]

Bereits vor Inkrafttreten des § 25 VwVfG, der ebenso wie die §§ 13 ff. SGB I nicht als abschließende Regelung zu verstehen ist[415], waren auch im Verwaltungsrecht, wenngleich weniger weitgehend als im Sozialrecht[416], behördliche Betreuungspflichten anerkannt, wenn der Betroffene aus von der Behörde erkannter Unkenntnis oder Unerfahrenheit seiner Rechte verlustig zu gehen drohte[417]. Betreuungspflichten bestehen vor allem in Auskunfts[418]- und Beratungspflichten[419], die nicht bloße Reflexwirkungen rechtmäßigen Handelns sind, sondern den Schutz und die Interessenwahrung des Betroffenen bezwecken[420]. Sie ergeben sich aus dem Rechtsstaatsgrundsatz in Verbindung mit dem Sozialstaatsprinzip[421], weil die Sozialstaatlichkeit neben der

---

413 Siehe dazu auch die Nachweise mit Besprechung bei Kreßel, S. 208 ff.

414 Dazu Jochum, NVwZ 1987, 460; speziell zu den sozialrechtlichen Betreuungspflichten Meyer, Behördliche Betreuungspflichten und Sozialversicherungsrecht - Anmerkung zur Typik und zur rechtsdogmatischen Grundlegung, SGb. 1985, 57.

415 Kopp, VwVfG, § 25 Rz 12; Jochum, NVwZ 1987, 460/61.

416 Schmidt-De Caluwe, SGb. 1992, 487/93 f.

417 Knack, VwVfG, § 25 Anm. 2.3.; zur Betreuungspflicht im Steuerrecht siehe Söhn, in Hübschmann/Hepp/Spitaler, AO (FGO), § 89 Rz 4 ff.

418 Zu beachten ist aber, daß der Bürger nach ganz überwiegender Ansicht kein **allgemeines** Auskunftsrecht gegenüber Behörden hat, Krieger, S. 218; Kunze, S. 36; vgl. auch Müller-Waack, S. 23 und S. 33. Hingegen besteht eine Verpflichtung des Amtsträgers, von sich aus Belehrungen zu erteilen, wenn der Bürger seine Situtation rechtlich oder tatsächlich falsch einschätzt und deshalb zu nachteiligen Dispositionen ansetzt, Boos/Haarmann, Rz 71.

419 Krasney, BKK 1985, 380.

Verwirklichung sozialer Gerechtigkeit auch die Hilfe des Staates auf allen Gebieten der Daseinsvorsorge beinhaltet[422]. So gehört es dem BGH zufolge im sozialen Rechtsstaat zu den Amtspflichten der mit der Betreuung der sozial schwachen Bevölkerungskreise betrauten Beamten, diesen zur Erlangung und Wahrung der ihnen vom Gesetz zugedachten Rechte und Vorteile nach Kräften beizustehen[423]. Dem hat sich das BVerwG frühzeitig angeschlossen[424] und zur Begründung immer wieder § 242 BGB als "Vehikel" für die Grundsätze des Sozial- und Rechtsstaats[425] herangezogen[426]. Da die Verwaltung einen Informationsvorsprung hat[427], setzt die Mündigkeit des Bürgers voraus, daß er durch behördliche Hinweise und Auskünfte über seine rechtlichen Möglichkeiten informiert wird[428]. Der einzelne, der heutzutage nicht mehr bloßes Objekt staatlicher Wohlfahrtspflege ist, erhält eine dem Menschenbild des Grundgesetzes entsprechende Sub-

---

420 Krasney, a.a.O.

421 Foerster, Beratungs- und Auskunftspflichten der Behörden gegenüber dem Bürger, StKV 1974, 321; Laubinger, Die Verwaltung als Helfer des Bürgers, Gedanken zur behördlichen Betreuungspflicht, Schriftenreihe der Hochschule Speyer Bd. 50 (1972), 439/51; Kopp, VwVfG, § 25 Rz 1; vgl. auch Jochum, NVwZ 1987, 460; Meyer, SGb. 1985, 57/61 f., und Müller-Waack, S. 178. Ähnlich LSG NRW, Breithaupt 1972, 201/02, wonach sich die Betreuungspflicht aus den Grundsätzen von Treu und Glauben, dem Sozialstaatsprinzip und dem besonderen Gewaltverhältnis zwischen Bürger und Exekutive ergibt. In einer neueren Untersuchung kommt Schmidt-De Caluwe, SGb. 1992, 487/96, zu dem Ergebnis, daß die rechtliche Herleitung der sozialrechtlichen Betreuungspflichten immer noch nicht befriedigend geklärt ist. Dies wirkt sich auch bei der Frage nach der Natur des sozialrechtlichen Herstellungsanspruchs aus.

422 Krieger, S. 138/39.

423 BGH, NJW 1957, 1873.

424 BVerwGE 9, 189/91; E 10, 12/15.

425 Schmidt-De Caluwe, SGb. 1992, 487/90, der diese Argumentation für rechtsdogmatisch auffällig hält.

426 BVerwGE 16, 156; E 26, 201; E 20, 36.

427 Martens, Rz 195.

jektstellung erst, wenn er aufgrund ausreichender Informationen seine Rechtsverhältnisse autonom gestalten kann[429], wobei allerdings die Betreuung gleichzeitig eine patriarchalische Komponente beinhaltet[430]. Der Beamte, der eine Auskunft erteilt, hat die Pflicht, den Bürger nicht durch unrichtige, unklare oder mißverständliche Erklärungen zu nachteiligen Dispositionen zu veranlassen[431]; insofern trifft jede Behörde eine Schadensabwendungspflicht[432].

Angesichts der immer komplexer und unübersichtlicher werdenden Rechtsverhältnisse stellt die Judikative zunehmend höhere Anforderungen an die Betreuungspflichten[433]. Folgerichtig hat speziell die Unübersichtlichkeit und Kompliziertheit des Sozialversicherungsrechts zur Entwicklung des Herstellungsanspruchs geführt[434].

Betreuungspflichten sichern die Erfüllung der Hauptpflichten begleitend ab[435]. Sie werden daher überwiegend als materielle Nebenpflichten angesehen[436], die gleichzeitig Bestandteil des Verwaltungsverfahrens sind[437]. Die Einordnung der Betreuungspflichten als Nebenpflichten beinhaltet keine dogmatische Klassifizierung, sondern beschreibt, abgesehen von den Leistungs-

---

428 Jochum, NVwZ 1987, 460.

429 Schmidt-De Caluwe, SGb. 1992, 487/94, bzgl. des Sozialrechtsverhältnisses.

430 Schmidt-De Caluwe, a.a.O.

431 Boos/Haarmann, Rz 71 und Rz 73 a.

432 BSG, SGb. 1986, 34/36.

433 Schmidt-De Caluwe, a.a.O., S. 495 und S. 498.

434 Vgl. J. Plagemann, NJW 1986, 2082/86.

435 Martens, Rz 193.

436 BSG, MDR 1962, 1022; LSG Hamburg, Breithaupt 1986, 140; Kopp, VwVfG, § 25 Rz 2; Martens, Rz 128 und 193, wonach gerade die Erkenntnisse bei der Entwicklung des Herstellungsanspruchs gezeigt haben, daß Informations- und Betreuungspflichten zum materiellen Recht gehören.

treuepflichten, nur den funktionalen Aspekt der Betreuungspflichten[438]. Sie bezwecken lediglich "die kooperative Konkretisierung und Ausfüllung eines Rechtsverhältnisses, ... aus dem Schuldverhältnisse entstehen können, nicht aber notwendig hervorgehen müssen."[439]

2. Arten der Betreuungspflichten

a) Allgemeine Betreuungspflichten[440]

Allgemein ist die behördliche Betreuungspflicht in § 25 VwVfG geregelt[441], der bereits vor Beginn des Verwaltungsverfahrens eingreifen kann, wenn ein konkretes Verfahren bevorsteht[442]. Unabhängig davon entsteht das Verwaltungsverfahrensverhältnis erst mit der konstitutiven Verfahrenseinleitung durch die Behörde[443]. Anders als §§ 13 ff. SGB I setzt § 25 VwVfG aber immer einen konkreten Kontakt zwischen Behörde und Bürger voraus, kennt also keine Vorverlagerung der Beratungspflicht[444]. Die allgemeine Aufklärungspflicht in § 13 SGB I dagegen statuiert

---

437 Vgl. Laubinger, S. 451.

438 Meyer, SGb. 1985, 57 /60 ff.

439 Meyer, a.a.O.

440 Siehe auch die Einteilung bei Meyer, SGb. 1985, 57/58 f., in Leistungstreuepflichten, Individualisierungspflichten, statussichernde Pflichten und Rücksichtspflichten bei Verwaltungskontakt.

441 Im Steuerrecht § 89 AO; siehe dazu Ratzel, NWB Fach 2 (1985), 4527, und Söhn, in Hübschmann/Hepp/Spitaler, AO (FGO), § 89 Rz 4 ff.

442 Stelken/Bonk/Leonhardt, VwVfG, § 25 Rz 13; ebenso Obermayer, VwVfG, § 25 Rz 12; Kreßel, S. 235, zum Subventionsverhältnis.

443 Martens, Rz 62 und 66.

eine "generell abstrakte, unverlangte Darstellung und Erläuterung von Rechten und Pflichten nach der Sozialrechtsordnung"[445]. Neben den in § 25 VwVfG geregelten Beratungs-, Auskunfts- und Belehrungspflichten[446] sowie sonstigen gesetzlich geregelten Betreuungspflichten[447] sind u.a. anerkannt:

aa) Ordnungsgemäße Bearbeitung von Anträgen

Die Behörde hat die Pflicht, Anträge des Bürgers ohne vermeidbare Verzögerung, gewissenhaft, förderlich und sachdienlich zu bearbeiten[448].

bb) Hinweis auf bevorstehende Rechtsänderungen[449]

Im Einzelfall besteht auch eine behördliche Pflicht, auf eine voraussichtliche Rechtsänderung hinzuweisen[450]. Nach allgemeiner Ansicht müssen für diese weitreichende Verpflichtung aber besondere Umstände hinzukommen[451]. Bei einer bevorstehenden Än-

---

444 Bieback, DVBl. 1983, 159/68.

445 Schnapp, in Bochumer Komm., SGB - AT, § 13 Rz 3.

446 Kopp, VwVfG, § 15 Rz 1: "Betreuungs- und Fürsorgepflichten".

447 Beispiele bei Laubinger, a.a.O., S. 445 ff.

448 BGHZ 15, 305/12; BGH, MDR 1959, 467, unter Heranziehung des Rechtsstaatsgedankens; BGH, VersR 1970, 1007 ff.; vgl. auch BVerwG, NJW 1986, 1826/28.

449 Vgl. § 2 III 4.

450 BGH, DVBl. 1960, 520, zur bevorstehenden Änderung von Ortsbaurecht technischer Art, das sich häufig ändert; vgl. auch OVG Lüneburg, BB 1960, 643: Hinweispflicht auf Genehmigungsvoraussetzungen, wenn der Bürger zur Einholung einer Genehmigung aufgefordert wird; OVG Koblenz, NVwZ 1989, 381, zu einem Fall, in dem eine Studienbewerberin von der Universität nicht auf eine bereits vor Auskunftserteilung beschlossene und kurze Zeit später in Kraft getretene Änderung der Bewerbungsfristen hingewiesen worden war. Siehe ferner Maier, SRH, B. 7, Rz 48.

derung von Bundes- und Landesrecht fehlt regelmäßig bereits die Nähe der Verwaltung zum Normsetzungsverfahren[452]. Auch das BSG hat sich insofern generell ablehnend geäußert[453]. Ändere der Gesetzgeber eine als unbefriedigend empfundene Vorschrift, müsse der Versicherungsträger den Versicherten nicht darüber belehren, daß er den mit der Änderung verbundenen Nachteilen durch ein Handeln in der Zeit zwischen Verkündung und Inkrafttreten der Gesetzesänderung ausweichen könne[454]. Sinn der behördlichen Beratungspflicht sei es, dem Versicherten in der Erlangung der ihm vom Gesetz zugedachten Rechte beizustehen, nicht aber, allgemeine Rechtsberateraufgaben wahrzunehmen[455]. Schon aus finanziellen Gründen könne ein öffentliches Interesse an einem alsbaldigen Inkrafttreten neuer Vorschriften bestehen, das durch eine Belehrung über die Änderung beeinträchtigt würde[456]. Eine Aufklärung über bevorstehende Rechtsänderungen müsse sich außerdem zwangsläufig an alle mutmaßlich Betroffenen richten, doch könne eine so weitreichende Aufklärungspflicht auch § 13 SGB I nicht entnommen werden, zumal andernfalls das Verkündungserfordernis für Gesetze entwertet würde[457].
Unter Umständen kann aber bei konkretem Anlaß eine den Herstellungsanspruch auslösende Verpflichtung zur Beratung über eine

---

451 Foerster, StKV 1974, 321/22; Knack, VwVfG, § 25 Anm. 3.1.; Krieger, S. 143, wonach eine Hinweispflicht nur in Betracht kommt, wenn die Änderung unmittelbar bevorsteht.

452 Jochum, NVwZ 1987, 460/62 f.

453 BSGE 41, 260/61: "Durch die unterlassene Aufklärung der Beklagten über eine zu erwartende Rechtsänderung ist der Kläger ... weder in einem Freiheitsgrundrecht noch in einem diesem gleichgestellten Anspruch beeinträchtigt worden."

454 BSGE 55, 257.

455 BSGE 55, 257/60; J. Plagemann, NJW 1986, 2082/86, vergleicht die vom BSG in dieser Entscheidung gezogenen Grenzen mit den Grenzen, die der BGH für die anwaltliche Haftpflicht gefunden hat.

456 BSGE, a.a.O.; ähnlich BVerwG, BBauBl. 1981, 183.

unklare Rechtslage bestehen[458]. Dies hat das BSG in einem Fall angenommen, in dem ein Versorgungsantrag im Vertrauen auf die Richtigkeit einer behördlichen Empfehlung zurückgenommen wurde, die Empfehlung aber auf einer später vom Bundesverfassungsgericht in einem zum Zeitpunkt ihrer Erteilung bereits anhängigen Verfahren für nichtig erklärten Norm beruhte[459].

cc) Fehlerfreie Gestaltung von Antragsformularen

Sinn der Pflicht zur fehlerfreien Gestaltung von Formularen ist es, daß der Bürger nicht irregeführt, sondern zur vollständigen Wahrnehmung seiner Rechte angeleitet wird[460]. Das BSG hat daraus im Rahmen des Herstellungsanspruchs die Prospekthaftung abgeleitet[461].

b) Besondere Betreuungspflichten aus dem jeweiligen materiellen Verwaltungsrechtsverhältnis[462]

Sind die verwaltungsrechtlichen Beziehungen materieller Art, können sie ihrerseits auf die Verfahrensgestaltung einwirken[463]. Das Verfahrensverhältnis schließt in den Grenzen von Zumutbarkeit und Verhältnismäßigkeit Vor-, Neben- und Nach

---

457 BSGE 55, 257/61; kritisch insofern J. Plagemann, NJW 1986, 2082/86.

458 Maier, SRH, B. 7, Rz 48.

459 BSG, SozR 3100 § 44 BVG Nr. 11; in diesem Zusammenhang setzt sich das BSG auch mit § 79 BVerfGG auseinander.

460 Jochum, NVwZ 1987, 460/62; BVerwGE 10, 12/15.

461 Siehe oben § 1 III 2.

462 Knack, VwVfG, § 25, Anm. 2.3.; Stelkens, Verwaltungsverfahren, Rz 131, 129 und 253; Stelkens/Bonk/Leonhardt, VwVfG, § 9 Rz 25.

463 Stelkens, Verwaltungsverfahren, Rz 129.

pflichten ein[464]. Spezielle Betreuungspflichten können sich z.B. ergeben aus:
-Dem Beamtenverhältnis[465], in dem die Fürsorgepflicht des Dienstherrn Verfahrensfairneß gebietet[466]; ebenso aus dem Wehr- und Schulverhältnis[467]. Insofern kann es zu Überschneidungen mit Fallgruppe 3 (Sonderrechtsverhältnisse) kommen.
-Dem Beitragsverhältnis[468] und Subventionsverhältnis[469].
-Dem Baurechtsverhältnis, weil dem BVerwG zufolge durch den Antrag auf Erteilung einer Baugenehmigung ein Rechtsverhältnis zustande kommt, aus dem der Behörde gegenüber dem Antragsteller neben der Hauptpflicht, den Antrag bei Vorliegen der Voraussetzungen positiv zu bescheiden, Beratungs-, Koordinierungs- und Beschleunigungspflichten erwachsen[470].

---

464 Stelkens, a.a.O.

465 Foerster, StKV 1974, 321/22; Krieger, S. 55; Jochum, NVwZ 1987, 460/61, unter Verweis auf BGH, NVwZ 1985, 936; BVerwG, DVBl. 1984, 53/55: Ermessensreduzierung bei der Akteneinsicht.

466 OVG Rheinland-Pfalz, RiA 1990, 100/101; Kunig, in v. Münch/Schmidt-Aßmann, Rz 154; siehe aber auch BVerwG, MDR 1970, 790, wonach die Fürsorgepflicht des Dienstherrn nicht so weit geht, Versorgungsberechtigte von sich aus auf die Notwendigkeit einer Antragstellung hinzuweisen, da sonst der Zweck des Antragserfordernisses hinfällig würde; ähnlich BVerwG, ZBR 1981, 65/67, und Ruppert/Geiser, § 49 Rz 5.
Siehe im einzelnen unten § 3 III 1.

467 Stelkens, Verwaltungsverfahren, Rz 129.

468 BVerwG, NJW 1990, 1679: Auskunftspflichten über die Preisgestaltung eines Vertrages im Zusammenhang mit der Ablösung von Erschließungsbeiträgen.

469 Stelkens, Verwaltungsverfahren, Rz 129.

470 BVerwG, NJW 1986, 1826.

3. Begrenzung der Betreuungspflichten

a) Verwaltungskontakt

Betreuungspflichten entstehen erst bei bereits hergestelltem[471], näherem[472] Verwaltungskontakt. So hat das BVerwG eine Fürsorgepflicht der Lastenausgleichsbehörde nur gegenüber solchen Geschädigten angenommen, die sich bereits an die Behörde gewandt hatten[473].

b) Konkreter Anlaß für eine Betreuung

Nach ganz überwiegender Ansicht setzen Betreuungspflichten auch voraus, daß der Betroffene auf eine Betreuung erkennbar angewiesen ist[474]. Dies ist dann der Fall, wenn er sozial schwach und/oder unkundig ist[475], wenn die Rechtslage kompliziert und unübersichtlich ist[476] oder wenn ein Recht an mangelnder Mitwirkung des einzelnen zu scheitern droht, und dies auf fehlerhaftem/mißverständlichem Vorverhalten der Behörde beruht[477]. Verneint wird ein solches Angewiesensein auf behördliche Betreuung z.B. beim rechtskundigen Beamten[478], falls nicht besondere Umstände hinzukommen[479] wie ein erkennbarer Irrtum auf

---

[471] Schmidt-De Caluwe, S. 52.

[472] Jochum, NVwZ 1987, 460.

[473] BVerwGE 34, 93/96; siehe auch Laubinger, S. 444.

[474] Knack, VwVfG, § 25 Anm. 2.3.; Schmidt-De Caluwe, S. 52: "Bedürftigkeit"; Laubinger, S. 453 ff.

[475] Laubinger, S. 455/46; BVerwGE 16, 323/30; Knack, VwVfG, § 25 Anm. 2.3. und 3.1., wonach die Betreuung umso intensiver ist, je bedürftiger der Betroffene ist; ähnlich Boos/Haarmann, Rz 71.

[476] Jochum, NVwZ 1987, 460/61; Laubinger, S. 455/56, Knack, VwVfG, § 25 Anm. 2.3.

[477] Schmidt-De Caluwe, SGb. 1992, 487/91.

Seiten des Beamten[480] oder die ausdrückliche Bitte um Auskunftserteilung[481], sowie beim anwaltlich vertretenen Bürger[482]. Ähnlich wird im Steuerrecht regelmäßig die Fürsorgebedürftigkeit des durch einen steuerlichen Berater vertretenen Bürger verneint[483]. Es widerspräche der Eigenverantwortlichkeit und Mündigkeit des Bürgers, auch bei unentschuldbarer Unkenntnis eine Betreuungspflicht anzunehmen[484]. Selbst im beamtenrechtlichen Versorgungsrecht ist es grundsätzlich Sache des einzelnen, sich über gesetzliche Vorschriften zu informieren[485] und sich für sein Recht zu interessieren[486]. Das Erfordernis der Bedürftigkeit des Bürgers macht verständlich, weshalb sich die behördlichen Betreuungspflichten zuerst im Sozialrecht entwickelten[487]. Hervorzuheben ist dabei, daß auch das BSG den Herstellungsanspruch nicht anwendet, wenn es um die Verletzung reiner Verfahrensvorschriften geht, wie etwa der allgemeinen

---

478 Knack, Jochum, a.a.O.; Foerster, StKV 1974, 321/22; BVerwG, MDR 1970, 790.

479 OVG Rheinland-Pfalz, RiA 1990, 100/102; Ruppert/Geiser, § 49 Rz 5.

480 Siehe z.B. BVerwG, ZBR 1990, 127.

481 BVerwGE 65, 197/203.

482 Brugger, AÖR 112 (1987), 389/438 f.

483 Lohmeyer, DStZ 1979, 190/93; dies gilt allerdings nicht bei der Anregungspflicht des Finanzamts, Ratzel, NWB Fach 2 (1985), 4527; einschränkend BFH/NV 1986, 506/07.

484 Foerster, StKV 1974, 321/22; siehe auch VGH Kassel, NVwZ 1985, 915, wonach § 25 VwVfG keine behördliche Verpflichtung begründet, einen Antragsteller, der die ihm obliegenden Mitwirkungsverpflichtungen für die Inanspruchnahme von Leistungen nicht innerhalb angemessener Zeit erfüllt, vor den durch seine Säumigkeit bedingten Risiken zu bewahren.

485 BVerwGE 48, 197/200 f.; zu etwaigen Ausnahmen siehe OVG Rheinland-Pfalz, RiA 1990, 100/101.

486 BVerwG, ZBR 1981, 65/67.

487 Vgl. Foerster, StKV 1974, 321/22; Jakumeit/Wilde, SGb. 1971, 375/77; Müller-Waack, S. 176/77, zur "sehr differenziert

Pflicht des Leistungsträgers zur Förderung des Verwaltungsverfahrens[488]. Umgekehrt nimmt das BSG eine -in § 16 Abs. 3 SGB I nur unvollkommen geregelte[489]- Spontanberatungspflicht an, wenn die Sozialbehörde ein erhebliches Beratungsdefizit des Betroffenen erkennen mußte[490].

Von Bedeutung für den Umfang der Betreuungspflichten sind zudem das Ausmaß des durch die Betreuung abwendbaren Schadens[491], aber auch die Verwaltungseffizienz[492].

Die genannten Begrenzungen der Betreuungspflichten entsprechen weitgehend den Anforderungen, die nach dem Regierungsentwurf zum gescheiterten Staatshaftungsgesetz Voraussetzung einer Staatshaftung sein sollten. Erforderlich war demnach eine gegenüber den allgemeinen Aufsichts-, Kontroll-, Prüfungs- oder Aufklärungspflichten gesteigerte öffentlich-rechtliche Pflicht, die, unter Berücksichtigung des Schutzzwecks der verletzten Norm, über eine hinreichend finale Beziehung zum Geschädigten eine Fürsorge-, Förderungs- oder Schutzfunktion zu seinen Gunsten entfalten mußte[493].

---

ausgestalteten sozialstaatlichen Betreuungspflicht"; vgl. auch Ossenbühl, § 39, 1 b aa.

488 BSG, Urteil vom 25. 8. 1982, -12 RK 49/80-, zitiert bei Brückner, ZfSH/SGB 1983, 103/07.

489 Schmidt-De Caluwe, SGb. 1992, 487/94.

490 BSG, Urteil vom 8.4.1987 -1 RA 55/85-, SozR 1200 § 14 Nr. 25, im Falle eines ausländischen Prozeßbevollmächtigten; dazu Eichenhofer/Schuler, Jahrbuch des Sozialrechts der Gegenwart 1989 (Bd. 11), 425/28 f.; vgl. auch Bieback, SGb. 1990, 517/21.

491 Schmidt-De Caluwe, SGb. 1992, 487/95.

492 Ratzel, NWB Fach 2 (1985), 4527.

493 Begr.RegE, BT-DS 8/2079, S. 36.

4. Folgen einer Verletzung von Betreuungspflichten

a) Vorbemerkung zur schuldlosen Fristversäumung und zum unverschuldeten Verjährungseintritt im allgemeinen

Wird schuldlos (z.B. fehlbetreuungsbedingt) eine Frist versäumt, so bietet sich zugunsten des Betroffenen zunächst eine Wiedereinsetzung in den vorigen Stand nach § 32 VwVfG an[494]. Die Voraussetzungen einer Wiedereinsetzung hat das BVerwG beispielsweise in einem Fall angenommen, in dem der Betroffene auf Veranlassung der Lastenausgleichsbehörde einen Rechtsmittelverzicht abgegeben hatte, ohne über die Tragweite einer solchen Erklärung hinreichend aufgeklärt worden zu sein[495]. Doch obwohl sich immer mehr die Ansicht durchsetzt, daß § 32 VwVfG nicht nur für verfahrensrechtliche, sondern grundsätzlich auch für materiellrechtliche Fristen gilt[496], besteht Einigkeit darüber, daß § 32 VwVfG nicht materiellrechtliche **Ausschluß**fristen erfaßt[497].

---

494 Stelkens/Bonk/Leonhardt, VwVfG, § 9 Rz 27. Der Große Senat des BSG hatte für eine Frist des Kriegsopferversorgungsrechts sogar angenommen, daß diese bei unzweifelhafter Berechtigung des Anspruchs überhaupt nicht gelte, BSGE 14, 246 = NJW 1961, 2277. BVerwGE 17, 199 lehnte dies für das Lastenausgleichsrecht jedoch ausdrücklich ab, da dessen Fristen dem materiellen Recht angehörten; vgl. aber BVerwGE 23, 166/68; siehe dazu ferner Haueisen, Zur Bedeutung der Antragsfristen bei öffentlichrechtlichen Leistungen, NJW 1966, 1433/34.

495 BVerwG, NJW 1957, 1374.

496 Kopp, VwVfG, § 32 Rz 6; Stelkens/Bonk/Leonhardt, § 32 Rz 6; Ladage, S. 90.

497 Stelken/Bonk/Leonhardt, VwVfG, § 31 Rz 8, mit dem zutreffenden Hinweis, daß die scheinbar gegenteilige Ansicht einen weiteren Begriff der Ausschlußfristen zugrundelegt; so z.B. Knack, VwVfG, § 32 Rz 9; wohl auch Kopp, VwVfG, § 32 Rz 6. Siehe ferner BSG, SGb. 1990, 26/27; zustimmend Bieback, SGb. 1990, 517/26; vgl. auch BSG, SGb. 1990, 523/26. Bogs/Mestwerdt, SGb. 1990, 28/29, folgern aus § 27 Abs. 5 SGB X, daß ein stillschweigender Ausschluß der Wiedereinsetzung für die nach dem Inkrafttreten des SGB X im Jahre 1980 ergangenen Fristenregeln nicht mehr zulässig ist.

Eine Ausschlußfrist ist eine nach materiellem Recht vorgeschriebene Frist[498], die einer gesetzlichen Grundlage bedarf[499] und mit deren Beachtung der Sinn der gesetzlichen Regelung "steht und fällt"[500]. Ob im Einzelfall eine materiellrechtliche Ausschlußfrist vorliegt, ist dem jeweiligen Rechtsgebiet durch Auslegung zu entnehmen[501]. Häufig handelt es sich um Antragsfristen im Subventionsrecht[502] und im Kriegsfolgenrecht[503], wo es auf eine schnelle Abwicklung ankommt[504]. Ausschlußfristen dienen der Rechtssicherheit, indem sie klare Rechtsverhältnisse schaffen, die Verwaltungsdurchführung vereinfachen und die Interessen der Beteiligten ausgleichen[505]. Sie stehen nicht im Widerspruch zum Rechtsstaatsprinzip, sondern halten sich im Rahmen des gesetzgeberischen Gestaltungsspielraums, indem sie der Verwaltung einen Überblick über angemeldete Ansprüche ermöglichen[506]. Selbst wenn die frühere Bearbeitung eines verspäteten Antrags auch bei fristgemäßer Antragstellung nicht möglich gewesen wäre, ist der verspätete Antrag daher grundsätzlich ohne sachliche Prüfung als unzulässig abzulehnen[507]. Die

---

498 Kopp, VwGO, § 51, Rz 1.

499 BVerwG, NVwZ 1994, 575.

500 Stelkens/Bonk/Leonhardt, VwVfG, § 31 Rz 7; Kopp, VwVfG, § 31 Rz 40; vgl. auch BSG, SGb. 1990, 26/27 f.

501 Stelkens/Bonk/Leonhardt, VwVfG, § 31 Rz 7; Knack, VwVfG, § 32 Anm. 9.

502 BVerwGE 24, 154/57 zu einer Antragsfrist für eine Agrarsubvention.

503 BVerwG, Buchholz 427.2 § 28 Nr. 11 = E 72, 368/71.

504 Stelkens/Bonk/Leonhardt, VwVfG, § 31 Rz 8; BVerwGE 13, 209/11 zu Fristen im Gesetz zur Regelung der Wiedergutmachung nationalsozialistischen Unrechts für Angehörige des Öffentlichen Dienstes; BVerwGE 65, 197/98 zu Antragsfristen für Beihilfe und Trennungsentschädigung.

505 BVerwGE 65, 197/99.

506 BVerwGE 72, 368/71 = Buchholz 427.2 § 28 Nr. 11, zu § 28 FG.

Zulässigkeit materiellrechtlicher Ausschlußfristen muß aber aus rechtsstaatlichen Gründen ein notwendiges Gegengewicht in einer behördlichen Betreuungspflicht -der sogenannten verständnisvollen Förderung im Sozialrecht[508]- finden[509].
Wird die Frist aus Gründen, die die Behörde billigerweise zu berücksichtigen hatte, versäumt, was insbesondere bei einer Fehlbetreuung durch die Behörde der Fall sein kann, so kann die Berufung der Behörde auf die Nichteinhaltung der Frist der Rechtsprechung zufolge gegen Treu und Glauben verstoßen[510]. Der Betroffene ist dann so zu stellen, wie er bei ordnungsgemäßer Belehrung gestanden hätte[511]. Rechtstechnisch wird dies meist durch eine Fiktion der Fristwahrung bewerkstelligt[512]. Teilweise nimmt man auch eine Nachsichtgewährung an[513], die einer Wiedereinsetzung bei höherer Gewalt entspricht[514], wobei höhere

---

507 LSG NRW, RV 1986, 130/31.

508 BSGE 46, 124/26; LSG NRW, RV 1986, 130/33.

509 BVerwG, NVwZ 1994, 575/77. Vgl. auch BVerfGE 75, 183/90 f., dem zufolge das Rechtsstaatsprinzip eine Präklusion nach § 296 ZPO verbietet, wenn die Verspätung auf einer Verletzung der richterlichen Fürsorgepflicht beruht.

510 OVG Rheinland-Pfalz, RiA 1990, 100/101.

511 Kopp, VwVfG, § 25 Rz 12 und 13.

512 BGH, NVwZ 1985, 938, bzgl. § 190 a BEG; BVerwGE 9, 90; BVerwGE 26, 201; stellvertretend für die Rechtsprechung zum Lastenausgleichsrecht -dazu nachfolgend b) - BVerwGE 16, 156; OVG Koblenz, NVwZ 1989, 381 = DVBl. 1989, 119; BSG, NJW 1987, 2184, zu Falschinformation durch deutschen Botschaftsangehörigen; siehe ferner BSGE 32, 60, das in einem klassischen Herstellungsfall nicht ausdrücklich den Herstellungsanspruch, sondern die §§ 162, 242 BGB anwandte.

513 Stelkens/Bonk/Leonhardt, VwVfG, § 31 Rz 8 und § 32 Rz 6; Kopp, VwVfG, § 31 Rz 29 und 41; vgl. auch OVG Berlin, NJW 1975, 1530, zu § 19 GüKG, wobei die Fristversäumung auf Alter und Depression beruhte; BVerwG, DÖV 1975, 137 = Buchholz 451.551 FFG Nr. 4, zur Mitteilungsfrist des § 7 Abs. 10 FFG, jetzt § 24 Abs. 2 FFG; BVerwG, DÖV 1986, 32, zu § 33 AsylVfG. Die Fälle materiellrechtlicher Ausschlußfristen übersieht Bieback, SGb. 1990, 517/26, der zu Unrecht meint, nach Ausdehnung der Wiedereinsetzungsvorschriften auch auf materielle Fristen bestünde für eine Nachsichtgewährung kein Bedürfnis mehr.

Gewalt in besonders gelagerten Fällen auch in einer irreführenden Anregung oder Auskunft einer Behörde bestehen kann[515].
Ob man bei schuldloser Fristversäumung dem Betroffenen mit einer auf Treu und Glauben gestützten Fiktion oder mit einer Nachsichtgewährung über die Fristversäumnis hinweghilft, macht weder in der Begründung[516] noch im praktischen Ergebnis[517] einen Unterschied. Die Gesichtspunkte, die sowohl bei der Fiktion der Fristwahrung nach Treu und Glauben als auch bei der Nachsichtgewährung eine Rolle spielen, hat das OVG Berlin[518] so formuliert:

> "Auch bei materiellrechtlichen Ausschlußfristen können außergewöhnliche Härten über Treu und Glauben gemildert werden; die schuldlose Fristverletzung verdient Nachsicht, wenn die Fristverletzung geringfügig ist und unter Würdigung der Bedeutung der Frist höherwertige Rechtsgüter nicht beeinträchtigt werden."

---

514 Stelkens/Bonk/Leonhardt, VwVfG, § 31 Rz 3, und Kopp, VwVfG, § 32 Rz 6 und 42.

515 Kopp, VwVfG, § 32 Rz 43; OVG Berlin, NJW 1965, 1151, für den Fall einer Versäumung der Widerspruchsfrist aufgrund falscher Rechtsbehelfsbelehrung; insofern ablehnend Eyermann/Fröhler, VwGO, § 60 Rz 24, da § 58 Abs. 2 VwGO lex specialis sei.

516 Das BSG greift allerdings zur Begründung der Nachsicht in neuerer Zeit auch auf das Rechtsstaatsprinzip zurück, dem es widerspräche, wenn der Bürger zum Opfer von Zufälligkeiten würde, BSG, SozR 5070 § 10 Nr. 19.

517 Oftmals wird daher auch gar keine Differenzierung zwischen der Berufung auf Treu und Glauben einerseits und einer Nachsichtgewährung andererseits getroffen, vgl. Knack, VwVfG, § 32 Anm. 9.
Kopp, VwVfG, § 25 Rz 12 und § 31 Rz 29, dagegen betont, daß entgegen der herrschenden Meinung bei Versäumung gesetzlicher Fristen trotz treuwidrigen Verhaltens der Behörde von einer Fristversäumung, allerdings mit der Möglichkeit der Wiedereinsetzung, auszugehen sei; vgl. auch Kopp, Wiedereinsetzung und Nachsichtgewährung bei Versäumung materiellrechtlicher Fristen, BayVBl. 1977, 33/34 ff.; ähnlich Stelkens/Bonk/Leonhardt, VwVfG, § 31 Rz 8: keine "Heilung".

518 OVG Berlin, NJW 1975, 1530, und zustimmend Kopp, BayVBl. 1977, 33/36; ebenso LSG NRW, RV 1986, 130/31.

Dementsprechend hat das BVerwG mit Rücksicht auf das Rechtsstaatsprinzip bei der für die Filmförderungsanstalt nicht sonderlich bedeutsamen Mitteilungsfrist des jetzigen § 24 Abs. 2 FFG, anders als bei der Antragsfrist des § 24 Abs. 3 FFG, die Berufung auf eine schuldlose Fristversäumung für rechtsmißbräuchlich gehalten[519]. In Hinblick auf den Zweck einer Subventionsfrist wurde in ansonsten ähnlichen Fällen ein Rechtsmißbrauch hingegen verneint[520]. Bzgl. der Ausschlußfrist des § 58 Abs. 1 BVG bejahte das BSG einen Rechtsmißbrauch, da diese Frist die Behörde lediglich vor Schwierigkeiten bei der Sachaufklärung bewahren solle[521].
Grundsätzlich ist von einem Rechtsmißbrauch also nur auszugehen, wenn die versäumte Frist für den Versicherungsträger "von geringer Bedeutung ist und ganz erhebliche langfristig wirksame Interessen auf dem Spiel stehen"[522]. Auf die Kenntnis des Bürgers von der Frist kommt es dabei nicht an, da Härten mit jeder Stichtagsregelung verbunden und damit unvermeidbar sind[523].

Von den materiellrechtlichen Ausschlußfristen sind die Verjährungsfristen zu unterscheiden. Während Ausschlußfristen zur Folge haben, daß ein Recht nur innerhalb einer bestimmten Zeit geltend gemacht werden kann, werden durch die Verjährung Rechte infolge Zeitablaufs entkräftet[524]. Auch die Einrede der Verjährung seitens der Behörde kann aber bei Rechtsmißbrauch ausgeschlossen sein[525], wobei hier das zugrunde liegende materielle

---

519 BVerwG, DÖV 1975, 137 = Buchholz 451.551 FFG Nr. 4.

520 BVerwGE 24, 154; BVerwGE 13, 209.

521 BSGE 14, 246.

522 BSGE 48, 12/17; vgl. auch BVerwG, NVwZ 1994, 575/76.

523 BVerwGE 72, 368/70 ff., unter Hinweis auf die ständige Rechtsprechung; ebenso BVerwG, Buchholz 427.3 § 243 LAG Nr. 3; v.Einem, RV 1986, 134; vgl. auch Oberfeld, SGb. 1985, 173 ff.

524 Knack, VwVfG, § 53 Anm. 4.

Rechtsverhältnis ebenfalls von Bedeutung ist[526].
Die Beweislast für einen Rechtsmißbrauch trägt in allen Fällen der Betroffene[527].

b) Fiktion nach §§ 162, 242 BGB bei Fristversäumnis aufgrund behördlichen Fehlverhaltens

aa) Verwaltungsrecht, insbesondere Lastenausgleichsrecht

Nicht nur in der Rechtsprechung des BSG, sondern auch in der des BVerwG hat sich unabhängig vom Amtshaftungsrecht "eine Gerichtspraxis ergeben, die aus einer Fehlbetreuung entstandene Lage einer dem Recht gemäßen Lösung zuzuführen"[528] mit dem Ziel der Naturalrestitution[529]. Dies geschieht unter Rückgriff auf §§ 162, 242 BGB. Während im Zivilrecht strittig ist, ob die Anwendung des § 162 BGB nicht ein Verschulden voraussetzt[530], hält das BVerwG dabei eine objektive Pflichtverletzung für ausreichend[531]. Sowohl bei der Versäumung materiellrechtlicher

---

525 Kopp, VwVfG, § 53 Rz 28; Stelkens/Bonk/Leonhardt, VwVfG, § 53 Rz 6; D. Dörr, Die Verjährung vermögensrechtlicher Ansprüche im Öffentlichen Recht, DÖV 1984, 12.

526 So hat es BVerwGE 23, 166/68 nicht ausgeschlossen, daß die Verjährungseinrede der Versorgungsbehörde gegenüber einer unstreitig begründeten Forderung des Beamten auf Versorgungsbezüge rechtswidrig sei; anders aber BVerwG, Buchholz 238.90 Nr. 105: "Ein Dienstherr verstößt nicht gegen Treu und Glauben, wenn er sich dem Beamten gegenüber auf dessen Versäumung der Ausschlußfrist beruft." Vgl. auch BVerwGE 17, 199.

527 BGH, NVwZ 1985, 938; BFHE 86, 148/51; BFH, BStBl III, 1962, S. 107/09.

528 Schellhorn, Gemeinkomm. SGB I, § 14 Rz 43, dem zufolge dies als Herstellungsanspruch, teilweise aber auch "noch" als Folgenbeseitigungsanspruch bezeichnet wird; vgl. auch Jakumeit/Wilde, SGb. 1971, 375/77: "Übereinstimmung der obersten Bundesgerichte".

529 Knack, VwVfG, § 25, Anm. 3.3.; siehe aber auch BVerwGE 26, 201/04: "Die zugunsten des Staatsbürgers aus der sogenannten 'Betreuungspflicht' abgeleiteten 'Rechtswohltaten' sind kein Ersatz für den in § 839 BGB gewährten Anspruch."

Ausschlußfristen als auch bei der Versäumung von Verjährungsfristen genügt es jedoch nicht, wenn die Fristversäumnis in den Verantwortungsbereich der Behörde fällt; vielmehr müssen besondere Umstände hinzukommen[532]. Bei Versäumung von Verjährungsfristen muß dem BVerwG zufolge ein "qualifiziertes Fehlverhalten" der Behörde vorliegen[533]. Ebenso begründet beim Ablauf materiellrechtlicher Ausschlußfristen ein bloß ursächliches Fehlverhalten der Behörde noch keinen Rechtsmißbrauch, wenn sich die Behörde auf die Fristversäumnis beruft[534].

Von Bedeutung ist diese Rechtsprechung vor allem bei Versäumung von Fristen des Lastenausgleichsrechts, wo regelmäßig eine besondere Bedürftigkeit des Bürgers vorliegt[535]. Hier verfolgt das BVerwG, ebenso wie das BSG in den Herstellungsfällen, das Ziel, den endgültigen Schadenseintritt zu verhindern[536]. Die Betreuungspflicht der Lastenausgleichsbehörden beinhaltet dem BVerwG zufolge nicht nur die Belehrung über die verschiedenen Leistungsarten, sondern auch über deren Auswirkungen[537]. Nicht dazu gehöre hingegen der Hinweis auf die jeweilige Gestaltungs-

---

530 Siehe Palandt-Heinrichs, § 162 Rz 3.

531 BVerwGE 9, 89/93; dazu Grüner/Dalichau, SGB I/2, Einleitung, S. 62/63.

532 Vgl. D. Dörr, DÖV 1984, 12/17.

533 BVerwGE 65, 197/201 f., wonach der Einwand unzulässiger Rechtsausübung nur berechtigt ist, wenn "der Schuldner eine Tätigkeit entfaltet und Maßnahmen getroffen hat, die den Gläubiger veranlaßt haben, verjährungsunterbrechende Schritte zu unterlassen ..."; so schon BVerwGE 23, 166/69 ff. und BVerwGE 42, 353 = VerwRspr. 25, Nr. 161; VG Stuttgart, NVwZ 1982, 578.

534 Nach OVG Rheinland-Pfalz, RiA 1990, 100/102, sind dabei auch der Zeitablauf und die Höhe der Vermögenseinbuße zu berücksichtigen.

535 Brugger, AÖR 112 (1987), 389/438 FN 190 und S. 439; Bieback, DVBl. 1983, 159/67 FN 72 und S. 170; Schmidt-De Caluwe, S. 50 ff. und S. 80 ff.; Löwer, S. 278 ff.

536 Brugger, AÖR 112 (1989), 389/439; Löwer, S. 302/03.

möglichkeit, weil jede im Zeitpunkt der Wahl Vor- und Nachteile haben könne[538].

Frühzeitig hat das BVerwG im Anschluß an den BGH ausgesprochen, daß Beamte nicht nur Diener des Staates, sondern auch Helfer des Staatsbürgers sind[539], und daraus die Pflicht der Verwaltungsbehörden abgeleitet, dem Bürger zu seinem Recht zu verhelfen, insbesondere auch im Rahmen des Zumutbaren dazu beizutragen, daß das materielle Recht nicht an Formalien scheitert[540]. Wegen des Rechtsgedankens der §§ 162, 242 BGB hat das BVerwG daher eine Frist als gewahrt betrachtet, deren Einhaltung durch pflichtwidriges Verhalten der Behörde verhindert worden war[541]. In dieser Entscheidung aus dem Jahr 1959 sieht die sozialrechtliche Literatur einen Anwendungsfall des Herstellungsanspruchs[542].

Ähnlich fingierte das BVerwG die Rechtzeitigkeit eines wegen Fehlbetreuung verspätet gestellten Antrags auf Lastenausgleich[543], da die Betreuungspflicht der Sozialbehörde ansonsten ihren Sinn verliere[544]. Häufig wurde in Fällen behördlicher

---

537 BVerwGE 47, 225/28.

538 BVerwGE 47, 225/28; vgl. aber BVerwGE 25, 191/99.

539 BVerwGE 9, 189/91; E 10, 12/15; ebenso BGH, DVBl. 1960, 520; siehe auch oben § 3 II 1.

540 BVerwGE 9, 189/92.

541 BVerwGE 9, 187/89. Dazu Jochum, NVwZ 1987, 460/63. Strittig ist, ob eine solche Fiktion auch bei gesetzlichen Fristen zulässig ist, was die herrschende Meinung bejaht; im einzelnen siehe Kopp, VwfGV, § 25 Rz 12 i.V.m. § 31 Rz 29, der zwar selbst der gegenteiligen Ansicht ist, aber Wiedereinsetzung oder Nachsicht gewähren will; vgl. oben § 3 II 4 a.

542 Schellhorn, Gemeinkomm. SGB I, § 14 Rz 43; Jakumeit/Wilde, SGb. 1971, 375/76: "Parallele zum Herstellungsanspruch "; vgl. auch Schmidt-De Caluwe, S. 82 FN 375, und SGb. 1992, 487/95 FN 134; Ule/Laubinger, § 26 V, sowie Hill, S. 450, wonach sich im Verwaltungsrecht ein dem Herstellungsanspruch ähnlicher Gedanke entwickelt habe, indem der Verwaltung versagt würde, sich auf eine fehlbetreuungsbedingte Fristversäumnis des Bürgers zu berufen.

543 BVerwGE 16, 156; vgl. auch BVerwGE 26, 201/03.

Fehlbetreuung auch auf Antragserfordernisse verzichtet[545]. Ferner kann nach der Rechtsprechung eine Betreuungspflichtverletzung dazu führen, daß sich die Ausgleichsbehörde nicht auf die Unanfechtbarkeit eines Bescheides berufen darf[546]. Ebenso soll nach § 242 BGB die Berufung auf eine pflichtwidrig veranlaßte Antragsrücknahme ausscheiden[547].
Bei der Bewilligung von Darlehen nach dem LAG sind die Ausgleichsbehörden, unbeschadet des dem Darlehensnehmer verbleibenden Unternehmerrisikos, verpflichtet, alles zu tun, damit der Eingliederungszweck verwirklicht wird[548]. Wegen des Grundsatzes von Treu und Glauben dürfen die Ausgleichsbehörden daher bei einem fehlbetreuungsbedingten Mißlingen des mit der Darlehensgewährung bezweckten Erfolges den Darlehensnehmer nicht an seinen Verpflichtungen festhalten[549]. Im Falle unterbliebener Belehrung über den wechselseitigen Ausschluß zweier Leistungsarten verwehrte es das BVerwG der Behörde, dem Geschädigten entgegenzuhalten, er habe mit der Entgegennahme einer Hauptentschädigung das Recht verloren, noch den Bezug von Unterhalts-

---

544 BVerwGE 16, 156; restriktiver BVerwGE 26, 201/02, wonach die Einlegung einer Beschwerde unter keinem rechtlichen Gesichtspunkt fingiert werden könne; siehe auch BVerwGE 9, 219, das die Rechtswirksamkeit eines Antrags auf Ausgleichsleistung nicht von der Einreichung eines ausgefüllten Formblattes abhängig macht; BayVGH, NVwZ 1986, 290/92, hält es für eine Frage der Verhältnismäßigkeit, ob eine Fristsetzung die Ergänzung eines Antrags, der fristgerecht eingegangen ist, nach Ablauf der Frist ausschließt.

545 Nachweise bei Schmidt-De Caluwe, S. 50 ff.

546 BVerwGE 47, 225/27; nach OVG Münster, NVwZ 1986, 134, ist ein solcher Betreuungsfehler bei der Entscheidung über ein Wiederaufgreifen des Verfahrens zu berücksichtigen.

547 BVerwGE 25, 183/84; siehe auch BVerwG, NJW 1957, 1374, wonach Wiedereinsetzung in den vorigen Stand zu gewähren ist, wenn der Betroffene aufgrund fehlerhafter Betreuung durch die Lastenausgleichsbehörde einen Rechtsmittelverzicht erklärt. Vgl. BSG, SozR 3100 § 44 BVG Nr. 11.
All diesen Entscheidungen liegt letztlich der Rechtsgrundsatz "nemo auditur propriam turpitudinem allegans" zugrunde.

548 BVerwGE 20, 136; E 30, 46/48; E 32, 68/70.

hilfe zu wählen[550]. Für den **Beginn** dieser Leistungsart komme es allerdings auf die jeweiligen gesetzlichen Bestimmungen an, so daß eine rückwirkende Einweisung in die Kriegsschadensrente nicht möglich sei[551]. Insofern sei auch nicht ein Folgenbeseitigungsanspruch, sondern allenfalls ein Amtshaftungsanspruch gegeben[552].
Ähnlich wie dem BSG beim Herstellungsanspruch kommt es dem BVerwG hinsichtlich der Richtigkeit einer Belehrung allein darauf an, "ob diese Belehrung auch rückschauend mit Gesetz und Recht, wie diese sich durch die unter Umständen erst geänderte Rechtsprechung darstellen, vereinbar war."[553]

Ein Pendant zum klassischen Anwendungsfall des sozialrechtlichen Herstellungsanspruchs, nämlich der Verjährung eines Anspruchs auf Witwenrente aufgrund einer falschen Auskunft des Rentenversicherungsträgers[554], findet sich in der Rechtsprechung des BVerwG zum beamtenrechtlichen Versorgungsrecht. Führen rechtswidrige Maßnahmen der Versorgungsbehörde dazu, daß der bezugsberechtigten Witwe eines Beamten der Versorgungsanspruch nicht bekannt wird, kann dem BVerwG zufolge die Erhebung der Verjährungseinrede eine unzulässige Rechtsausübung darstel-

---

549 BVerwGE 30, 46/48; E 20, 136/38.

550 BVerwGE 47, 225/28.

551 BVerwGE, a.a.O., 228/29.

552 BVerwGE, a.a.O., 229; ebenso BVerwG, Buchholz 427.3 § 264 LAG Nr. 3.

553 BVerwGE 25, 183/85; anders, aber wohl mißverständlich, BVerwGE 32, 68/72: "Prognose"; offengelassen bei BVerwGE 23, 166/74, weil der Verantwortungsbereich der Behörde in nur geringem Maße betroffen war. Siehe zur diesbezüglichen Rechtsprechung des BSG oben § 1 III 5.

554 Siehe oben Einleitung und § 1 II.

len[555]. Auf ein Verschulden der Versorgungsbehörde komme es dabei nicht an[556].

In all den aufgeführten Einzelfällen wird der Betroffene so gestellt, als habe die Behörde ihn ordnungsgemäß beraten. Darin besteht eine Parallele zum Herstellungsanspruch[557]. Kopp verweist in diesem Zusammenhang auf den Folgenbeseitigungsanspruch, der von der Sozialgerichtsbarkeit nicht nur "im engeren Sinn", sondern als Herstellungsanspruch angewandt werde[558].
Die neuere Rechtsprechung des BVerwG scheint gegenüber dieser früheren verwaltungsgerichtlichen Rechtsprechung jedoch eine Kehrtwende zu vollziehen. Womöglich liegt das daran, daß sich das BVerwG nicht mehr, so wie in den ersten Jahren seiner Existenz, vorwiegend mit grundsätzlichen Fragen der Wiederherstellung und des Neubaus eines rechtsstaatlichen Verwaltungsrechts zu befassen hat, sondern mit immer spezielleren Rechtsgebieten[559].
In einer Entscheidung aus dem Jahr 1982 maß das Gericht den Gründen, die für einen Fristablauf nach dem FlüchtlingshilfeG ursächlich waren, keinerlei Bedeutung mehr bei[560]. Da die Einhaltung der Frist nicht disponibel sei[561], könne der Betroffene trotz einer etwaigen Betreuungspflichtverletzung nicht so be-

---

555 BVerwGE 23, 166; Ruppert/Geiser, § 49 Rz 5.

556 BVerwGE 23, 166/73.

557 Löwer, S. 308; ebenso Brugger, AÖR 112 (1987), 389/439: "...entspricht weitgehend den sozialrechtlichen Herstellungsfällen, in denen die angesprochenen 'besonderen Voraussetzungen' nur noch in reinerer und typischerer Form vorliegen."

558 Kopp, VwVfG, § 25 Rz 12; ablehnend gegenüber einer Anwendung des Herstellungsanspruchs im Verwaltungsrecht Stelkens/Bonk/Leonhardt, VwVfG, § 25 Rz 3, § 9 Rz 7, § 22 Rz 23 und § 31 Rz 8: nur Amtshaftungsanspruch.

559 Bachof, DÖV 1990, 895/96, in anderem Zusammenhang.

560 BVerwG, Buchholz 427.2 § 28 FG Nr. 9; bestätigt von BVerwGE 72, 368/70 = Buchholz 427.2 § 28 Nr. 11.

handelt werden, als sei sein Antrag rechtzeitig eingegangen[562]. Allenfalls könne er eine Amtshaftungsklage erheben[563]. Ohne sich mit der früheren Rechtsprechung auseinanderzusetzen, hält das BVerwG diesen Standpunkt in letzter Zeit für hinreichend geklärt:"

> Eine Verletzung der behördlichen Betreuungspflicht gegenüber Lastenausgleichsbewerbern kann nicht dazu führen, nach gesetzlichen Vorschrift nicht bestehende Lastenausgleichsansprüche zu begründen; sie rechtfertigt gegebenenfalls Ansprüche wegen Amtspflichtverletzung, für die jedoch der Rechtsweg zu den Verwaltungsgerichten nicht gegeben ist"[564].

Zwar hielt es das BVerwG in einer neueren Entscheidung nach Treu und Glauben wieder für unbillig, daß sich die Behörde auf eine Fristversäumung berief, die sie durch unklare Formulierung selbst verursacht hatte, doch betraf dies keine materiellrechtliche, sondern lediglich eine behördliche Frist[565]. Demnach gibt es in der Verwaltungsrechtsprechung keinen allgemein anerkannten Grundsatz, daß die Behörde dem Bürger eine Fristversäumnis bei eigenem Fehlverhalten nicht entgegenhalten darf[566], zumal auch die ältere Rechtsprechung des BVerwG auf reinen Billigkeitserwägungen im Einzelfall basiert[567]. Nach dem neuen § 17 Abs. 2 GVG müssen die Verwaltungsgerichte allerdings über den Amtshaftungsanspruch mitentscheiden. Ob sie dies ver-

---

561 Ebenso Stelkens/Bonk/Leonhardt, VwVfG, § 31 Rz 9; danach sind an gesetzliche Fristen sowohl die Behörden als auch die sonstigen Beteiligten gebunden, wenn nicht eine gesetzlich eingeräumte Dispositionsbefugnis vorliegt.

562 BVerwG, Buchholz 427.2 § 28 FG Nr. 9.

563 Ablehnend gegenüber dieser Begründung Brückner, ZfSH/SGB 1983, 103/06 f.

564 BVerwG, Buchholz 427.3 § 335 a LAG Nr. 3; ebenso BVerwG, Buchholz 427.3 § 243 LAG Nr. 3.

565 BVerwG, NVwZ 1994, 575.

566 So aber Hill, Rechtsverhältnisse in der Leistungsverwaltung, NJW 1986, 2602/12.

anlassen wird, der Möglichkeit der Herstellung den Vorrang zu geben, bleibt abzuwarten.

bb) Steuerrecht

Anders als im sonstigen Verwaltungsrecht besteht im Steuerrecht weitgehend Einigkeit, daß der Betroffene bei Verletzung der finanzbehördlichen Fürsorgepflicht[568] unter Umständen so zu stellen ist, als ob er die aufgrund der Pflichtverletzung fehlende Rechtshandlung vorgenommen hätte[569] bzw. wie er ohne die Pflichtverletzung stünde[570]. Diese Aussagen werden als so selbstverständlich betrachtet, daß sie weder näher begründet noch spezifiziert werden[571], sieht man von allgemein gehaltenen Äußerungen, wonach das Verfahrensrecht nicht zum Selbstzweck werden dürfe[572], einmal ab. Die Möglichkeit des Billigkeitserlasses nach § 227 AO in diesem Zusammenhang[573] ist eine steuerrechtliche Besonderheit. Hingegen findet die Regelung des § 109 Abs. 1 Satz 2 AO, wonach **behördliche** Fristen rückwirkend verlängert werden können, insbesondere wenn es unbillig wäre, die durch den Fristablauf eingetretenen Rechtsfolgen bestehen zu lassen, eine Entsprechung in § 31 Abs. 7 Satz 2 VwVfG[574].

---

567 Vgl. Kunze, S. 36.

568 Siehe dazu Söhn, in Hübschmann/Hepp/Spitaler, AO (FGO), § 89 Rz 4 ff.

569 Kühn/Kutter/Hofmann, AO, § 89 Anm. 5.

570 Söhn, in Hübschmann/Hepp/Spitaler, AO (FGO), § 89 Rz 29; ähnlich Gröger/Schöll, AO, § 89 Anm. 5; Ratzel, NWB Fach 2 (1985), 4527/28; Helsper, in Koch, AO 77, § 89 Rz 8: "im Rahmen des rechtlich Zulässigen".

571 Siehe z.B. Kühn/Kutter/Hofmann, AO, § 89 Anm. 5: bei "schweren Verstößen" gegen die Fürsorgepflicht.

572 Helsper, in Koch, AO 1977, § 89 Rz 7.

573 Kühn/Kutter/Hofmann, a.a.O.; Söhn, in Hübschmann/Hepp/Spitaler, AO (FGO), § 89 Rz 29; BFH/NV 1986, 506/07.

Wie eine Formulierung des BSG zum Herstellungsanspruch liest sich eine Entscheidung des BFH aus dem Jahr 1966:

> "Hat eine unrichtige Auskunft des Finanzamts einen Steuerpflichtigen zu ungünstigen Dispositionen veranlaßt, so ist der Steuerpflichtige so zu stellen, als wenn ihm die unrichtige Auskunft nicht erteilt worden wäre."[575]

Ähnlich heißt es in einer anderen Entscheidung unter Bezugnahme auf die Gesetzesmaterialien zu § 89 AO:

> "Der Bürger soll so gestellt werden, als wäre der Verstoß gegen bestehende 'Betreuungs- und Fürsorgepflichten' (BT-DS 7/910 S. 49) nicht passiert."[576]

Wegen § 242 BGB soll sich die Finanzbehörde auch nicht auf eine pflichtwidrig veranlaßte Antragsrücknahme berufen dürfen[577]. Eine Bindung der Behörde nach Treu und Glauben darf dem BFH zufolge aber nicht dazu führen, daß dem Steuerpflichtigen Vorteile gewährt werden, die ihm bei richtiger Auskunft nicht zugeflossen wären[578]. Auch insofern besteht eine Übereinstimmung mit der Rechtsprechung des BSG zum Herstellungsanspruch[579].
In einer vereinzelt gebliebenen Entscheidung betrachtete dagegen das FG Berlin im Fall einer aufgrund eines behördlichen Be-

---

574 Nach Kopp, VwVfG, § 31 Rz 36, ist das Ermessen bei der Entscheidung über die Verlängerung auf Null reduziert, wenn Gründe für eine Wiedereinsetzung vorliegen, da insoweit kein Unterschied zwischen behördlichen und gesetzlichen Fristen erkennbar sei.

575 BFHE 86, 148.

576 BFH/NV 1986, 506/07.

577 BFH, BStBl III, 1962, 107/08; ebenso BVerwGE 25, 183/84, s.o. § 3 II 4 b aa. Vgl. auch BFHE 122, 197, wonach die weitere Inanspruchnahme eines Zollpflichtigen gegen Treu und Glauben verstoßen kann, wenn die Zollbehörde nicht auf einen zweifelhaften Antrag (Zollpräferenzen) hinweist, sondern ohne Rücksprache entscheidet.

578 BFHE 86, 148/51.

lehrungsfehlers verspäteten nachträglichen Geltendmachung eines steuerlichen Freibetrages die §§ 129, 173 AO als abschließende Regelungen für die Änderung bestandskräftiger Steuerbescheide[580]. Gleichzeitig lehnte es in concreto die Anwendung des § 173 Abs. 1 Satz 2 AO ab, weil gerade die Kompliziertheit des Steuerrechts es ausschließe, jeden Irrtum als **nicht** grob verschuldet zu behandeln[581].

c) Wiederaufgreifen des Verwaltungsverfahrens

In den Fällen einer rechtswidrigen, aber bestandskräftigen Ablehnung eines Antrags durch Verwaltungsakt trägt die Rechtsprechung einem rechtswidrigen Vorverhalten von Behörden teilweise auch dadurch Rechnung, daß sie -außerhalb des regelmäßig nicht einschlägigen Anwendungsbereichs von § 51 VwVfG- eine Ermessensreduzierung im Rahmen des § 48 VwVfG annimmt[582], und damit "ein Wiederaufgreifen des Verfahrens im weiteren Sinne"[583] gewährt. Dem OVG Münster zufolge muß die Behörde wegen § 25 VwVfG und dem "Gesichtspunkt vorangegangenen Tuns" einen Betroffenen, der in der irrigen Annahme, die Behörde habe über seinen Antrag schon entschieden, verfrüht Widerspruch eingelegt hat, auf die Notwendigkeit eines erneuten Widerspruchs hinweisen[584]. Das Unterlassen eines solchen Hinweises müsse ermessensreduzierend bei der Entscheidung über ein Wiederaufgreifen berücksichtigt werden, denn damit werde nicht nur der materiellen Gerechtig-

---

579 Siehe oben § 1 III 8.

580 FG Berlin, EFG 1978, 580/81.

581 FG Berlin, a.a.O.; die Frage nach einem groben Verschulden sei anhand des § 580 ZPO zu entscheiden.

582 Knack, VwVfG, § 25 Anm. 3.3.; vgl. auch BVerwGE 39, 231/33 und E 44, 333/38, wonach im Rahmen von § 48 VwVfG das rechtswidrige Zustandekommen eines ablehnenden Bescheides zu berücksichtigen ist.

583 BVerwGE 78, 332/38; siehe auch Maurer, § 11 Rz 56 und 62 ff., dem zufolge § 51 VwVfG unvollständig ist.

keit gedient, sondern auch der Beseitigung der Folgen der Fehlbetreuung[585]. Andererseits betont das BVerwG in ähnlichem Zusammenhang die Gleichwertigkeit der Prinzipien der materiellen Gerechtigkeit und der Rechtssicherheit[586], es sei denn, die Aufrechterhaltung des Verwaltungsakts sei schlechthin unerträglich[587] oder verstoße gegen die guten Sitten[588]. Auch das im Wiedergutmachungs- und Entschädigungsrecht angenommene Übergewicht der materiellen Gerechtigkeit sei nur ein, wenn auch gewichtiger, Ermessensfaktor[589].

d) Ansprüche wegen Nebenpflichtverletzungen in verwaltungsrechtlichen Schuldverhältnissen

Das in den Einzelheiten umstrittene[590] verwaltungsrechtliche Schuldverhältnis ist eine besondere Form des Verwaltungsrechtsverhältnisses[591], das seinerseits als Sammelbegriff noch keine klaren Konturen gewonnen hat[592]. Das Verwaltungsrechtsverhält-

---

584 OVG Münster, NVwZ 1986, 134/35.

585 OVG Münster, a.a.O., S. 135.

586 BVerwGE 44, 333/36; E 28, 122/27; BVerwG, NVwZ 1985, 265.

587 Zu einem solchen Fall aus dem ärztlichen Prüfungsrecht VGH Mannheim, NVwZ 1989, 882/84.

588 BVerwGE 44, 333/36; siehe im einzelnen Kopp, VwVfG, § 48 Rz 36 a, 37 und § 51 Rz 13.

589 Nach BVerwGE 26, 153/54 und BVerwGE 28, 122/28 kann sich ein Anspruch aber aus Art. 3 GG ergeben; siehe auch BVerwGE 59, 148/61 zur Ermessensreduzierung auf Null bei einem rechtswidrig gewordenen Dauerverwaltungsakt.

590 Maurer, § 28 Rz 3.

591 Maurer, § 8 Rz 21, wonach das verwaltungsrechtliche Schuldverhältnis keine eigene Kategorie darstellt, sondern das Verwaltungsrechtsverhältnis überlagert.
Siehe insbesondere die ausführliche Darstellung bei Häberle, Das Verwaltungsrechtsverhältnis, Schriftenreihe des Deutschen Sozialgerichtsverbandes, Bd. XVIII, S. 60 ff.

nis bezeichnet einen besonders individualisierten[593] bzw. konkretisierten[594] Kontakt zwischen Bürger und Behörde und erfaßt daher vor allem die Gebiete der (Sozial-)Leistungsverwaltung, des Subventions- und des Steuerrechts[595]. Die sozialgerichtliche Rechtsprechung greift zur Begründung von Betreuungspflichten des öfteren auf das Sozialverwaltungsverhältnis zurück[596], obwohl dies wegen der fehlenden inhaltlichen Determination als dogmatisch tragfähige Grundlage allein nicht ausreicht[597]. Auch wenn sich der Herstellungsanspruch dementsprechend dogmatisch nicht aus einer Haftung für Pflichtverletzungen des Sozialrechtsverhältnisses ableiten läßt[598], eignet sich das Verwaltungsrechtsverhältnis als Anknüpfungspunkt für die Herstellungsfälle[599], weil es als Ausdruck der sozialstaatlichen Realität den Dualismus zwischen Eingriffs- und Leistungsverwaltung und den "Punktualismus" des Verwaltungsdenkens überwindet[600].

---

592 Maurer, § 8 Rz 16 ff., insbesondere Rz 24; Erichsen, in Erichsen/Martens, Allgemeines Verwaltungsrecht, § 10 Rz 25 ff. Nach Adolf, S. 116, ist der dogmatische Nutzen dieses Rechtsinstituts minimal, abgesehen davon, daß die Rechtsstellung des Bürgers damit besser als mit dem allgemeinen Gewaltverhältnis beschrieben werde.

593 Terwey, S. 48; Häberle, Schriftenreihe des Deutschen Sozialgerichtsverbandes, Bd. XVIII, S. 60/62.

594 Maurer, § 8 Rz 16.

595 Maurer, § 8 Rz 24; vgl. auch Häberle, Schriftenreihe des Deutschen Sozialgerichtsverbandes, Bd. XVIII, S. 60/64 und 69 ff.

596 Siehe oben § 1 IV 1.

597 Schmidt-De Caluwe, SGb. 1992, 487/95.

598 Siehe oben § 2 III 1.

599 Kreßel, S. 251 ff. Für Kreßel selbst wird das verwaltungsrechtliche Schuldverhältnis wegen seines Bestandsschutzanspruchs nur erheblich, wenn daraus eine nicht gesetzlich geregelte Nebenpflicht abgeleitet wird. Dann nämlich sei die besonders enge Bürger-Staat-Beziehung ein Kriterium für die Begründung einer konkreten subjektiven Rechtsstellung des Bürgers, S. 255.

Charakteristisch für verwaltungsrechtliche Schuldverhältnisse[601] im besonderen ist, daß sie aufgrund ihrer Finalität, anders als Rechtsverhältnisse in der Eingriffsverwaltung, von einer Vielzahl von Nebenpflichten begleitet sind[602], die in Aufklärungs-, Förderungs-, Betreuungs-, Beratungs- und Prüfungspflichten bestehen können[603]. Daher bietet sich bei einer Verletzung dieser Pflichten eine analoge oder rechtsgrundsätzliche Anwendung der BGB-Leistungsvorschriften an[604], zumal der Schadensersatz auch in einer Naturalrestitution bestehen kann[605].

Einen Schadensersatzanspruch wegen culpa in contrahendo hat bspw. das VG München in einem Fall zuerkannt, in dem eine grundsätzlich zulässige Veränderung von Anspruchsvoraussetzungen im Subventionsrecht beim Betroffenen dazu führte, daß erhebliche Planungsinvestitionen nutzlos wurden[606]. Die nachträgliche Änderung der Vergabebedingungen sei pflichtwidrig, weil

---

600 Häberle, Schriftenreihe des Deutschen Sozialgerichtsverbandes, Bd. XVIII, S. 60/69 und 75.

601 Als verwaltungsrechtliche Schuldverhältnisse sind anerkannt das Leistungs- und Benutzungsverhältnis, das öffentlich-rechtliche Verwahrungsverhältnis, die öffentlich-rechtliche Geschäftsführung ohne Auftrag und unter Umständen das Subventionsverhältnis, Mauer, § 28 Rz 3; siehe auch Hertwig, S. 64 ff. Ob personenbezogene Verwaltungsrechtsverhältnisse wie das Beamten-, das Schul- und Strafgefangenenverhältnis dazu gehören, ist zweifelhaft, Maurer, a.a.O.; Hill, NJW 1986, 2602/07 f. Siehe aber BVerwGE 80, 123/25, wonach das Beamtenverhältnis ein quasi-vertragliches Dienstverhältnis ist.

602 Hill, NJW 1986, 2602/07.

603 Hill, a.a.O., S. 2611; Maier, SRH, B. 7, Rz 18.

604 Adolf, S. 118/19; vgl. auch Maurer, § 28 Rz 2; einschränkend Erichsen, in Erichsen/Martens, § 10 Rz 51. Nach Kreßel, zusammenfassend S. 254 ff., können alle (Haupt-) Leistungspflichten ein verwaltungsrechtliches Schuldverhältnis entstehen lassen, ohne daß daraus aber etwas über die Folgen von Pflichtverletzungen abgeleitet werden könne.

605 Maurer, § 28 Rz 8.

606 VG München, BayVBl. 1973, 135 ff.; dazu Kreßel, S. 233 ff.

dadurch der von der Behörde selbst geschaffene Vertrauenstatbestand verletzt werde[607].
Da aber jedenfalls nach Ansicht des BGH für Schadensersatzansprüche aus verwaltungsrechtlichen Schuldverhältnissen nicht der Verwaltungsrechtsweg, sondern gemäß § 40 Abs. 2 VwGO der ordentliche Rechtsweg eröffnet ist[608], wurden die meisten[609] der in Betracht kommenden Herstellungsfälle insofern nicht von den Verwaltungsgerichten, sondern von den Zivilgerichten entschieden[610].

e) Folgenbeseitigungsanspruch/ Folgenbeseitigungslast

Teilweise wird einer Verletzung behördlicher Betreuungspflichten auch unter dem Gesichtspunkt der Folgenbeseitigung Rechnung getragen[611]. Dieser Aspekt wurde bisher aber nur als Ermessensfaktor relevant. So wurde er in der bereits erwähnten Entscheidung des OVG Münster[612] als ermessensreduzierend für ein Wiederaufgreifen des Verwaltungsverfahrens betrachtet. Ähnlich behandelt Weyreuther die Fälle behördlicher Betreuungspflichtverletzungen im Zusammenhang mit der dem Folgenbeseitigungsanspruch verwandten Folgenbeseitigungslast[613].
Nach der Entwurfsbegründung der Bundesregierung zum Staatshaftungsgesetz sollten zwar unter den Folgenbeseitigungsanspruch auch unrichtige Behauptungen über tatsächliche Verhältnisse

---

607 VG München, BayVBl. 1973, 135/37.

608 BGH, DVBl. 1978, 108; a.A. Kopp, VwGO, § 40 Rz 72; offengelassen bei Maurer, § 28 Rz 9.

609 Anders, soweit es um Sonderrechtsverhältnisse geht; siehe dazu unter § 3 III 3.

610 Nachweise mit ausführlicher Besprechung bei Kreßel, S. 209 - 239 und zusammenfassend S. 251.

611 Knack, VwVfG § 25 Anm. 3.3.

612 OVG Münster, NVwZ 1986, 134/35, s.o. § 3 II 4 c.

613 Weyreuther, Gutachten, B 125/26; siehe i.e. unten § 4 II 5.

fallen[614], doch waren damit offensichtlich nicht die Fehlbetreuungsfälle gemeint.

5. Ergebnis

Zusammenfassend ist festzustellen, daß die von den Verwaltungs- und Finanzgerichten gewährte Restitution bei behördlichen Betreuungspflichtverletzungen vor allem, wenn auch zunehmend restriktiv, auf Treu und Glauben im weiteren Sinne gestützt wird. Im Einzelfall spielen auch materiellrechtliche Gesichtspunkte im Bereich des Ermessens[615] sowie Ansprüche wegen Nebenpflichtverletzungen öffentlich-rechtlicher Schuldverhältnisse oder aufgrund Vertrauens in die Richtigkeit behördlicher Auskünfte (Folgenbeseitigungsanspruch)[616] eine Rolle. Diese Aspekte entsprechen denen, mit denen der Herstellungsanspruch begründet wird.

III. Fallgruppe 3: Sonderrechtsverhältnisse, insbesondere: das Beamtenrechtsverhältnis

1. Die Fürsorgepflicht

Wie in Sozialrechtsverhältnissen besteht auch in Sonderrechtsverhältnissen eine besonders enge Beziehung zwischen Bürger und Staat[617], die im Beamtenrecht als Korrelat zur besonderen In-

---

[614] Begr.RegE, BT-DS 8/2079, S. 44.

[615] Stelkens/Bonk/Leonhardt, VwVfG, § 9 Rz 27.

[616] Knack, VwVfG, § 25 Anm. 3.3.; ähnliche Zusammenstellung bei Meyer/Borgs, § 25 Rz 17.

pflichtnahme des Beamten[618] ihren Niederschlag in der Fürsorgepflicht des Dienstherrn gefunden hat, einem der hergebrachten Grundsätze des Berufsbeamtentums[619]. Auch im Soldatenrecht ist eine solche Fürsorgepflicht anerkannt[620]. Sie bedeutet, daß der Dienstherr den Beamten/Soldaten nicht nur vor Schäden und sonstigen Nachteilen bewahren muß, sondern auch die seinem Vorteil dienenden Maßnahmen zu ergreifen hat[621]. Als direkt der Fürsorgepflicht entspringendes Einzelrecht ist neben der Regelung des § 79 BBG vor allem das Recht des Beamten auf Beratung, Belehrung und Unterstützung anerkannt[622]. So hat der Dienstherr z.B. die Pflicht, den Beamten auf Probe bei der Entlassung über seine Rentenansprüche zu belehren[623]. Nicht aus der Fürsorgepflicht, sondern aus Art. 33 Abs. 2 i.V.m. Art. 19 Abs. 4 GG ergibt sich dagegen, daß einem unterlegenen Beförderungsanwärter die Auswahl des Konkurrenten vor dessen Ernennung mitgeteilt werden muß[624], weil er die Ernennung hinterher wegen des Grundsatzes der Ämterstabilität nicht mehr anfechten kann[625]. Bei einer Verletzung der Schutz- und Fürsorgepflichten kann der

617 Maurer, § 6 Rz 17; Häberle, Schriftenreihe des Deutschen Sozialgerichtsverbandes, Bd. XVIII, S. 60/77: "intensivste Form" der Verwaltungsrechtsverhältnisse.

618 Kunig, in v. Münch/Schmidt-Aßmann, Rz 149.

619 Battis, in Achterberg/Püttner, Rz 127.

620 Dazu Scherer/Alff, § 31 Rz 2 ff.; siehe auch BVerwGE 53, 12.

621 Köpp, in Steiner, Rz 98; Kunig, in v. Münch/Schmidt-Aßmann, Rz 98.

622 Köpp, in Steiner, Rz 98; BVerwG, ZBR 1990, 127.

623 BVerwG, ZBR 1984, 183.

624 BVerfG, NJW 1990, 501; VG Frankfurt, NVwZ 1991, 1210.

625 Nach der Rspr. ist jedenfalls die "echte" Konkurrentenklage, d.h. die Anfechtung der Ernennung des Konkurrenten, unzulässig, siehe statt aller BVerwG ZBR 1990, 79; anderes gilt nur bei einer bloßen Dienstpostenkonkurrenz (im Gegensatz zur Beförderungs-/Amtskonkurrenz), BVerwG, DVBl. 1989, 1150. Kritisch dazu Ronellenfitsch, Der vorläufige Rechtsschutz im beam-

Beamte nach heutiger Rechtsprechung außer einem Amtshaftungsanspruch sowohl einen nicht verschuldensabhängigen Erfüllungsanspruch als auch einen verschuldensabhängigen Schadensersatzanspruch geltend machen[626].

2. Erfüllungsanspruch

Der nach heutiger Ansicht bei einer Verletzung der Fürsorgepflicht primär[627] gegebene Erfüllungsanspruch[628] setzt kein Verschulden voraus[629]. Er scheidet aber aus, wenn die Erfüllung nicht mehr möglich ist[630], also gerade in den typischen Herstellungsfällen. So verfällt z.B. Urlaub nach § 7 Abs. 2 der ErholungsurlaubsVO der Bundesbeamten und Richter im Bundesdienst mit Ablauf der dort gesetzten Ausschlußfrist auch dann, wenn der Urlaub rechtzeitig beantragt, aber zu Unrecht verweigert wurde. Die vom BVerwG in einer Einzelentscheidung[631] vertretene gegenteilige Ansicht hat sich nicht durchgesetzt[632]. Allerdings geht es dem Betroffenen häufig nicht um eine verspätete Erfüllung, sondern nur darum, in den Genuß der Folgen zu

---

tenrechtlichen Konkurrentenstreit, VerwA 82 (1991), 121 ff., insbesondere S. 142/43, dem zufolge die Ämterstabilität nicht schon bei der Ernennung, sondern erst bei der Einweisung des Konkurrenten in die Planstelle gilt.

626 Plog/Wiedow/Beck, BBG, § 79 Rz 24; Köpp, in Steiner, Rz 101.

627 Plog/Wiedow/Beck, BBG, § 79 Rz 24; Scherer/Alff, § 31 Rz 13.

628 Beispiele bei Wind/Schimana/Wallerius, S. 170; siehe etwa BVerwG, ZBR 1990, 127, zum Trennungsgeldrecht.

629 Battis, BBG, § 79 Anm. 3 a; Wind/Schimana/Wallerius, S. 170; Plog/Wiedow/Beck, BBG, § 79 Rz 24; Schütz, Beamtenrecht, Bd. 2, Teil C, § 85 Rz 19.

630 Wind/Schimana/Wallerius, S. 169.

631 BVerwG, Beschluß vom 6.5.1981, -1 WB 14/79-.

kommen, die eine Erfüllung mit sich gebracht hätte. In diesem Sinne ist es anerkannt, daß -trotz grundsätzlichen Fehlens eines Rechtsanspruchs auf Beförderung- ein unterlegener Bewerber um ein Beförderungsamt einen Anspruch auf Schadensersatz haben kann, wenn sich herausstellt, daß sein Bewerbungsverfahrensanspruch durch die nicht mehr rückgängig zu machende Beförderungsentscheidung zugunsten eines anderen Bewerbers verletzt wurde[633]. Dieser Anspruch ist darauf gerichtet, laufbahn-, besoldungs- und versorgungsrechtlich so gestellt zu werden, als ob der Bewerber anstelle des Mitbewerbers befördert worden wäre[634]. Entsprechend wurde früher Beamten, die trotz eines entsprechenden Anspruchs nach Art. 131 GG rechtswidrig nicht befördert worden waren, die Zahlung des höheren Gehaltes zuerkannt[635]. Die Grundlage dafür wird teils in einem -modifizierten- Erfüllungsanspruch gesehen[636], teils in einem Schadensersatzanspruch[637]. Ohne sich zur Anspruchsgrundlage zu äußern, nahm das BVerwG bei unterbliebener Beförderung die Verpflichtung der Behörde an, den Beamten und gegebenenfalls seine Hinterbliebenen "so zu stellen, wie sie gestanden hätten, wenn die

---

632 Hess. VGH, DÖD 1990, 192, u.a. unter Hinweis auf die Möglichkeit, einstweiligen Rechtsschutz zu beantragen.

633 Wittkowski, Die Konkurrentenklage im Beamtenrecht unter besonderer Berücksichtigung des vorläufigen Rechtsschutzes, NJW 1993, 817/23.

634 Wittkowski, a.a.O.; vgl. auch BVerwG, Buchholz 232 § 79 Nr. 66.

635 Rüfner, Der Folgenbeseitigungsanspruch - ein materiellrechtlicher oder ein prozessualer Anspruch?, DVBl. 1967, 186/88; BVerwG, NJW 1965, 984.

636 Kreßel, S. 218 ff., 221, dem zufolge die in diesen Fällen zuerkannten Ansprüche keine Schadensersatz-, sondern Bestandsschutzansprüche hätten sein müssen; vgl. auch Rüfner, DVBl. 1967, 186/88, der meint, selbst wenn der Beamte nicht rückwirkend ernannt werden könne, sei eine Erfüllung bzgl. des Gehaltes noch möglich.

637 Wittkowski, NJW 1993, 817/23.

Beförderung ... erfolgt wäre"[638], wobei es auf ein Verschulden der Behörde nicht ankomme[639].

3. Schadensersatzanspruch auf Naturalrestitution

Bereits frühzeitig hat das BVerwG angenommen, daß der Beamte wegen der großen Bedeutung der Fürsorgepflicht im Beamtenrecht im Falle einer Pflichtverletzung nicht auf den Amtshaftungsanspruch verwiesen werden dürfe[640], weil er sonst schlechter stünde als ein sonstiger Angehöriger des Öffentlichen Dienstes, der aus § 618 Abs. 3 BGB einen unmittelbaren Anspruch gegen den Dienstherrn habe[641]. Der Anspruch aus § 839 BGB/Art. 34 GG sei für den Beamten auch deshalb ungünstiger, weil er keine Naturalrestitution zulasse[642], der dreijährigen Verjährungsfrist des § 852 BGB unterliege und dem Geschädigten die Beweislast auferlege[643]. Aufgrund dieser Überlegungen hat das BVerwG dem Betroffenen unmittelbar aus dem Beamtenverhältnis einen Schadensersatzanspruch[644] gegen den Dienstherrn zugebilligt[645]. Der Beamte müsse dabei lediglich die Verletzung der Fürsorgepflicht

---

638 BVerwG, NJW 1965, 984.

639 BVerwG, a.a.O., S. 985.; anders BVerwG, ZBR 1979, 335; siehe nachfolgend 4.

640 Anders aber, nämlich wie bei jedem anderen Staatsbürger, beim Beamten**bewerber**, Schnellenbach, Rz 279 FN 100 a.

641 BVerwGE 13, 17/23. Generell kritisch gegenüber einer Anwendung zivilrechtlicher Grundsätze im Öffentlichen Recht Kreßel, S. 223.

642 Dazu auch Maurer, § 25 Rz 44.

643 BVerwGE 13, 17/24 f.

644 Siehe auch BVerwGE 33, 183/89, wonach es ein allgemeiner Grundsatz ist, daß jede rechtswidrige und schuldhafte Vereitelung eines Anspruchs zum Schadensersatz verpflichte.

und den Eintritt des Schadens dartun, während der Dienstherr sein Nichtverschulden beweisen müsse[646]. In dieser Entscheidung tauchen die gleichen Erwägungen auf, mit denen die Notwendigkeit des Herstellungsanspruchs begründet wird.
In neuerer Zeit greift das BVerwG für den Schadensersatzanspruch nicht mehr auf die Fürsorgepflichtverletzung, sondern auf die sich aus einem quasivertraglichen öffentlich-rechtlichen Dienstverhältnis ergebenden Rechtsgrundsätze der §§ 276, 278, 618 Abs. 3 BGB zurück[647]. Nach der Rechtsprechung ist daher weiterhin, anders als nach einer in der Literatur vertretenen Ansicht[648], neben einem adäquaten Kausalzusammenhang zwischen Verletzung und Schaden[649] Voraussetzung für eine Haftung ein Verschulden des Dienstherrn[650]. In diesem Verschuldenserfordernis liegt der grundsätzliche Unterschied zum Herstellungsanspruch. Allerdings hat sich das OVG Lüneburg in einer Entscheidung aus dem Jahr 1981 mit der Frage auseinanderge-

---

645 BVerwGE 13, 17/24 f; ebenso BGHZ 7, 69 und BGHZ 14, 122; dazu Kreßel, S. 218 ff. Wegen dieser gegenüber der Amtshaftung günstigeren Anspruchsvoraussetzungen hat der Gedanke der zivilrechtlichen Forderungsverletzung im Öffentlichen Recht generell Fuß gefaßt, Ossenbühl, § 42, 2.

646 BVerwG, a.a.O.; diese Beweislastverteilung im Dienstverhältnis wurde schon vom Reichsgericht in ständiger Rechtsprechung entwickelt, RGZ 138/37 f.; vgl. auch BGH, NJW 1952, 1373, sowie Palandt-Putzo, § 618 Rz 8, und Palandt-Heinrichs, § 282 Rz 16.

647 BVerwGE 80, 13 = NJW 1989, 538 = NVwZ 1989, 264.

648 Kunig, in v. Münch/Schmidt-Aßmann, Rz 156, ohne jede Begründung.

649 Schnellenbach, Rz 277. Die adäquate Schadensverursachung bei einer Beförderungsentscheidung ergibt sich nicht bereits aus der Fehlerhaftigkeit der Ermessensentscheidung, sondern erst daraus, daß die Behörde bei Vermeidung des beanstandeten Ermessensfehlers den Bewerber "voraussichtlich" ausgewählt hätte, BVerwG, NJW 1992, 927/28. Ein Schadensersatzanspruch bei schuldhaftem Unterlassen eines zugesagten Beförderungsvorschlags ist nur dann gegeben, wenn sich mit hinreichender Wahrscheinlichkeit feststellen läßt, daß ein rechtzeitiger Beförderungsvorschlag zu einer (früheren) Beförderung geführt hätte, VGH Mannheim, DVBl. 1965, 333.

setzt, ob das Verschuldenserfordernis nicht in Analogie zu den Ansprüchen aus enteignungsgleichem Eingriff und aus Aufopferung verzichtbar sei[651]. Damals verneinte es diese Frage wegen des andersartigen Charakters des Schadensersatzanspruchs. Denkbar und rechtspolitisch wünschenswert könne zwar eine Erweiterung der Grenzen des verschuldensunabhängigen Folgenbeseitigungsanspruchs sein, doch verbiete sich eine solche Rechtsfortbildung jedenfalls solange, wie die Reform des Staatshaftungsrechts beim Gesetzgeber anhängig sei[652].

Hierzu ist zu bemerken, daß es bei der "Zuerkennung eines Ersatzanspruchs in Höhe der fiktiven Versorgungsbezüge" in der genannten Entscheidung nicht per se um einen Schadensersatzanspruch i.e.S. geht. Auch ein Geldanspruch kann nämlich ein Restitutionsanspruch sein, wenn die zunächst geschuldete Leistung ebenfalls auf Geld gerichtet war bzw. der rechtswidrige Eingriff einen Geldverlust verursachte[653]. Diese Prüfung hat das OVG Lüneburg unterlassen. Allerdings ließ es offen, ob bei einem endgültigen Scheitern des StHG der Verzicht auf das Verschuldenserfordernis außerhalb eines Schadensersatzanspruchs i.e.S. zulässig ist. Im Zusammenwirken mit der Möglichkeit einer Naturalrestitution[654] könnte sich daraus ein verwaltungsrechtliches Pendant zum Herstellungsanspruch entwickeln.

Eine einheitliche Linie ist aber auch hier bisher nicht erkennbar, denn in anderen Entscheidungen lehnte es das BVerwG ohne jede Begründung ab, einen auf Naturalrestitution gerichteten Schadensersatzanspruch zuzusprechen[655]. Eine Naturalrestitution

---

650 Nachweise bei Schnellenbach, Rz 275.

651 OVG Lüneburg, ZBR 82, 91/92.

652 OVG Lüneburg, a.a.O., S. 92.

653 Ossenbühl, § 36, 2 a; Schoch, VerwA 79, 1/47 und FN 283; vgl. Löwer, S. 305.

654 BVerwGE 13, 17/24; BVerwGE 33, 183: Anspruch eines Soldaten auf Wiederherstellung der unrechtmäßig vernichteten Teile seiner Personalakte; HessVGH, ZBR 1974, 261; Schnellenbach, Rz 279.

sollte jedoch schon deshalb anzuerkannt werden, weil auch die Haftung aus einem verwaltungsrechtlichen Schuldverhältnis generell nicht auf Schadensersatz in Geld beschränkt ist[656]. Dementsprechend hat das OVG Lüneburg in einer älteren Entscheidung zur Fürsorgepflichtverletzung im Soldatenrecht eine Naturalrestitution grundsätzlich bejaht[657].

4. Folgenbeseitigungsanspruch/ Folgenbeseitigungslast

Insbesondere, aber nicht nur bei Fürsorgepflichtverletzungen des Dienstherrn kommt auch ein Folgenbeseitigungsanspruch auf Rückgängigmachen der Folgen von Verwaltungsunrecht zugunsten des Betroffenen in Betracht[658], z.B. als Grundlage für die Löschung unrichtiger Personalakten[659]. Es wird aber immer wieder betont, daß mit dem Folgenbeseitigungsanspruch nicht ein Zustand hergestellt werden könne, der zuvor nie bestanden habe[660]. So lehnte es das BVerwG entgegen dem Votum des Oberbundesanwalts ab, eine fälschlich zur Beamtin auf Widerruf an-

---

655 BVerwGE 53, 12/21, beruft sich dabei lediglich auf eine angeblich gefestigte Rechtsprechung, zitiert hierfür aber einzig und allein BVerwGE 15, 3/11, das die Naturalrestitution nicht abschließend ablehnt.

656 Maurer, § 28 Rz 8.

657 OVG Lüneburg, DVBl. 1972, 43/50 f., wonach bürgerlichrechtliche Vorschriften herangezogen werden können, wenn deren Besonderheiten keine Abweichung bedingen.

658 Schütz, Beamtenrecht, Bd. 2, Teil C, § 85 Rz 20.

659 Wiese, Die Unordnung des Personalaktenrechts des Bundes, ZBR 1981, 55/63, mit der Begründung, die Aufbewahrung unrichtiger Personalakten verstoße im Einzelfall gegen den Verhältnismäßigkeitsgrundsatz.

660 Siehe die Nachweise oben bei § 2 III 4 und unten bei § 4 II 4 d; ferner BVerwG, BayVBl. 1985, 503/04; BVerwG, BayVBl. 1987, 541; BVerwG, Buchholz 310 § 113 Nr. 160; BVerwG, ZBR 79, 335 = Buchholz 237.5 § 92 Nr. 5, "zum Anspruch der Hinterbliebenen auf Versorgung aus einem höheren Amt, das dem Beamten im Rahmen

statt zur Beamtin auf Probe ernannte Lehrerin hinsichtlich der Entlassungsvoraussetzungen aus dem Beamtenverhältnis als Beamtin auf Probe zu behandeln[661]. Mangels gesetzlicher Grundlagen könne der Folgenbeseitigungsanspruch nicht zu einem über die Wiederherstellung des früheren Zustandes hinausgehenden Erfolg führen, insbesondere zu keinem Ausgleich für Schäden, die durch unrichtiges Verwaltungshandeln verursacht worden seien[662].
Gegen diese Argumentation ist aber einzuwenden, daß es hier gar nicht um Einräumung neuer Rechtspositionen ging, sondern lediglich um die Abwendung negativer Konsequenzen aus dem Fehlen dieser Rechtsposition[663].
Ist der Behörde bei der Entscheidung über die Entlassung Ermessen eingeräumt, kann sich immerhin -ebenso wie beim zu Unrecht nicht beförderten Beamten im Rahmen der nächsten Beförderungsentscheidung- die Folgenbeseitigungs**last** günstig für den Betroffenen auswirken[664]. Indes nahm das BVerwG in dem oben erwähnten Fall noch nicht einmal eine Ermessensreduzierung zugunsten der Beamtin bei der Entscheidung über ihre Entlassung an, weil es keinen Anspruch gebe, zur Beamtin auf Probe ernannt zu

---

umfassender Personalmaßnahmen im Anschluß an die Schaffung des höheren Amtes wegen seines Todes nicht mehr übertragen werden konnte..." (dabei allerdings beruhte die Verzögerung der Beförderung nicht auf einem Fehlverhalten der Verwaltung); a.A. BVerwG, NJW 1965, 984; dazu oben § 3 III 2; zu einem ähnlichen Fall auch OVG Koblenz, DVBl. 1964, 773, das einen öffentlichrechtlichen Schadensersatzanspruch wegen Nichterfüllung annahm; zustimmend Rüfner, DVBl. 1967, 186. Siehe ferner Wind/Schimana/Wallerius, S. 170; Schütz, Bd. 2, Teil C, § 85 Rz 20.

661 BVerwGE 28, 155 = DVBl. 1968, 641; besprochen von Schmidt, JuS 1969, 166; dem BVerwG zustimmend Spanner, DVBl. 1968, 618/24.

662 BVerwG, a.a.O.; ebenso BVerwG, BayVBl. 1987, 541, und Hofmann, DVBl. 1967, 667/68, dem zufolge eine Argumentation mit dem Rechtsstaatsprinzip zwar möglich, aber zu vage und unbestimmt ist.

663 Baumeister, S. 151/52; Böß, S. 66; Rösslein, S. 29.

664 Weyreuther, Gutachten, B 124/25, zum Fall der Widerrufsbeamtin; Rüfner, in Erichsen/Martens, § 53 Rz 28 a.E., zum Beförderungsfall.

werden[665]. Das rechtswidrige Vorverhalten wurde also in keiner Weise berücksichtigt.
Daß das BVerwG die von ihm gesetzten Maßstäbe nicht immer in aller Rigorosität befolgt[666], zeigt sich beispielhaft am Fall einer mangels Anhörung des Beamten rechtswidrigen Weitergabe von Informationen durch den Dienstherrn an einen Dritten. Hier hat das BVerwG angenommen, daß der Dienstherr dem Dritten im Wege der Folgenbeseitigung die Rechtswidrigkeit dieser Auskunft mitteilen müsse[667]. Da eine aufgrund einer Anhörung neu zu erteilende Auskunft sinnlos sei[668], könne nur so eine Wiederherstellung des ursprünglichen Zustandes erreicht werden. In Wirklichkeit war jedoch eine Wiederherstellung gar nicht mehr möglich, so daß das BVerwG in Konsequenz seiner eigenen Rechtsprechung einen Folgenbeseitigungsanspruch hätte ablehnen müssen.
In einem gleich gelagerten Fall hat das VG Köln ein Bescheidungsurteil auf Mitteilung der rechtswidrig weitergegebenen Informationen an den betroffenen Beschäftigten der Lufthansa erlassen[669]. Bei der in das Ermessen gestellten Entscheidung der Behörde müsse diese angesichts ihres rechtswidrigen Handelns das "Folgenbeseitigungsinteresse" des Klägers berücksichtigen[670].

Zur Reichweite des Folgenbeseitigungsanspruchs im H o c h - schulrecht, das wie das Beamtenrecht zu dem Bereich der Sonderrechtsverhältnisse gehört[671], gibt es ebenfalls unterschiedliche Auffassungen in der Verwaltungsgerichtsbarkeit. Für die Herstellungsproblematik interessante Entscheidungen sind aller-

---

665 BVerwGE 28, 155/61.

666 So auch Bachof, DÖV 1990, 895/96.

667 BVerwGE 38, 336.

668 BVerwGE, a.a.O., S. 46.

669 VG Köln, DVBl. 1980, 385.

670 VG Köln, a.a.O.

dings vor allem zu Streitigkeiten über die Zulassung zu Universitäten ergangen, wo die Besonderheiten des Sonderrechtsverhältnisses (noch) nicht zum Tragen kamen.
Hierzu vertritt der VGH Mannheim die Ansicht, die rechtswidrige Auswahlentscheidung eines Hochschulrektors begründe zwar einen Folgenbeseitigungsanspruch, doch sei dieser wegen rechtlicher Unmöglichkeit, nämlich fehlender Kompetenz der Hochschule, nicht auf Zulassung zum Auswahlgespräch, sondern lediglich auf Beseitigung der Sperrwirkung des § 31 Abs. 1 VVO-ZVS für weitere Auslosungen gerichtet[672].
Demgegenüber tendierte das OVG Münster in einem gleich gelagerten Fall stark in Richtung Herstellungsanspruch[673]. Die bloße Beseitigung der Sperrwirkung für weitere Auslosungen sei eine "höchst unvollkommene Beseitigung der Folgen der Rechtswidrigkeit des Auswahlgesprächs", da dadurch nicht die Herstellung des Zustandes erreicht werde, der bei rechtmäßigem Handeln der Hochschule bestünde. Denn unberücksichtigt bleibe dabei das frühere Losglück des Bewerbers. Um diesem Umstand Rechnung zu tragen, sei der Bewerber im Wege der Folgenbeseitigung vorab zu einem weiteren Auswahlgespräch zu laden[674]. Die rechtliche Grundlage dafür entnahm das OVG Münster einer Analogie und einem Erst-recht-Schluß aus § 31 Abs. 2 VVO-ZVS, wonach Bewerber, die aus nicht vertretbaren Gründen an einem Auswahlgespräch nicht teilnehmen können, vorab erneut zu laden sind. Ebenso hat das OVG Koblenz angenommen, daß ein fehlerhaft behandelter Teilnehmer am Auswahlgespräch gegenüber der Hochschule einen Folgenbeseitigungsanspruch habe, der darauf gerichtet sei, analog § 31 Abs. 2 VVO-ZVS so behandelt zu werden, als habe das

---

671 Ossenbühl, in Erichsen/Martens, § 3 Rz 63.

672 VGH Mannheim, NVwZ 1987, 711.

673 OVG Münster, NVwZ 1988, 957/58 = KMK-HSchR 1987, 1077 ff.; zustimmend VG Mainz, KMK-HSchR 1988, 703.

674 OVG Münster, a.a.O.

Auswahlgespräch aus von ihm nicht zu vertretenden Gründen nicht stattgefunden[675].

Im Fall des zu Unrecht nicht versetzten Schülers[676] sieht Weyreuther wiederum einen Anwendungsbereich für die Folgenbeseitigungslast[677]. Der Behördenfehler wirke zwar nicht in der Weise nach, daß die in der neuen Klasse gezeigten, -und aufgrund der verpaßten Schulzeiten- schlechten Leistungen späteren Entscheidungen überhaupt nicht zugrunde gelegt werden dürften, doch könne sich in Zweifelsfällen die Folgenbeseitigungslast zugunsten des Schülers auswirken[678].

IV. Fallgruppe 4: nachträgliche Gesetzesänderungen

1. Zugehörigkeit zur Herstellungsproblematik

Zunächst ist fraglich, ob nachträgliche Gesetzesänderungen überhaupt in den Bereich der Herstellungsproblematik fallen[679].

---

675 OVG Koblenz, KMK-HSchR 1988, 489/91; ebenso VG Sigmaringen, KMK-HSchR 1988, 268/70; siehe aber auch VG Karlsruhe, KMK-HSchR 1988, 709/11. VGH Baden-Württemberg, KMK-HSchR 1989, 11 ff., läßt offen, ob ein rechtswidrig nicht zugelassener Hochschulwechsler im Wege der Folgenbeseitigung seine bevorzugte Zulassung zum nächstmöglichen Semester verlangen kann.

676 Siehe oben § 2 III 4.

677 Weyreuther, Gutachten, B 125.

678 Weyreuther, a.a.O.

679 Vgl. Weyreuther, Gutachten, B 119: "Diese (prozeßrechtliche) 'Zeitpunktfrage' hat mit der Folgenbeseitigungslast nichts zu tun." So schon Ule, Zur Bedeutung des Rechtsstaatsbegriffs in der Rechtsprechung des Bundesverwaltungsgerichts, DVBl. 1963, 475/81: "prozeßrechtliche Verhüllung"; ferner Papier, Öffentlich-rechtlicher Folgenbeseitigungsanspruch bei Nichterfüllung, DÖV 1972, 845/48; Czermak, BayVBl. 1965, 93/94; Spanner, DVBl. 1968, 618/24.

Auffällig ist dabei, daß sich zahlreiche Autoren sowie vereinzelt auch die Rechtsprechung mit nachträglichen Gesetzesänderungen im selben Zusammenhang wie mit dem Herstellungsanspruch befassen[680] bzw. beides im Kontext mit dem Folgenbeseitigungsanspruch behandeln[681]. Vor allem Brugger weist auf die Parallele zwischen dem Herstellungsanspruch und den Ansprüchen auf Behandlung nach dem älteren günstigeren Recht hin[682].
Die Leistungsversagungsfälle stimmen mit den (sonstigen) Herstellungsfällen darin überein, daß einem Bürger durch rechtswidriges Behördenhandeln im Rahmen der Leistungsverwaltung ein Schaden entsteht, der im Ausschluß oder in der Einschränkung seines Leistungsanspruchs besteht[683], wobei -sieht man vom Schaden ab- der entstehende Zustand rechtmäßig ist[684].
Das eine Mal verkürzt eine gesetzgeberische Neuentscheidung die Rechtsposition des Bürgers, das andere Mal sind es materiellrechtliche Anspruchsgrenzen[685]. Verantwortlich für den Eintritt des Schadens beim Bürger bleibt aber nach wie vor die Behörde,

---

680 Brugger, AÖR 112 (1987), 389/411 ff.; Schoch, VerwA 79 (1988), 1/41; Krause, BlStSozArbR 1979, 145/52; Ladage, S. 63/64; Steinberg/Lubberger, S. 381; Löwer, S. 282 ff.; Rüfner, in Erichsen/Martens, § 53 Rz 26 ff..

681 Kreßel, S. 367 ff.; Steinberg/Lubberger, S. 379 - 381; Bender, Staatshaftungsrecht, Rz 449 ff. und 452 ff.; Bachof, DÖV 1990, 895/96; Berkemann, Vortrag 1987, S. 15.
Vgl. auch Schoch, a.a.O., S. 14, 42 und 54 ff; Adolf, S. 98/99; Ossenbühl, § 37, 1 b und 2. **Nur** im Zusammenhang mit dem Folgenbeseitigungsanspruch behandeln die Fälle rechtswidriger Leistungsversagung BVerwG, VerwRspr. 20, 570; OVG Lüneburg, DVBl. 1967, 206; Kommissionsbericht 1973, § 4 Anm. 1; Bachof, Buchbesprechung, JZ 1966, 642/43; Kopp, VwGO, § 113 Rz 99. Heidenhain, Folgen rechtswidrigen hoheitlichen Verwaltungshandelns, JZ 1968, 487, unterscheidet dagegen ausdrücklich zwischen den Leistungsversagungsfällen bei nachträglicher Gesetzesänderung und dem Folgenbeseitigungsanspruch; ähnlich Rüfner, DVBl. 1967, 186/88; dagegen aber Rösslein, S. 29, und Böß, S. 68/69.

682 Brugger, AÖR 112 (1987), 389/411 ff. und 441 ff.; zustimmend Rüfner, in Erichsen/Martens, § 53 Rz 32 FN 87.

683 Schmidt-De Caluwe, S. 143.

684 Siehe i.e. unten § 4 II 4 b aa.

weil -namentlich in den Leistungsversagungsfällen- nicht anzunehmen ist, daß der Gesetzgeber durch den Erlaß der einschränkenden Rechtsvorschriften der rechtswidrig handelnden Verwaltung zu Hilfe kommen will[686]. Allenfalls nimmt er dies als Nebenfolge der gesetzlichen Neuregelung in Kauf, was anhand etwaiger Überleitungsvorschriften zu ermitteln und gegebenenfalls verfassungsrechtlich zu überprüfen ist.
Beide Male ist der Gesetzmäßigkeitsgrundsatz wegen des für den Schaden ursächlichen rechtswidrigen Behördenhandelns entscheidender Argumentationspunkt[687], unbeschadet dessen, daß sich auch und gerade in den Leistungsversagungsfällen das Contra-legem-Problem stellt[688].

Der Unterschied zu den klassischen Herstellungsfällen besteht vor allem darin, daß bei einer rechtswidrig versagten Leistung nicht eine Nebenpflicht, sondern die materielle Hauptleistungspflicht verletzt wird[689], und der eingetretene Schaden somit nicht auf einer nachteiligen Disposition des Betroffenen, sondern ausschließlich auf einem Fehlverhalten der Behörde beruht. Doch wendet auch das BSG den Herstellungsanspruch bei rechtswidriger Leistungsverweigerung durch die Behörde an[690].
Darüber hinaus wird der förmlichen Verweigerung einer Genehmigung auch in anderem Zusammenhang der Fall gleichgestellt, daß der Bürger aufgrund des eindeutigen Verhaltens staatlicher Stellen von der Einleitung eines formellen Antragsverfahrens

---

685 So Schmidt-De Caluwe, S. 480, in anderem Zusammenhang.

686 Dies übersieht offenbar Kreßel, S. 367/68, dem zufolge der Bürger immer dann eine Leistungseinschränkung hinnehmen muß, wenn der zuständige Hoheitsträger nach materiellem Recht eine subjektiv-öffentliche Berechtigung entziehen darf. Die Bezugnahme auf den "Hoheitsträger" verwischt die Gewaltentrennung zwischen der rechtswidrig handelnden Verwaltung und der dazwischentretenden Gesetzgebung.

687 Brugger, AÖR 112 (1987), 389/411 f.

688 Brugger, a.a.O.; vgl. Wallerath, DÖV 1987, 505/14.

689 Brugger, AÖR 112 (1987), 389/411 f.

absieht, weil er dieses Verhalten als endgültige Ablehnung auffassen muß[691]. Entsprechend nimmt die BGH-Rechtsprechung zum enteignungsgleichen Eingriff eine -faktische- Veränderungssperre an, sofern ein Eigentümer im Hinblick auf Äußerungen der Baubehörde, die Erteilung der Bauerlaubnis sei ausgeschlossen, in verständlicher Weise von einer Bebauung oder Veräußerung seines Grundstücks absieht[692]. Haftungsmäßig macht es daher keinen Unterschied, ob der Schaden im Einzelfall auf einer Disposition des Betroffenen oder auf der direkten Verletzung der Hauptleistungspflicht beruht. Die rechtswidrige Ablehnung eines Antrags stellt gegenüber der fehlbetreuungsbedingten Verhinderung einer Antragsstellung sogar ein Mehr dar.

Auch wenn es dabei außerhalb von Sonderrechtsverhältnissen[693] an der für die sonstigen Herstellungsfälle charakteristischen Nähe der Bürger-Staat-Beziehung[694] fehlt, entsteht andererseits durch Stellung eines Antrags auf Genehmigung eine Art Anwartschaft zugunsten des Bürgers[695] und damit ein "auf Entwicklung angelegter Rechtsbestand"[696].

Bspw. kommt dem BVerwG zufolge durch Stellung eines Bauantrags

---

690 BSGE 53, 273/77; E 35, 10/14; dazu oben § 1 II.

691 Boos/Haarmann, Rz 145, zu § 2 StHG.

692 BGHZ 58, 124/25.

693 Insofern kann es zu Überschneidungen zwischen den Fallgruppen 3 und 4 kommen.

694 Vgl. die Differenzierung von Kreßel zwischen Rechtsverletzungen in öffentlich-rechtlichen Sonderbeziehungen (A, S. 153 ff.), dem Sozialrechtsverhältnis (B, S. 259 ff.) und allgemeinen Leistungsstörungen bei relativ subjektiv-öffentlichen Rechten (C, S. 359 ff.).

695 Kreßel, S. 186 und 192: "gesicherte Vorstufe".

696 Brugger, AÖR 112 (1987), 389/411. Brugger hält es für möglich, aber nicht zwingend, die Leistungsversagungsfälle dem Bereich des Herstellungsanspruchs zuzuordnen, S. 443 ff. Zentrale Frage sei, ob man es ausreichen lassen wolle, daß ein schutzwürdiges Interesse durch einen Verwaltungsakt verletzt würde oder ob es sich um ein besonderes Betreuungsverhältnis handeln müsse, S. 443.

ein Rechtsverhältnis zustande, aus dem der Behörde gegenüber dem Antragsteller besondere Pflichten erwachsen[697].
Maßstab für das Vorliegen dieser besonderen behördlichen Pflichten ist dabei die Wertigkeit der beim Bürger betroffenen Rechte[698]. Ist die mit der Anspruchserfüllung bezweckte Tätigkeit grundrechtlich geschützt, ist in Anlehnung an § 2 StHG eine besondere Pflichtigkeit der Verwaltung zu bejahen[699]. Die Kehrseite dieser besonderen Pflichtigkeit ist die erhöhte Abhängigkeit des Bürgers von der Erbringung der staatlichen Leistung, weil im Falle der rechtswidrigen Verweigerung dieser Leistung Grundrechte des Bürgers betroffen sind. Er ist auf rechtmäßiges Verhalten daher besonders angewiesen.
In diesem Zusammenhang kann der Gedanke des sogenannten qualifizierten Unterlassens, mit dem der Staat in den Rechtskreis des Betroffenen eingreift[700], fruchtbar gemacht werden.
Nach der Rechtsprechung des BGH zum Enteignungsrecht liegt ein qualifiziertes Unterlassen allerdings nur dann vor, wenn einem Eigentümer durch Untätigkeit des Staates etwas genommen wird[701], was erst bei einem **dauerhaften** Ausschluß (Bauverbot) bejaht wird, weil nur die zeitlich nicht begrenzte Entziehung der bloßen Nutzungsmöglichkeit zu einer Wertminderung des Eigentums führe[702]. Ähnlich war in § 2 StHG eine Haftung für rechtswidrige Grundrechtseingriffe auch für den Fall enthalten,

---

697 BVerwG, NJW 1986, 1826/28; siehe oben § 3 II 2 b.

698 Vgl. BVerwG, Buchholz 406.11 § 35 Nr. 107, S. 79, und oben zu § 3 II 2 b.

699 Vgl. Kreßel, S. 384, der hinsichtlich der Intensität seines Bestandsschutzanspruchs ebenfalls zwischen grundrechtsgeschützten und sonstigen Rechtspositionen unterscheidet.

700 Steinberg/Lubberger, S. 354.

701 BGH, NJW 1962, 2347; BGH, NJW 1980, 387; vgl. dazu Maurer, § 26 Rz 47, und Hussla, Entschädigungspflicht bei einem vorübergehenden Bauverbot, NJW 1968, 631.

702 Nachweise bei Hussla, NJW 1968, 631/32; dagegen Ossenbühl und Steinberg/Lubberger, a.a.O.: es gebe keinen vernünftigen Grund die säumige Bearbeitung von Baugesuchen entschädigungs-

daß durch eine pflicht- oder rechtswidrige Versagung oder schlichte Nichterteilung einer beantragten Erlaubnis eine bereits bestehende Grundrechtsposition tangiert wird[703].

Dagegen bejaht die Literatur ein qualifiziertes Unterlassen bereits dann, wenn der Staat eine Rechtspflicht zum Handeln hat[704]. Die Unterscheidung des BGH zwischen Bestands- und Erwerbsschutz[705] stößt wegen fehlender Differenzierungskriterien auf Ablehnung[706].

Diese Unterscheidung mag zwar in enteignungsrechtlicher Hinsicht wegen Art. 14 GG noch nachvollziehbar sein[707], kann aber jedenfalls im Rahmen der hier interessierenden Herstellung nicht herangezogen werden. Es gibt keinen Grund, die Versagung einer von Art. 12 Abs. 1 GG erfaßten Gewerbeerlaubnis herstellungsmäßig anders zu beurteilen als die einer von Art. 14 Abs. 1 GG geschützten Bauerlaubnis[708]. In beiden Fällen droht ein dauerhafter Ausschluß der Rechte des Bürgers, wobei die rechtswidrige Behinderung des Bürgers in seiner beruflichen Entwicklung von weitaus größerer Tragweite sein kann.

Obwohl sich also, ähnlich wie bei Eingriffen im engeren Sinne, das Rechtsverhältnis zwischen Bürger und Behörde bei einer An-

---

rechtlich anders zu behandeln als die rechtswidrige Verweigerung einer Bauerlaubnis.

703 Boos/Haarmann, Rz 145, wonach bei gesetzlich vorbehaltenen Genehmigungen oder gebundenen Erlaubnissen regelmäßig von einem qualifizierten Unterlassen auszugehen ist; siehe auch unten § 4 II 4 a bb.

704 Stellvertretend Ossenbühl, § 18, 4 a; Steinberg/Lubberger, S. 358; Stuth, S. 171; kritisch aber Maurer, a.a.O., dem zufolge das Kriterium der Substanzverletzung nicht vorschnell aufgegeben werden sollte.

705 Löwer, S. 320; Stuth, S. 168.

706 Stuth, S. 171; Ossenbühl, § 24 3 c; Steinberg/Lubberger, S. 355 ff.

707 Vgl. Stuth, S. 168/69, wonach im Staatshaftungsrecht im Ergebnis nur dasjenige Unterlassen dem Eingriff entsprechend geschützt ist, welches Grundeigentum betrifft; ähnlich Steinberg/Lubberger, S. 354.

tragstellung häufig auf einen eher punktuellen Kontakt beschränkt[709], ergibt sich in den Fällen des grundrechtsrelevanten Unterlassens eine Bedürftigkeit des Bürgers aus seiner gesteigerten Abhängigkeit von der Erteilung der behördlichen Leistung durch Genehmigungen, Erlaubnisse o.ä.[710] Eine Ausnahme ist zu machen, wenn das Grundrecht der allgemeinen Handlungsfreiheit nach Art. 2 Abs. 1 GG nur hinsichtlich der Verletzung einfachen Rechts betroffen ist[711].

Zwar wurde der sozialrechtliche Herstellungsanspruch soweit ersichtlich bisher nicht ausdrücklich auf Fälle der Leistungsversagung bei nachträglicher Gesetzesänderung erstreckt[712], doch mußten sich die Sozialgerichte mit dieser Frage bisher kaum auseinandersetzen. Immerhin hat das BSG in einer sehr frühen Entscheidung hinsichtlich der Zulassung eines Arztes zur Kassenarztpraxis die Rechtslage im Zeitpunkt des angefochtenen, die Zulassung rechtswidrig versagenden Verwaltungsakts für maßgeblich gehalten und dies mit einer für den Herstellungsanspruch typischen Formulierung begründet:

> "Um dem berechtigten Anliegen des Klägers Rechnung tragen zu können, muß durch das gerichtliche Urteil die Herbeiführung des Zustandes ermöglicht und gesichert

---

708 So auch Stuth, S. 169, bezogen auf Schadensersatzansprüche wegen enteignungsgleichen Eingriffs.

709 Vgl. Hill, NJW 1986, 2602/07. Das BSG wendet den Herstellungsanspruch mitunter ebenfalls bei nur punktuellem Kontakt an, z.B. BSGE 52, 254/61; nach BSG, SozR 1200 § 14 Nr. 9, ist eine lange und intensive Beziehung zwischen Bürger und Behörde nicht Voraussetzung für die Anwendbarkeit des Herstellungsanspruchs; nach LSG Berlin, Breithaupt 1984, 783/85, greift der Herstellungsanspruch außerhalb von Sozialrechtsverhältnissen ein, wenn die Behörde **individuell** eine falsche Auskunft erteilt; vgl. auch Bieback, SGb. 1990, 517/19, und Hertwig, S. 208.

710 Vgl. auch unten § 3 IV 2 d zur Problematik der Rückwirkung von Gesetzen.

711 Vgl. § 2 StHG; dazu Boos/Haarmann, Rz 139 und 147.

werden, der bei richtiger Rechtsanwendung und fehlerfreiem Ermessen der Verwaltung von vornherein bestanden hätte ('Naturalrestitution'...)".[713]

2. Behandlung der Leistungsversagungsfälle durch Rechtsprechung und Literatur

Wird einem Bürger rechtswidrig eine Leistung versagt, so kann er dagegen mit der Verpflichtungsklage vorgehen. Maßgeblicher Entscheidungszeitpunkt für die Verpflichtungsklage ist grundsätzlich der Zeitpunkt der letzten mündlichen Verhandlung[714], weil der Erfolg der Klage davon abhängt, ob dem Kläger **jetzt** ein Anspruch zusteht[715] ("tempus regit actum"). Dies gilt unabhängig davon, daß mit der Verpflichtungsklage gleichzeitig die Anfechtung des ablehnenden Bescheides verbunden ist[716], denn diese ist kein essentiale des Antrags[717]. Fehlen gesetzliche

---

712 Ohne Begründung dagegen Hauck/Haines, SGB X 1/2, K § 44 Rz 34, und Geschwinder, ZfS 1985, 70/74.

713 BSGE 5, 238/41 f. = NJW 1957, 1693/94.

714 Statt aller Kopp, VwGO, § 113 Rz 96, und BVerwGE 1, 291.

715 Bosch/Schmidt, § 39 II; Schweiger, Der für die verwaltungsgerichtliche Entscheidung maßgebende Zeitpunkt, NJW 1966, 1899/1901.

716 Strittig ist, ob die Ablehnung einer (Sozial-) Leistung ein Verwaltungsakt mit Dauerwirkung ist; siehe dazu Hofe, SGb. 1986, 11/13 ff., der diese Frage verneint. Wenn man dagegen eine Dauerwirkung annähme, würde sich die Frage stellen, ob ein ursprünglich rechtswidriger Verwaltungsakt durch eine Rechtsänderung nachträglich rechtmäßig werden kann. Nach der Rspr. des 8. Senats des BVerwG kann ein ursprünglich rechtswidriger Erschließungsbeitragsbescheid nach Inkrafttreten einer entsprechenden **Satzung** in der Tat rechtmäßig werden , DVBl. 1982, 544; siehe dazu Maurer, § 10 Rz 3.
Bezogen auf sonstige Gesetzesänderungen müssen jedoch die Voraussetzungen für den Erlaß eines Verwaltungsakts grundsätzlich nicht dauerhaft vorliegen, so daß umgekehrt der ablehnende rechtswidrige Verwaltungsakt auch nach einer Rechtsänderung rechtswidrig bleibt; vgl. Kopp, FS-Menger, S. 696, wonach die

Überleitungsvorschriften ist bei zwischenzeitlichen Rechtsänderungen durch Auslegung zu ermitteln, ob das neue Recht auch die anhängigen "Altfälle" erfassen soll[718], was nach ganz überwiegender Meinung regelmäßig anzunehmen ist[719]. Aufgrund materiell- und verfassungsrechtlicher Erwägungen werden jedoch in Einzelfällen nach den Grundsätzen des intertemporalen Rechts[720] mit unterschiedlicher Begründung Ausnahmen gemacht[721]. Nach einhelliger Ansicht ist bei Zeitabschnittsgesetzen[722], insbesondere im Wohnungsbaurecht[723], auf den Zeitpunkt der letzten

---

oben erwähnte Rechtsprechung des 8. Senats von der der anderen Senate abweicht.

717 Schweiger, a.a.O.; i.E. ebenso BVerwGE 1, 291; vgl. auch Kopp, FS-Menger, S. 705. Eyermann/Fröhler, § 113 Rz 14, meinen dagegen, daß jedenfalls dem Aufhebungsantrag bei entsprechendem Rechtsschutzinteresse ex tunc stattzugeben sei; bzgl. des Vornahmeantrags käme es auf die Interpretation der jeweiligen beantragten Rechtsstellung an.

718 Weyreuther, Gutachten, B 119 und FN 499, wonach bei einer Gesetzesänderung zwar das alte **objektive** Recht wegfällt, nicht unbedingt aber auch die durch das alte Recht begründeten **subjektiven** Rechte.

719 Z. B. BVerwG, DVBl. 1986, 565/66; Kopp, VwGO, § 113 Rz 99, mit weiteren Nachweisen; Ule, § 52 II 1; a.A. Böß, S. 66/67, wonach bei rechtswidriger Antragsablehnung oder -verzögerung anzunehmen ist, daß das neue Gesetz alte Ansprüche nicht ausschließen wolle.
Nachfolgend sollen nur die Fälle behandelt werden, in denen die Anwendung neuen Rechts nach rechtswidriger Antragsablehnung zu einer Schlechterstellung des Bürgers führen würde. Zur umgekehrten Situation siehe BVerwGE 51, 15/25 und BVerwGE 61, 1, wo Änderungen des FStrG und des BImSchG bzgl. verbesserter Umweltschutzvorkehrungen so auslegt wurden, daß sie auf Altfälle keine Anwendung fanden.

720 Kopp, VwGO, § 113 Rz 98; Kopp, "Grundsätze des intertemporalen Verwaltungsrechts", Vortrag auf der 24. Richterwoche des BSG; siehe dazu Mitteilung in NJW 1993, 714, und Hüttmann/Stoll, ZfS 1993, 26/28.

721 Siehe zum folgenden auch Kopp, VwGO, § 113 Rz 97 ff.; Redeker/v.Oertzen, § 108 Rz 22 ff.; Schmitt-Glaeser, Rz 522; ferner Weyreuther, Gutachten, B 119 ff.; BVerwG, DVBl. 1986, 563/66.

722 Statt aller Kopp, VwGO, § 113 Rz 97.

Behördenentscheidung abzustellen. Auch das Sozialhilfe-, Renten- und Fürsorgeleistungsrecht wird wegen seiner Rechtsnatur aus einer zeitlich abgegrenzten Situation heraus beurteilt[724]. Diese Betrachtungsweise wirkt sich aber vor allem im Sozialhilferecht unter dem Gesichtspunkt "keine Hilfe für die Vergangenheit" nicht günstig, sondern nachteilig für den Bürger aus[725]. **Zugunsten** des Bürgers wird dagegen das alte Recht angewandt, wenn die Anwendung des neuen Rechts in seinen geschützten Besitzstand bzw. seine "wohlerworbenen Rechte" eingreift[726].
Daher ist auch bei Bestehen von Überleitungsvorschriften, mit denen eine Geltung des neuen Rechts für die noch laufenden Altfälle angeordnet wird, zu prüfen, ob diese verfassungsgemäß sind[727].
Prozessuales und materielles Recht wirken also insofern zusammen, als das Prozeßrecht das Bestehen eines Anspruchs zum jetzigen Zeitpunkt verlangt, das materielle Recht jedoch bestimmt, **ob** der Anspruch zum jetzigen Zeitpunkt (noch) besteht[728].
Die im folgenden behandelten Fälle weisen die im Rahmen der Herstellungsproblematik erforderliche Grundrechtsrelevanz auf. Es handelt sich um Fälle des Bau- und Steuerrechts (Art. 14 GG), des Berufs- und (Hoch-)Schulrechts (Art. 12 GG und Art. 2 Abs. 1 GG[729]), des effektiven Rechtsschutzes (Art. 19 Abs. 4 GG) und des Asylrechts (Art. 16 GG). Des weiteren werden -in

---

723 So für § 7 des Ersten Wohnungsbaugesetzes BVerwG, DVBl. 1958, 256.

724 Schweiger, NJW 1966, 1899/1902; weitere Beispiele bei Kopp, § 113, Rz 97.

725 Vgl. VGH München, BayVBl. 1961, 89, und oben § 2 III 2 und § 3 I 2.

726 Kopp, VwGO, § 113 Rz 98.

727 Vgl. BVerwG, BBauBl. 1981, 183, zu Überleitungsvorschriften des früheren BBauG.

728 Kopp, FS-Menger, S. 698; vgl. auch Meyer-Ladewig, SGG, § 54 Rz 32, zur Anfechtungsklage.

Überschneidung mit Fallgruppe 3- Fälle aus Sonderrechtsverhältnissen behandelt.

a) Art. 3 Abs. 1 GG

Generell kann der Gleichheitsgrundsatz nach Art. 3 Abs. 1 GG eine Gleichbehandlung der noch anhängigen mit den bereits abgeschlossenen Altfällen gebieten[730]. So orientiert sich auch die Rechtsprechung bei Ansprüchen auf Zulassung zum Studium an der früheren Sach- und Rechtslage unter Berufung auf Art. 3 Abs. 1 GG i.V.m. Art. 12 und dem Sozialstaatsprinzip[731]. Anders hingegen verfährt sie bei einer Änderung von Prüfungsanforderungen. Verlief die frühere Prüfung rechtswidrig, so könne sie nur nach neuem Recht wiederholt werden[732]. Jedoch ergibt sich aus Art. 3 Abs. 1 GG ein Anspruch darauf, daß die aufgrund eines Prüfungsfehlers zu wiederholende Abiturprüfung den Erfordernissen der Chancengleichheit im Verhältnis zur früheren Prüfung entsprechend gestaltet wird[733].

---

729 Strittig ist, welche Schulen i.e. unter den Begriff der Ausbildungsstätte nach Art. 12 Abs. 1 GG fallen, Gubelt, in v.Münch/Kunig, GG, Art. 12 Rz 26; zur Frage, wann insoweit lediglich ein Schutz nach Art. 2 Abs. 1 GG besteht, siehe BVerfGE 58, 257/72 ff.

730 Ule, DVBl. 1963, 475/80 f., und Ule, § 57 II 1; Wilhelm, Die maßgebliche Sach- und Rechtslage bei der Verpflichtungsklage, DVBl. 1964, 350; a.A. Kopp, VwGO, § 113 Rz 99.

731 BVerwGE 42, 296 = DÖV 1974, 62 = NJW 1973, 1812; BVerfGE 39, 258/74 ff.; zustimmend Ule, § 57 II, und Stern, § 18 I 3; vgl. auch BVerwG, NVwZ 1984, 443/444.

732 VGH München, NJW 1982, 2627 = DVBl. 1981, 1158; im Gegensatz dazu hatte das OVG Hamburg, VerwRspr. 9 (1957), 635, in einem ähnlichen Fall noch die Möglichkeit eines Folgenbeseitigungsanspruchs bejaht; siehe auch BVerwGE 16, 150, wonach eine wesentliche Änderung der Prüfungsbedingungen während eines Prüfungsverfahrens mit rechtsstaatlichen Grundsätzen nicht vereinbar ist. Berkemann, Referat 1990, 10, spricht sich für eine Wiederholung nach altem Recht aus.

733 BVerwG, NJW 1983, 407.

b) Rechtsstaatsgrundsatz

Vor allem im Gewerbe- und Berufsrecht stellt die Rechtsprechung, anders als im Baurecht, aus rechtsstaatlichen Gründen[734] auf den Zeitpunkt der letzten Behördenentscheidung ab[735], allerdings vorbehaltlich überwiegender Gründe des öffentlichen Wohls[736]. Der Unterschied zum Baurecht wird damit begründet, daß Rechtsänderungen im Berufszulassungsrecht konstitutiv wirkten, während im Baurecht selbst die Rechtskraftwirkung von Urteilen ihre Grenze in einer Änderung des objektiven Rechts fände[737].

Ähnlich hat das BVerwG wiederholt entschieden, daß § 14 Abs. 3 des früheren BBauG -jetzt § 14 Abs. 3 BauGB- bei zu Unrecht versagter Baugenehmigung nicht zugunsten des Bürgers eingreift[738]. § 14 Abs. 3 gelte nur für Vorhaben, die vor dem Inkrafttreten der Veränderungssperre tatsächlich genehmigt worden

---

734 Bachof, JZ 1966, 642/43, meint, dieser Auffassung liege in Wirklichkeit der Folgenbeseitigungsanspruch zugrunde, denn der Anspruch auf Berufszulassung ließe sich nur aus dem Gesichtspunkt einer Pflicht der Behörde zur Beseitigung der Folgen der rechtswidrigen Ablehnung oder Verzögerung rechtfertigen.

735 BVerwG, DVBl. 1959, 775, bzgl. Zulassung zum Einzelhandelskaufmann; BVerwG, DVBl. 1960, 778, bzgl. Fahrlehrererlaubnis; BVerwG, DVBl. 1961, 447 = NJW 1961, 1275, bzgl. Anwaltszulassung; BVerwG, DVBl. 1986, 565/66, bzgl. Zulassung eines Börsenmakers.
Siehe aber auch BVerwGE 29, 304/06 ff., wonach die Nebentätigkeit eines Beamten nicht vor nachteiligen Rechtsänderungen geschützt ist, weil sich der Beamte insofern nicht auf Art. 12 GG berufen könne.

736 BVerwG, DVBl. 1962, 178.

737 BVerwG, DVBl. 1962, 178/79, unter Verweis auf Ansprüche des Enteignungsrechts; BVerwG, DVBl. 1985, 393. Schutz vor ungünstigen Rechtsänderungen kann der Bürger demnach nur über einen Vorbescheid erlangen, der nach BVerwG, NJW 1984, 1473, als vorweggenommener Teil der Baugenehmigung auch nach Änderung der Rechtslage Bestand hat.

738 BVerwG, Beschluß vom 11.12.1967, mitgeteilt von Dyong, Bundesbaugesetz, §§ 1 - 18 (Bauleitplanung und Veränderungssperre), BBauBl. 1970, 462/69; BVerwG, Urteil vom 31.1.1968, mitgeteilt von Dyong, a.a.O., S. 470. Zur Berücksichtigung

seien, nicht aber für solche, die lediglich hätten genehmigt werden müssen[739]. In einer anderen Entscheidung führte das BVerwG aus, der gegen die Behörde gerichtete Anspruch auf Erlaß einer Baugenehmigung verleihe -auch hinsichtlich des Vertrauensschutzes- nicht die gleiche Rechtsposition wie die bereits erlassene Genehmigung[740]. Anders ist es dem BVerwG zufolge nur dann, wenn ein Anspruch auf Bebauung sich zu einer eigentumskräftig verfestigten Anspruchsposition entwickelt hat und wegen Art. 14 Abs. 1 GG nicht mehr entschädigungslos entzogen werden kann[741]. Verneint wurde dies beispielsweise für die sogenannten sonstigen Vorhaben im Außenbereich nach § 35 Abs. 2 des früheren BBauG[742]. Hierzu das BVerwG:

> "Mit alledem erledigt sich das Unbehagen, das bei flüchtiger Betrachtung dagegen zu sprechen scheint, daß eine zunächst begründet gewesene Genehmigungsklage im Laufe des Verfahrens durch eine ihr entgegenstehende Planung noch unbegründet werden kann. Was bei einem derartigen Wandel die entscheidende Rolle spielt, ist nämlich in Wahrheit nicht dieser Wandel als solcher, sondern die 'Wertigkeit'des von ihm betroffenen Anspruchs"[743].

Wenn allerdings die Rechtsänderung vor Abschluß der letzten mündlichen Verhandlung bzw. vor Rechtskraft des Urteils[744] eintrat, steht ihrer späteren Berücksichtigung auch im Baurecht die Rechtskraft des Urteils entgegen[745].

---

rechtswidrigen behördlichen Vorverhaltens im Rahmen des § 14 Abs. 2 BBauG/BauGB siehe Ernst/Zinkahn/Bielenberg, Baugesetzbuch, Bd. 1, § 14 Rz 64, und unten § 3 IV 2 c.

739 BVerwG, Beschluß vom 11.12.1967, a.a.O.

740 BVerwG, BayVBl. 1985, 344/45; ähnlich BVerwG, BBauBl. 1981, 183; siehe aber auch BVerwG, NJW 1986, 1826.

741 BVerwGE 26, 111/17, und BVerwG, Urteil vom 8.2.1974, Buchholz 406.11 § 35 Nr. 107, S. 75/79 f., zu § 35 Abs. 2 BBauG; BVerwG, NJW 1970, 263/64, zur Rechtsänderung nach Einlegung eines Nachbarwiderspruchs gegen eine Baugenehmigung.

742 BVerwG, Buchholz 406.11 § 35 Nr. 107, S. 79.

743 BVerwG, a.a.O., S. 80.

Die Differenzierung zwischen Gewerbe- bzw. Berufsrecht und Baurecht hat in der Literatur teilweise Zustimmung[746], überwiegend aber Ablehnung gefunden[747]. Dabei wird auch eine Lösung über den Herstellungsanspruch in Betracht gezogen[748]. Umgekehrt wird aber auch die Meinung vertreten, selbst im Gewerbe-/Berufszulassungsrecht sei für die Entscheidung des Gerichts der Zeitpunkt der letzten mündlichen Verhandlung maßgeblich, weil es bei Verpflichtungsklagen nicht um die Beurteilung der Rechtswidrigkeit des Behördenhandelns gehe[749]. Der Staatsbürger habe keinen Anspruch auf Erhalt einer ihm günstigen Rechtslage und dürfe gegenüber der Behörde nicht bevorzugt werden[750].

---

744 Str., MuLö, BayVBl. 1976, 123/25.

745 MuLö, a.a.O., mit dem weiteren Hinweis auf den Gedanken der BGH-Rechtsprechung zu § 767 Abs. 2 ZPO; anders sei es bei bloßen Bescheidungsurteilen, a.a.O., S. 125/26. Der zivilrechtliche Grundsatz, wonach eine Rechtsänderung i.d.R. keine Vollstreckungsgegenklage begründet, gilt jedoch im Öffentlichen Recht nicht uneingeschränkt, weil der Anspruch auf Erteilung einer Baugenehmigung dem BVerwG zufolge keine gesicherte Rechtsposition ist, BVerwG, BayVBl. 1985, 344/45. Nach BVerwGE 80, 178 kann die Behörde gegenüber einem Folgenbeseitigungsanspruch bei nachträglicher Legalisierung Vollstreckungsgegenklage erheben.

746 Heise, Verpflichtungsklage und rechtsverschärfende Änderung der Gesetzeslage im Baurecht, DÖV 1972, 271/72 f., da im Baurecht die öffentlichen Interessen das private Interesse regelmäßig überwögen; wohl auch Berkemann, Vortrag 1987, S. 15, wonach (nur) eine rechtswidrige Behinderung der beruflichen Entwicklung des Bürgers mit sekundären Ersatzansprüchen kaum kompensierbar ist; vgl. auch Rüfner, in Erichsen/Martens, § 53 Rz 28 und FN 77, der zwar die Begründung des BVerwG nicht für überzeugend hält, dennoch aber Bedenken äußert, der Planung widersprechende Bauanträge zu begünstigen.

747 Löwer, S. 309/10; Weyreuther, Gutachten, B 120/21 FN 505; Weyreuther, DVBl. 1964, 893; Ule, DVBl. 1963, 475; Brugger, AÖR 112 (1987), 389/442 ff.; Baumeister, S. 133/34.

748 Brugger, a.a.O., S. 445, der dies aber unter Hinweis auf die durch Berufszulassungen geschaffenen existenziellen (und im weiten Sinne zu verstehenden) Dauerrechtsverhältnisse wohl nur für das Gewerberecht befürwortet. Im Ergebnis stimmt er daher mit dem BVerwG überein.

749 Schweiger, NJW 1966, 1899/1902.

Dieses Argument ist jedoch nicht überzeugend, da die Behörde keine dem Bürger vergleichbaren Interessen hat. Sie ist ihm gegenüber nicht nur in einer anderen, sondern auch einer stärkeren Position, denn der Bürger ist auf ihr rechtmäßiges Verhalten bei der Genehmigungserteilung angewiesen[751]. Im Baurecht kommt erschwerend hinzu, daß es die beklagte Behörde durch Erlaß von Veränderungssperren und Bebauungsplänen selbst in der Hand hat, eine ihr günstige Rechtsänderung herbeizuführen.

Allerdings ist die Überleitungsvorschrift des § 236 BauGB zu beachten[752], der unabhängig davon gilt, ob die neue Rechtslage günstiger oder ungünstiger ist, und auch die Fälle rechtswidrig verweigerter Baugenehmigungen oder verzögerter Bearbeitung von Baugenehmigungsanträgen erfaßt[753]. Dem BVerwG zufolge war die dem jetzigen § 236 BauGB entsprechende Überleitungsvorschrift im früheren BBauG gemessen an Art. 14 Abs. 1 GG unbedenklich, weil Entschädigungsregeln vorhanden seien (jetzt §§ 238 ff. BauGB) und hinreichende Gründe des Gemeinwohls vorlägen[754]. Dazu zählt das BVerwG die Gründe, die zur Rechtsverschärfung selbst geführt haben, sowie das Bedürfnis nach Vereinheitlichung und damit nach Schaffung möglichst berechenbarer Rechtsgrundlagen[755].

Da die in § 236 BauGB genannten Vorschriften gegenüber den Regelungen des BBauG keine Verschärfung der Rechtslage zu Lasten

---

750 Schweiger, a.a.O.

751 Vgl. Vogel, S. 27; Begr.RegE, BT-DS 8/2079, S. 26.

752 Rüfner, in Erichsen/Martens, § 53 Rz 28 FN 77.

753 Dürr, in Brügelmann, BauGB, Bd. 4, § 236 Rz 1, der auf die Möglichkeit eines Amtshaftungsanspruchs hinweist.

754 BVerwG, BBauBl. 1981, 183.

755 BVerwG, a.a.O.

des Bauherrn mit sich gebracht haben[756], erübrigt sich insofern eine verfassungsrechtliche Prüfung[757].

Der Rechtsstaatsgrundsatz kann sich ferner bei Änderungen des Prozeßrechts auswirken. Auch wenn Änderungen des Verfahrensrechts grundsätzlich anhängige Rechtsstreitigkeiten erfassen, betrifft dies nur Vorschriften von rein ordnungsrechtlicher und technischer Bedeutung, nicht aber die Beeinträchtigung elementarer Gewährleistungen wie etwa einen Rechtsmittelausschluß[758].

> "Der im Rechtsstaatsprinzip wurzelnde Schutz des Vertrauens in die nach Maßgabe der Grundsätze des intertemporalen Prozeßrechts gewährleistete Rechtsmittelsicherheit gebietet, daß bei einem gesetzlich festgelegten Rechtsmittelausschluß ein bereits eingelegtes Rechtmittel zulässig bleibt, sofern das Gesetz nicht mit hinreichender Deutlichkeit etwas anderes bestimmt."[759]

c) Folgenbeseitigungsanspruch/ Folgenbeseitigungslast

Des weiteren helfen Rechtsprechung und Literatur dem betroffenen Bürger bisweilen unter dem Gesichtspunkt des Folgenbeseitigungsanspruchs und der Folgenbeseitigungslast über eine zwischenzeitliche Rechtsänderung hinweg[760]. Auch insofern gibt es aber widersprüchliche Entscheidungen. Immer wieder wird be-

---

[756] Köhler, in Schrödter, § 236 Rz 3.

[757] Dazu nachfolgend d.

[758] BVerfGE 63, 343/59; BVerfG, NJW 1993, 1123/24, zum Wegfall der Beschwerdemöglichkeit nach § 10 Abs. § Satz 8 des früheren AsylVfG.

[759] BVerfG, NJW 1993, 1123. Die Entscheidung von OVG Berlin, OVS 1993, 8, das den Wegfall der Beschwerdemöglichkeit im Investitionsvorrangverfahren der Treuhandanstalt als zulässige unechte Rückwirkung eines Gesetzes betrachtete, ist daher nicht haltbar.

[760] OVG Hamburg, VerwRspr. 9 (1957), 635; Heise, DÖV 1972, 271/72; Berkemann, Vortrag 1987, S. 16, wonach der Folgenbeseitigungsanspruch auch die Frage nach dem maßgeblichen Entscheidungszeitpunkt bei Verpflichtungsklagen aufwirft; vgl. auch

tont, daß ein zuvor nicht existenter Zustand nicht mit dem Folgenbeseitigungsanspruch bewirkt werden könne[761]. So lehnte es das BVerwG ab, den Schaden eines Getreideimporteurs, der diesem durch die verspätete Regelung einer Mühlensubvention entstand, mit dem Folgenbeseitigungsanspruch auszugleichen, weil der Kläger damit so gestellt würde, als sei die Subventionsregelung rechtzeitig erfolgt[762].
Anders urteilte das OVG Lüneburg in einer Entscheidung aus dem Jahre 1967, indem es einen Dienstherren, der die Wiederverwendung eines verdrängten Beamten rechtswidrig abgelehnt hatte, zur Wiedergutmachung durch Einstellung des Beamten auch nach Wegfall der Unterbringungspflicht verurteilte[763]. Das BVerwG hob diese Entscheidung auf, verwies sie aber mangels Entscheidungsreife zurück, weil es zugunsten des Beamten eine Ermessensreduzierung annahm[764]. Es gebe zwar keinen **allgemeinen** Grundsatz der Besitzstandswahrung[765] bei veränderter Rechtslage, doch könne sich aus Sinn und Zweck der Gesetzesänderung ergeben, daß ein bzgl. der Ermessenausübung verdichteter Anspruch auch nach dem Wegfall der gesetzlichen Voraussetzungen

---

Wallerath, DÖV 1987, 505/14; Wilhelm, BayVBl. 1964, 350/53 ff., der dem Gedanken nach den Herstellungsanspruch zugrunde legt; kritisch dazu Czermak, BayVBl. 1965, 93; a.A. VGH München, NJW 1982, 2627.

761 Siehe die Nachweise oben bei § 2 III 4 und unten bei § 4 II 4 d.

762 BVerwGE 35, 268/72 f.; auch die Folgenbeseitigungslast zwinge die Behörde nicht, für alle durch rechtswidrig verursachtes Handeln entstandenen Schäden aufzukommen, sondern werde nur als Bindung bei einer späteren Entscheidung wirksam, S. 273.

763 OVG Lüneburg, DVBl. 1967, 206 (sofern dem zwingendes Recht nicht entgegenstehe); zustimmend Kreßel, S. 75; ablehnend Spanner, Gesetzliche Regelung des Folgenbeseitigungsanspruchs?, DVBl. 1968, 618/24, weil das OVG Lüneburg den Folgenbeseitigungsanspruch übermäßig ausdehne; ähnlich Hofmann, DVBl. 1967, 667/68.

764 BVerwG, VerwRspr. 20, 570.

765 Eine "Besitzstandsklausel" werde nur im Gewerberecht angenommen, ohne daß es sich dabei um einen Anwendungsfall des Fol-

als Rechtsposition erhalten bleibe oder eine etwaige Zusage als weiterhin gültig zu betrachten sei[766].
Unter dem Gesichtspunkt der Naturalrestitution beanstandete das BVerwG in einer anderen Entscheidung, das Berufungsgericht habe übersehen, daß es dem Kläger, ohne Rücksicht auf den inzwischen eingetretenen Rechtswechsel, um Erlangung derselben Rechtsstellung (Apothekenkonzession) ginge, die er bei rechtzeitiger Bewilligung innegehabt hätte[767].
Nach verbreiteter Ansicht wird damit nicht geltendes Recht derogiert, sondern jetziges Recht angewandt, nämlich der Grundsatz, daß die Behörde den aus einer schuldhaft amtspflichtwidrigen Unterlassung oder Ablehnung einer beantragten Amtshandlung entstandenen Schaden dadurch wiedergutzumachen hat, daß sie die beantragte Amtshandlung nunmehr im Wege der Naturalrestitution oder der Folgenbeseitigung vornehmen muß[768]. Die neue Rechtsnorm beanspruche bei verfassungskonformer Auslegung regelmäßig keine Geltung für diese Fälle, da sie vom Folgenbeseitigungsanspruch in Form der Naturalrestitution überlagert und verdrängt werde[769].
Eine Naturalrestitution wird nur dann für ausgeschlossen gehalten, wenn der Betroffene, etwa wegen des Grundsatzes "dolo agit qui petit quod statim redditurus est", nicht schutzwürdig ist[770].

---

genbeseitigungsanspruchs handele, BVerwG, VerwRspr. 20, 570/73; siehe dazu § 2 III 4 und § 3 IV 2 b.

766 BVerwG, VerwRspr. 20, 570/73; restriktiver BVerwG, DVBl. 1963, 677; dagegen Bachof, JZ 1966, 642/43.

767 BVerwGE 4, 81/88; die gleiche Argumentation findet sich bei BSG, NJW 1957, 1693/94.

768 BVerwGE 1, 291/95 f.; Heise, a.a.O.; Bosch/Schmidt, § 39 III 1; Stern, § 18 I 3; Wilhelm, BayVBl. 1964, 350/59.

769 Wilhelm, BayVBl. 1964, 350/53; a.A. Spanner, DVBl. 1968, 618/24: Überspielen prozeßrechtlicher Grundsätze mit einem übermäßig ausgeweiteten Folgenbeseitigungsanspruch.

770 Wilhelm, a.a.O.; VG Frankfurt, NJW 1960, 653.

Sieht man vom Verschuldenserfordernis ab, entspricht die Argumentation mit der Naturalrestitution der Rechtsfigur der Folgenbeseitigungslast, die das BVerwG bei nachträglicher Gesetzesänderung im Baurecht ausdrücklich angewandt hat[771] und auch für andere Rechtsgebiete in Betracht zieht[772]. Weyreuther, der "Erfinder" dieser Rechtsfigur, will die Folgenbeseitigungslast allerdings erst in Betracht ziehen, wenn sich durch Auslegung ergibt, daß die Rechtsänderung den alten Anspruch überhaupt miterfaßt[773].

Dem BVerwG zufolge verpflichtet die Folgenbeseitigungslast die Behörde beispielsweise, bei einem Antrag auf Erteilung einer baurechtlichen Ausnahmegenehmigung in ihrer Ermessensentscheidung nach § 14 Abs. 2 BBauG -jetzt § 14 Abs. 2 BauGB- zu berücksichtigen, daß die Baugenehmigung nach der früheren Gesetzeslage rechtswidrig versagt wurde[774]. Daraus sei im Einzelfall eine Ermessensreduzierung auf Null abzuleiten, wenn nicht überwiegende öffentliche Interessen entgegenstünden[775]. Insofern besteht eine Parallele zum entsprechenden Vorbehalt bei den gewerberechtlichen Gerichtsentscheidungen. Bei Ermessensbetätigungen nach §§ 14, 15 BBauG/BauGB wird der Betroffene mittels der Folgenbeseitigungslast jedoch grundsätzlich so gestellt, wie er bei rechtmäßigem Behördenhandeln stünde[776]. Dem liegt der gleiche Gedanke wie dem Herstellungsanspruch zugrunde.

---

771 BVerwG, NJW 1968, 2350.

772 BVerwG, NVwZ 1988, 155/56.

773 Gutachten, B 121 ff.; zustimmend Czermak, BayVBl. 1965, 93/94.

774 BVerwG, NJW 1968, 2350; dazu Menger/Erichsen, Höchstrichterliche Rechtsprechung zum Verwaltungsrecht, VerwA 60 (1969), 171 ff.

775 BVerwG, a.a.O.; MuLö, BayVBl. 1976, 123/24; vgl. Rüfner, in Erichsen/Martens, § 53 Rz 29, wonach die Folgenbeseitigungslast gegenüber einem strikten Rechtsanspruch für die Behörde den Vorteil hat, daß sie öffentliche Interessen in die Entscheidung miteinfließen lassen kann.

In einer neueren Entscheidung[777] hat allerdings das BVerwG diese zugunsten des Betroffenen herzuleitenden günstigen Rechtsfolgen stark relativiert[778], indem es an die Tatbestandsvoraussetzungen des § 14 Abs. 2 BauGB so strenge Anforderungen stellte, daß es zu einer die Folgenbeseitigungslast berücksichtigenden Ermessensentscheidung gar nicht erst kam.
Im Rahmen des § 35 Abs. 2 BBauG kann nach Ansicht des BVerwG der "Gedanke der Folgenbeseitigung" ohnehin nicht weiterhelfen, weil § 35 Abs. 2 BBauG, anders als § 14 Abs. 2 BBauG/BauGB, keine Ausnahmemöglichkeiten kenne und **insofern** kein Ermessen bestünde, das Voraussetzung für eine Anwendung der Folgenbeseitigungslast sei[779].
Auch ansonsten betont das BVerwG, daß die Pflicht zur Folgenbeseitigung es bei Fehlen einer Ermessensnorm nicht erlaube, sich über gesetzliche Bindungen hinwegzusetzen[780].

In der Literatur besteht dem Grundsatz nach Einigkeit, daß rechtswidriges Vorverhalten von Behörden bei Ermessensentscheidungen zu berücksichtigen ist[781].
Löwer empfindet die Diskrepanz der insgesamt eher restriktiven Rechtsprechung in den Leistungsversagungsfällen gegenüber der (früheren) Rechtsprechung zur Verletzung von Betreuungspflichten als "merkwürdig", weil derjenige, dessen Geldleistungsanspruch durch die Verletzung von Nebenpflichten gefährdet werde, wegen der Möglichkeit "unauffälliger Reparatur" besser gestellt sei als derjenige, dem mit Schadensverdeckung durch Zuerkennung

---

776 MuLö, BayBVl. 1976, 123/24.

777 BVerwG, ZfBR 1989, 171/72.

778 Ernst/Zinkahn/Bielenberg, Baugesetzbuch Bd. 1, § 14 Rz 64.

779 BVerwG, Buchholz 406.11 § 35 Nr. 107, Seite 75/81 f.

780 BVerwG, NVwZ 1988, 155/56.

781 Statt aller Kopp, VwGO, § 113 Rz 100. Grüner/Dalichau, SGB I/2, Einleitung, S. 53, und Steinberg/Lubberger, S. 380, greifen dabei ausdrücklich auf die Folgenbeseitigungslast zurück.

des originären Leistungsanspruchs nicht mehr geholfen werden könne[782].

Bachof hält vor allem die unterschiedliche Behandlung des Gewerbe-/Berufsrechts, wo die Rechtsprechung nachträgliche Rechtsänderungen grundsätzlich unberücksichtigt läßt, und des Beamtenrechts, wo umgekehrt verfahren wird, für auffällig[783]. Diese Unterscheidung sei allenfalls dadurch zu rechtfertigen, daß es im Gewerbe- und Berufsrecht um Freiheitsbeschränkungen, im Beamtenrecht hingegen um Statusverleihungen gehe[784].

d) Grundrechtsorientierte Betrachtungsweise in Hinblick auf die Zulässigkeit der Rückwirkung von Gesetzen[785]

Eine Weitergeltung des alten, den Bürger begünstigenden Rechts wird aufgrund verfassungskonformer Auslegung auch angenommen, wenn wesentliche, insbesondere durch Grundrechte geschützte Rechtspositionen betroffen sind, in die nach den Grundsätzen über die Rückwirkung von Gesetzen nicht ohne angemessene Übergangsregelung eingegriffen werden dürfe[786].

Nach der neueren Terminologie des BVerfG ist zu unterscheiden zwischen der grundsätzlich zulässigen "tatbestandlichen Rückanknüpfung" und der grundsätzlich unzulässigen "Rückbewirkung von Rechtsfolgen"[787] bei bereits abgewickelten Tatbeständen. Wann ein abgewickelter Tatbestand vorliegt, wird aber auch in der Judikatur des BVerfG nicht einheitlich beurteilt[788]. In einer

---

782 Löwer, S. 309/10.

783 Bachof, JZ 1966, 642/43.

784 Bachof, a.a.O.

785 Dazu Pickel, zusammenfassend S. 379 und 381 ff.; Muckel, S. 40 ff; Ossenbühl, DÖV 1972, 25/32 f. Siehe auch Kopp, VwGO, § 113 Rz 99, bezüglich "wesentlicher" Rechtspositionen.

786 Kopp, VwGO, § 113 Rz 99: "ungeschriebenes Überleitungsrecht"; siehe auch Papier, Verfassungsrechtliche Probleme von Überleitungsrecht, SGb. 1994, 105.

787 BVerfGE 72, 200/42.

Entscheidung, die sich mit einer Änderung des BEG befaßte, bezeichnenderweise also einem im weiteren Sinne sozialrechtlichen Gesetz, hielt das BVerfG einen Tatbestand schon bei Vorliegen der gesetzlichen Tatbestandsmerkmale für abgewickelt:

> "Bei Rechtssätzen, die Rechtsansprüche einräumen, bedeutet dabei 'abgewickelter Tatbestand' nicht 'zuerkannt durch Bescheid', da es nur auf die gesetzlichen Tatbestandsmerkmale und nicht auf die behördlichen Vollzugsakte ankommen kann."[789]

Inwieweit aber z.B. ein bereits gestellter Rentenantrag einen abgewickelten Tatbestand begründet, blieb unklar[790].
Im Unterschied zu dem der Entscheidung des BVerfG zur Änderung des BEG zugrunde liegenden Fall ordnet das neue Gesetz in den Leistungsversagungsfällen bei Fehlen von Überleitungsvorschriften eine Rückwirkung zwar nicht ausdrücklich an. Wenn eine solche Anordnung aber rechtswidrig **wäre**, ist zu schlußfolgern, daß auch eine **faktische** Rückwirkung je nach Einzelfall unzulässig sein kann[791]. Zudem bestünde ansonsten die Gefahr, daß die Behörde die Bearbeitung von Anträgen angesichts einer bevorstehenden Gesetzesänderung verzögert[792].
Bei der Frage nach der Zulässigkeit der gesetzlichen Rückwirkung müssen das vorangegangene rechtswidrige Behördenhandeln und damit die Herstellungsproblematik ihrerseits berücksichtigt

---

788 Nachweise bei Pieroth, S. 34.

789 BVerfGE 30, 367/86.

790 BVerfGE 37, 363/98.

791 Folgerichtig wollte auch BSG NJW 1957, 1693/94, dazu oben § 3 IV 1, eine zwischenzeitliche Rechtsänderung nur berücksichtigen, wenn diese zur Entziehung einer bereits bindend ausgesprochenen Zulassung berechtigt und verpflichtet hätte.
Siehe ferner Rüfner, DVBl. 1967, 186/88, der meint, die Rechtsprechung des BVerwG zu Gesetzesänderungen im Gewerberecht (dazu oben § 3 IV 2 b) beruhe auf dem Gedanken, daß die ungünstige Norm nicht zurückwirken dürfe; ähnlich Rüfner, in Erichsen/Martens, § 53 Rz 27.

werden. Insofern erweist sich der Herstellungsanspruch als Sonderfall der Rückwirkungsproblematik.

Bei einer Änderung des Baurechts liegt dem BVerwG zufolge eine **materielle** unechte Rückwirkung nicht vor, denn dadurch ändere sich lediglich die rechtliche Qualität bestimmter Grundstücke[793]. Die damit verbundene **verfahrensrechtliche** unechte Rückwirkung begründe aber zugunsten des Bauherrn keinen Schutz, weil die Überleitungsvorschriften dem Art. 14 GG genügten[794] und die Position des Bauherrn nicht durch die Einleitung eines Verfahrens über das hinaus aufgewertet werden könne, was sie materiell hergebe[795].

Im Ausländerrecht, das 1990 wesentlich verschärft worden ist, kann die rechtswidrige Ablehnung einer Aufenthaltsgenehmigung bei zwischenzeitlicher Rechtsänderung ebenfalls zu einer dem Betroffenen ungünstigen Rückwirkung neuer Bestimmungen führen. Reiste ein Ausländer, der einen Anspruch auf Erteilung einer Aufenthaltserlaubnis hatte -etwa als anerkannter Asylberechtiger, dessen Aufenthaltserlaubnis wegen längerer Ausreise nach § 44 AuslG erloschen war-, ohne erforderliches Visum ein, stellte sich bei Inkrafttreten des neuen AuslG das Problem, daß gemäß § 71 Abs. 2 i.V.m. § 8 Abs. 1 Satz 1 AuslG das Gericht im Anfechtungsverfahren gegen die (rechtswidrige) Verweigerung der Aufenthaltsgenehmigung nur noch über die Erforderlichkeit des Visums zu befinden hatte. Die Übergangsvorschriften nach §§ 94 ff. AuslG erfassen diesen Fall nicht.

---

792 Diese Gefahr sieht insbesondere Wilhelm, BayVBl. 1964, 350/52, und verweist hierzu auf BVerwGE 1, 291/95; vgl. auch Kloepfer, S. 56 ff.

793 BVerwG, BBauBl. 1981, 183.

794 Siehe oben § 3 IV 2 b.

795 BVerwG, BBauBl. 1981, 183: "Hält eine das Bebauungsrecht betreffende Überleitungsregelung materiell dem Art. 14 GG stand, so begründet das Verfassungsrecht nicht noch zusätzlich einen gegen die Inanspruchnahme von (unechter) Gesetzesrückwir-

Ob das Gericht im Rahmen des § 71 Abs. 2 AuslG auch § 9 AuslG heranziehen und die Möglichkeit einer sofortigen Wiedereinreise als ermessensreduzierend berücksichtigen kann[796], oder ob insofern eine Ausnahme nach § 9 nicht gemacht werden darf[797], ist strittig. Schon wegen der Bedenken an der Verfassungsmäßigkeit des § 71 AuslG im allgemeinen[798] müßte aber jedenfalls die rechtswidrige Verweigerung der Aufenthaltserlaubnis in die Entscheidungsfindung miteinbezogen werden. Dies ergibt sich beim anerkannten Asylberechtigten zusätzlich aus Art. 16 GG. Der Betroffene würde damit so gestellt, wie er bei rechtmäßigem Handeln der Behörde von Anfang an gestanden hätte.

e) Treu und Glauben

Mit der Begründung, eine ungebührliche Verzögerung in der Bearbeitung eines rechtzeitig gestellten Antrags dürfe nach Treu und Glauben nicht zu Lasten des Bürgers gehen, hat auch der BFH trotz einer zwischenzeitlichen Rechtsänderung einen Streitfall nach altem Recht entschieden[799]. Dem Interesse an einem ordnungsgemäßen Funktionieren der Verwaltung bei einer wegen bevorstehender Rechtsänderung großen Zahl von Anträgen müsse gegebenenfalls durch eine Verstärkung des Personals begegnet werden[800].

In einem weiteren Fall hat der BFH einen Kläger, der seinen rechtzeitig eingegangenen Antrag aufgrund behördlichen Fehlver-

---

kung gerichteten Schutz zugunsten solcher Verfahren, die bereits unter der alten Rechtslage angelaufen sind."

796 So Heldmann, AuslG, §§ 71 - 72 Rz 11 i.V. m. §§ 8 - 9 Rz 1 und § 13 Rz 2, wonach es gegen Treu und Glauben sowie das Schikaneverbot verstößt, wenn ein Ausländer ausreisen muß, obwohl feststeht, daß er sofort ins Inland zurückkehren könnte.

797 So Kanein/Renner, AuslG, § 71 Rz 6, was sie mit Art. 19 Abs. 4 und Art. 3 GG für "wohl" vereinbar halten, Rz 7.

798 Siehe Heldmann, AuslG, §§ 71 - 72, Rz 11: "unzulässige Rechtsschutzverkürzung"; vgl. Kanein/Renner, a.a.O.

799 BFH, BStBl 1966, Teil III, S. 296/97 = E 85, 239.

haltens erst nach einer nachteiligen Rechtsänderung vervollständigte, nach Treu und Glauben so gestellt, als wären bereits vor der Rechtsänderung alle erforderlichen Unterlagen eingereicht worden[801]. Wegen der nahenden Rechtsänderung sei die Behörde zu schnellem Handeln verpflichtet gewesen[802].
Unausgesprochen geht der BFH in diesen Entscheidungen von einer besonderen Fürsorgepflicht der Verwaltung[803] aus, die die Parallele zum sozialrechtlichen Herstellungsanspruch besonders deutlich werden läßt.

V. Ergebnis

1. Uneinheitlichkeit und Lückenhaftigkeit der verwaltungsrechtlichen Lösungen

Es hat sich gezeigt, daß es auch im Verwaltungsrecht Herstellungsfälle gibt, die einer Anwendung des sozialrechtlichen Herstellungsanspruchs zugänglich sind. Die Lösung dieser Herstellungsfälle ist uneinheitlich und einzelfallorientiert. Auffällig ist, daß sie mit den gleichen Instrumenten erfolgt, mit denen im Sozialrecht der Herstellungsanspruch begründet wird, nämlich insbesondere mit dem Gedanken von Treu und Glauben im weiteren Sinne, mit dem Rechtsstaatsprinzip und mit dem Folgenbeseitigungsanspruch. Auch der verwaltungsgerichtlichen Rechtsprechung liegt also häufig unausgesprochen der Gedanke des Herstellungsanspruchs zugrunde.
Da der Bürger jedoch in vielen Herstellungsfällen erfolglos blieb, ist die Behandlung dieser Fälle durch die Verwaltungsgerichte nicht nur uneinheitlich, sondern auch lückenhaft[804].

---

800 BFH, a.a.O.

801 BFH, BStBl 1976, Teil II, S. 634 = E 119, 358/63.

802 BFH, a.a.O.

803 Vgl. oben § 3 II 2 a aa.

Die öffentlich-rechtliche Irrtumsanfechtung analog § 119 BGB[805] hilft insofern ebenfalls nicht weiter. Denkbar wäre zwar, daß der Bürger in den Fällen der Fallgruppe 1 -sozialrechtlicher Bereich- und 2 -Betreuungspflichtverletzungen- seine nachteiligen Dispositionen anficht, sofern es sich dabei im Einzelfall überhaupt um Willenserklärungen handelt[806], doch würde es auch dann noch an einer Anspruchsgrundlage für die Vornahme erforderlicher Amtshandlungen fehlen. Mit der Anfechtung kann nur erreicht werden, daß ein angefochtenes Geschäft nicht gilt; aber nicht, daß stattdessen gilt, was sich der Anfechtende zunächst vorgestellt hatte[807]. Etwa erforderliche Willenserklärungen oder Mitwirkungshandlungen des Bürgers können daher mit einer Anfechtung ebenfalls nicht fingiert werden[808]. In den Fällen, in denen auf Seiten des Bürgers kein Irrtum vorliegt, insbesondere bei Fallgruppe 4 -Gesetzesänderungen während eines verwaltungsgerichtlichen Verfahrens- scheidet eine Anfechtung ohnehin aus.

2. Schlußfolgerungen

Es erhebt sich die Frage, ob es im Rahmen richterlicher Rechtsfortbildung grundsätzlich zulässig ist, anstelle einzelfallorientierter Gesichtspunkte eine übergreifende An-

---

804 Zur Frage, inwiefern diese Lücken für die Rechtsfortbildung relevant sind, siehe unten § 4 I.

805 Siehe dazu Gagel, AFG, vor § 142 Rz 247 ff.

806 Vgl. Bieback, DVBl. 1983, 159/63.

807 Schmidt-De Caluwe, S. 210 FN 222, unter Bezugnahme auf Larenz; vgl. auch Bieback, a.a.O.

808 Bieback, DVBl. 1983, 159/63, wonach keiner der vom BSG entschiedenen Herstellungsfälle über eine Anfechtung hätte gelöst werden können; vgl. dazu auch Schmidt-De Caluwe, S. 209 ff., der der Ansicht Biebacks nur eingeschränkt folgen will. Eine Ausnahme sei nämlich zu machen, wenn der Betroffene aufgrund

spruchsgrundlage heranzuziehen[809]. Versteht man den Herstellungsanspruch lediglich als Sammelbegriff für diverse Einzellösungen, der diese nicht zugunsten einer eigenen Theorie ausschließt, sondern lediglich die ihnen gemeinsame Problemlage bezeichnet, kann von (unzulässiger) richterlicher Rechtsfortbildung gar nicht erst die Rede sein. Diese Betrachtungsweise würde jedoch vernachlässigen, daß der Herstellungsanspruch ein mittlerweile bis in die Einzelheiten entwickeltes Rechtsinstitut ist, dessen Eigenständigkeit nicht geleugnet werden kann. Der eingangs gestellten Frage läßt sich mithin nicht ausweichen.

Die grundsätzliche Anwendbarkeit des Herstellungsanspruchs anstelle von Einzelfallösungen ist aus zwei Gründen zu bejahen. Zunächst ist die den Einzelfallösungen zugrunde liegende Ausgangssituation unabhängig von der Vielgestaltigkeit der diversen Fallgruppen[810] die gleiche: ein Leistungsanspruch des Bürgers wird durch behördliches Fehlverhalten vereitelt oder verkürzt und ist ohne den Herstellungsanspruch nicht mehr durchsetzbar. Es erscheint daher unbefriedigend, die möglichen Herstellungsfälle mit wechselhaften und daher unberechenbaren Begründungen unterschiedlich zu lösen.

Unabhängig von der Frage, ob bezogen auf den Herstellungsanspruch eine planwidrige Regelungslücke besteht[811], sind schon aus Gründen der rechtsstaatlich gebotenen Gleichbehandlung[812] sowie der Gerechtigkeit schlechthin wesentlich gleich gelagerte Fälle auch in gleicher Weise zu entscheiden[813], um Zufallser-

---

einer Gestaltungshandlung unwirtschaftliche Beiträge entrichtet habe, a.a.O., S. 210-233.

809 Zweifelnd insofern Schmidt-De Caluwe.

810 Siehe Frohn, Jura 1989, 523/28, wonach sich (auch) hinter dem Begriff des sozialrechtlichen Herstellungsanspruchs Fallgruppen verbergen, die nicht in allen Merkmalen übereinstimmen.

811 Dazu unten § 4 I.

812 Beachtenswert ist in diesem Zusammenhang, daß Gusy, Richterrecht und Grundgesetz, DÖV 1992, 461/67 ff., die Zulässigkeit von Richterrecht aus dem Gleichheitsgrundsatz ableitet.

gebnisse zu vermeiden[814]. Die mit dem Herstellungsanspruch verbundene Vereinheitlichung und Systematisierung der dargestellten Entscheidungen liegt im Interesse von Gerechtigkeit und Rechtssicherheit. Die "Attraktivität des Einfachen"[815] hat so beispielsweise auch im Zivilrecht zu Überlegungen geführt, durch ein einheitliches gesetzliches Schuldverhältnis die Institute der culpa in contrahendo, der positiven Forderungsverletzung und des Vertrags mit Schutzwirkung zugunsten Dritter zusammenzufassen[816]. Gerade das Wesen des Richterrechts rechtfertigt es, in gleicher Weise zur Rechtsentwicklung beizutragen, da es für Richterrecht kennzeichnend ist, daß es sich nicht in Einzelfallentscheidungen erschöpft, sondern Geltung auch für andere Fälle beansprucht[817].

> "Es liegt in der Natur der Tätigkeit höherer Gerichte, daß sie bei der Entscheidung der ihnen unterbreiteten Einzelfälle das Prinzipielle hervorheben und zur Entwicklung allgemeiner Grundsätze zu gelagen suchen, an die die unteren Gerichte und die Verwaltungspraxis sich künftig bei der Behandlung gleichartiger Fälle halten können. Damit dienen sie der Einheit des Rechts (vgl. §§ 136 ff. GVG) und so der Rechtssicherheit; sie üben keine Gesetzgebung aus, sondern erfüllen eine legitime richterliche Aufgabe."[818]

Zwar ist es wegen des Gewaltenteilungsgrundsatzes als bedenklich anzusehen, wenn Gerichte über den Einzelfall hinaus, namentlich in bezug auf Zahlen und Größenordnungen, generelle Regelungen für die Entscheidung künftiger Fälle treffen, ohne daß

813 Larenz, S. 381 und S. 418; Canaris, S. 71 ff. und S. 57, wonach die Feststellung von Lücken u.a. aufgrund gesetzlicher Wertungen in Verbindung mit dem Gleichheitssatz erfolgt.

814 Vgl. Schenke, JuS 1990, 379/72, zu Begründungen mit dem Rechtsstaatsprinzip; bzgl. § 242 BGB Weber, JuS 1992, 631/33: "'Garnierende Absicherung' freier Rechtsentscheidung im Zeichen der Billigkeit".

815 Medicus, Rz 203.

816 Dazu Medicus, a.a.O.

817 Gusy, DÖV 1992, 461/62.

dies zur Entscheidung des jeweiligen Falles nötig wäre[819]. Denn es ist nicht Sache des Richters, dem Gesetzgeber gleich Normen für **hypothetische** Fälle aufzustellen[820].
Um derlei Detailregelungen und willkürliche Festsetzungen geht es beim Herstellungsanspruch aber überhaupt nicht. Zudem ist er das Produkt einer langjährigen Entwicklung im Sozialrecht[821].
Da auch die rechtliche Begründung eines Einzelfalles eine Maxime aufstellt, die für alle gleichliegenden Fälle Gültigkeit beansprucht, müssen sich vielmehr die Verwaltungsgerichte fragen, ob der von ihnen im jeweiligen Einzelfall zugrunde gelegte Gedanke der Herstellung nicht nur zur Entscheidung des vorliegenden, sondern im Gegenteil auch zur Entscheidung gleichartiger Fälle geeignet ist[822].
Der Gefahr einer Verallgemeinerung des Herstellungsanspruch, die zum Verlust seiner Konturen und seiner für eine dogmatische Grundlegung erforderlichen Charakteristika führen könnte[823], kann durch eine tatbestandliche Ausformung begegnet werden, wie sie durch die Rechtsprechung des BSG schon weit entwickelt ist[824].

---

818 BVerfGE 18, 224/37 f.

819 Larenz, S. 435/36; vgl. auch Larenz, Richterliche Rechtsfortbildung, S. 11/12.

820 Larenz, Richterliche Rechtsfortbildung, S. 12.

821 Bühler, RV 1993, 8.

822 Vgl. Larenz, S. 436.

823 Schmidt-De Caluwe, S. 234.

824 Siehe i.e. oben § 1 III.

§ 4 DOGMATISCHE GRUNDLAGE DES HERSTELLUNGSANSPRUCHS IM VERWALTUNGSRECHT

I. Voraussetzungen der Rechtsfortbildung

Die bisherige Untersuchung hat gezeigt, daß auch im Verwaltungsrecht hinsichtlich einer Haftung für rechtswidrig-schuldloses Handeln des Staates im Bereich der Leistungsverwaltung Rechtsschutzlücken bestehen, die mit Hilfe des Herstellungsanspruchs geschlossen werden könnten. Bereits an dieser Stelle ist festzuhalten, daß unter dem Gesichtspunkt der Wiedergutmachung selbst die Gegner des Herstellungsanspruchs seine Anerkennung auch über das Sozialrecht hinaus für rechtspolitisch wünschenswert halten[825]. Diese Ergebnisorientheit bildet den Ausgangspunkt der dogmatischen Prüfung[826]. Rechtsschöpferisches Motiv für den sozialrechtlichen Herstellungsanspruch, wie auch für den enteignungsgleichen Eingriff und den Folgenbeseitigungsanspruch, ist es, einen Ersatz für rechtswidriges staatliches Handeln dort zu begründen, wo der Amtshaftungsanspruch versagt[827].

---

[825] Statt aller Schoch, VerwA 79 (1988), 1/57 ff. und 64 ff.

[826] Vgl. Ossenbühl, § 37, 3 b; ähnlich Schmalz, Rz 340.

[827] Ossenbühl, Neuere Entwicklungen im Staatshaftungsrecht, S. 19. Zur notwendigen rechtspolitischen Begründung des Herstellungsanspruchs siehe auch Bieback, SGb. 1986, 36/37, der diese in der besonderen Betreuungspflicht der Verwaltung sieht.
Nach Ansicht von Rüfner, in Erichsen/Martens, § 53 Rz 34, war im Sozialrecht, wie im Verwaltungsrecht bei der Entwicklung des Folgenbeseitigungsanspruchs, der Impetus übermächtig, einen verschuldensunabhängigen Ersatzanspruch zu schaffen, der in den eigenen Kompetenzbereich fiel.

Allerdings ist damit noch nicht das Vorliegen einer für die Rechtsfortbildung relevanten planwidrigen Regelungslücke[828] festgestellt.

Bei der Feststellung einer solchen Lücke ist zunächst der Bereich auszugrenzen, der zum sozialen, rechtsfreien Lebensraum gehört[829], in den die zum Staatshaftungrecht gehörigen Herstellungsfälle jedoch nicht hineinfallen.

Eine Regelungslücke besteht ferner nicht allein schon deshalb, weil -wie beim Herstellungsanspruch- eine gesetzliche Regelung fehlt. Ein Verstoß gegen das Rechtsverweigerungsverbot[830] liegt daher nicht vor, wenn der Richter eine Klage wegen Unanwendbarkeit einer Norm abweist, sondern nur dann, wenn er überhaupt eine Entscheidung ablehnt[831]. Zum Fehlen einer Regelung im positiven Recht muß vielmehr hinzukommen, daß die Rechtsordnung in ihrer Gesamtheit eine solche Regelung verlangt[832]. Inwiefern dies bezogen auf den Herstellungsanspruch der Fall ist, wird im einzelnen bei der Untersuchung der zu seiner Herleitung heranziehbaren Regelungen zu entscheiden sein[833], weil die Feststellung von Lücken und ihre Ausfüllung anhand gesetzlicher Wertun-

---

828 Teilweise wird zwischen Gesetzes- und Rechtslücken unterschieden, vgl. Canaris, S. 35 ff., und Larenz, S. 375. Bei Rechtslücken ist nicht ein einzelnes Gesetz, sondern die Rechtsordnung insgesamt lückenhaft; kritisch dazu Larenz, S. 375/76, weil der Gedanke der Planwidrigkeit auf Rechtslücken nicht passe. Vorliegend soll der Begriff der Regelungslücke in einem weiten, auch Rechtslücken umfassenden Sinn gebraucht werden; siehe Canaris, S. 39 und FN 99, der den Lückenbegriff über die Anforderungen der immanenten Teleologie des Gesetzes hinaus erweitert; wohl auch Schmalz, S. 321 ff.

829 Canaris, S. 40.

830 Das Rechtsverweigerungsverbot ergibt sich nach der einen Meinung aus Gewohnheitsrecht, nach a.A. aus einem rechtsstaatlich begründeten Justizgewährungsanspruch, Ossenbühl, Gesetz und Recht, Rz 38.

831 Canaris, S. 56/57.

832 Canaris, insbesondere S. 39, S. 55, S. 95 und S. 198.

833 Siehe dazu im folgenden § 4 II (rechtsmethodische Grundlegung des Herstellungsanspruchs).

gen oder allgemeiner Rechtsprinzipien eng mit einander verbunden sind[834].

Voraussetzung für eine Rechtsfortbildung ist grundsätzlich auch die Planwidrigkeit der Lücke[835]. Dieses Erfordernis könnte für den Herstellungsanspruch deshalb bejaht werden[836], weil der Gesetzgeber das gesamte Staatshaftungsrecht nach dem Scheitern des StHG den Gerichten überlassen hat[837] und sich insbesondere mit dem Herstellungsanspruch trotz dessen jahrzehntelanger Ausprägung durch die Sozialgerichte nie beschäftigt hat[838]. Sollte sich herausstellen, daß es für die Herstellungsproblematik aber überhaupt kein heranziehbares Gesetz und damit auch keinen Gesetzesplan gibt, wäre es allerdings überzeugender, für den Herstellungsanspruch eine insofern zulässige Ausnahme vom Erfordernis der Planwidrigkeit gesetzlicher Lücken zu machen[839].

---

834 Canaris, zusammenfassend S. 201/02, der anders als üblich den Prüfungsschwerpunkt nicht auf die Ausfüllung, sondern auf die Feststellung von Lücken legt, vgl. Canaris, S. 93 und S. 144 ff., einerseits und Larenz, S. 366 ff. andererseits.

835 Schmalz, Rz 323 und 330; Canaris, S. 198. Kritisch zu diesem Erfordernis Fischer, StVj 1992, 3/28 f., weil damit die Lücke als etwas "irregulär Defizitäres" erscheine und so einem Gewaltenmonismus gehuldigt werde, der unvereinbar mit der Annahme einer parlamentarischen Gesetzesprärogative sei.

836 Schmidt-De Caluwe, S. 320.

837 Vgl. Schmalz, Rz 321 ff., und Krey, Zur Problematik richterlicher Rechtsfortbildung contra legem, JZ 1978, 361/65 f.

838 Schmidt-De Caluwe, S. 320 und S. 321: "Vor diesem Hintergrund läßt sich keine bewußte Entscheidung des Gesetzgebers gegen eine besondere Haftungsfolge in Form des Herstellungsanspruchs erkennen." Siehe auch oben § 1 I 2.

839 Vgl. Schmalz, Rz 339, der als Beispiel für solch eine zulässige Ausnahme das Arbeitskampfrecht nennt; ähnlich Larenz, S. 413, dem zufolge bei gesetzesübersteigender Rechtsfortbildung auf die Planwidrigkeit der Lücke verzichtet werden kann.

Jede Rechtsfortbildung beinhaltet neben der hermeneutischen eine verfassungsrechtliche Komponente[840]. Daher ist die rechtsmethodische Herleitung des Herstellungsanspruchs zu unterscheiden von der verfassungsrechtlichen Problematik seiner Rechtsgewinnung[841]. Im folgenden sollen der Übersichtlichkeit halber die rechtsmethodische und die verfassungsrechtliche Zulässigkeit des Herstellungsanspruchs getrennt voneinander untersucht werden, ohne daß deren Wechselwirkung verkannt wird[842].

II. Rechtsmethodische Herleitung

1. Analogie und Rechtsergänzung

Regelungslücken sind "nach den Maßstäben der praktischen Vernunft"[843] und den "fundierten allgemeinen Gerechtigkeitsvorstellungen der Gemeinschaft"[844] zu schließen. Technisch geschieht die Ausfüllung von Lücken im Wege der Analogie (argumentum a simili[845]) oder durch eine Rechtsergänzung. Mit der Analogie wird ein Gesetz oder der Grundgedanke mehrerer Gesetze[846] durch Anwendung auf einen anderen, aber einen dem Tatbestand ähnlichen Fall über ihren durch Auslegung festgestell-

---

840 In den Einzelheiten strittig, siehe Fischer, Grundlagen und Grenzen der Rechts(fort)bildung im Steuerrecht, StVj 1992, 3/15 f., insbesondere FN 88, und S. 31.

841 Vgl. Schmalz, Rz 354.

842 So bestimmt der verfassungsrechtliche Aspekt der Gewaltenteilung auch die Grenzen der rechtsmethodischen Zulässigkeit richterlicher Rechtsfortbildung, vgl. Canaris, S. 37.

843 BVerfGE 34, 269/86.

844 BVerfGE 9, 338/49.

845 Dazu Schmalz, Rz 336.

846 Gesetzes- bzw. Rechtsanalogie, dazu Larenz, S. 383/84. Canaris, S. 97/98, zufolge handelt es sich bei der Rechtsanalogie

ten Inhalt hinaus erweitert[847]. Die Analogie kann daher als Fortsetzung der Auslegung betrachtet werden[848].

Bei der Rechtsergänzung, also der gesetzesübersteigenden Rechtsfortbildung[849], fehlt hingegen eine analogiefähige Norm, was vor allem im nicht kodifizierten Bereich der Fall ist[850]. Voraussetzung einer Rechtsergänzung ist generell, daß eine gesetzes**immanente** Rechtsfortbildung nicht möglich ist und eine Lösung "im Rahmen der geltenden Rechtsordnung mit insgesamt spezifisch rechtlichen Erwägungen" erfolgt[851]. Die Übergänge zwischen Analogie und Rechtsfortbildung können gerade bei der Heranziehung von Generalklauseln wie § 242 BGB fließend sein[852].

Hinsichtlich einer Herleitung des Herstellungsanspruchs kommt sowohl eine Analogie -praeter legem- als auch eine Rechtsergänzung -extra legem sed intra ius- in Betracht[853]. Voraussetzung

---

hingegen nicht um eine Analogie im eigentlichen Sinne, sondern um eine "Induktion", weil nicht vom Besonderen auf das Besondere, sondern vom Besonderen auf das Allgemeine geschlossen werde.

847 Larenz, S. 381; Schmalz, Rz 371.

848 Schmalz, Rz 328.

849 Larenz, S. 414; siehe auch Ossenbühl, DVBl. 1994, 977/79.

850 Schmalz, Rz 339.

851 Larenz, S. 381 und S. 426/27; im einzelnen unterscheidet Larenz folgende Fallgruppen: -zwingende Bedürfnisse des Rechtsverkehrs, S. 414 ff.; -Natur der Sache, S. 417 ff.; -rechtsethische Prinzipien, S. 421.
Ähnlich nennt Canaris die Möglichkeiten der Gewinnung eines Prinzips aus dem positiven Recht, S. 97 ff., seine Rückführung auf die Rechtsidee, S. 106 ff., und seine Ableitung aus der Natur der Sache, S. 118 ff.

852 Schmalz, Rz 340.

853 Zur Terminologie siehe Fischer, StVj 1992, 3/6, und Schmalz, Rz 363. Canaris lehnt eine solche Einteilung zwar ab, S. 130 und zusammenfassend S. 200, weil sie die Grenzen zur Rechtsfindung secundum legem und contra legem verwische; gleichzeitig aber räumt auch er den Fällen, in denen eine Rechtsfortbildung nicht durch die "Teleologie des Gesetzes gefordert", sondern allenfalls "angeregt" werde, S. 35, eine

ist in beiden Fällen die Existenz eines "rechtlich domestizierten Gebietes"[854].

2. Stellungnahme zu den Begründungsmodellen im Sozialrecht

a) Verwaltungsrechtliches Schuldverhältnis

Gegen eine Begründung des Herstellungsanspruchs mit einer Haftung aus einem verwaltungsrechtlichen Schuldverhältnis spricht bereits, daß der Herstellungsanspruch nicht verschuldensabhängig ist und es in den meisten Herstellungsfällen an einer Sonderverbindung fehlt, zumal wegen der behördlichen Beratungspflichten in § 14 SGB Abs. 1 und § 25 VwVfG regelmäßig auch kein Bedürfnis für eine entsprechende Annahme besteht[855]. Ferner sind die Rechtsfolgen beim Herstellungsanspruch und bei der Haftung aus einem verwaltungsrechtlichen Schuldverhältnis völlig verschieden[856].

b) Treu und Glauben

§ 242 BGB ist ein alles beherrschender Rechtsgrundsatz, der nach heutigem Verständnis bei jeglichem sozialen Kontakt eingreift[857] und in der gesamten Rechtsordnung gilt. Dennoch kommt der Grundsatz von Treu und Glauben im weiteren Sinn angesichts seiner Unschärfe und Allgemeinheit nicht als dogmatisches Fundament für den Herstellungsanspruch, sondern nur als zusätzliches, unterstützendes Element in Betracht[858]. § 242 BGB ist

---

Sonderstellung innerhalb der Rechtsfortbildung praeter legem ein, S. 38/39 und S. 57/58.

854 Schmidt-De Caluwe, S. 319.

855 Kunze, S. 174.

856 Insofern bestehen die gleichen Bedenken wie gegen die Herleitung des **sozial**rechtlichen Herstellungsanspruchs aus dem **sozial**rechtlichen Schuldverhältnis, siehe oben § 2 III 1.

eine "methodische Hilfsnorm"[859], die als Generalklausel und Blankettnorm[860] der Konkretisierung bedarf[861], selbst wenn ihr inzwischen einige recht präzise begrenzbare Sachverhaltstypen zugeordnet werden können[862]. Da der Herstellungsanspruch verschuldensunabhängig ist, sollte im übrigen davon abgesehen werden, ihn mit Instituten zu begründen, die wie das Verbot des venire contra factum proprium auf ein Verschulden schließen lassen könnten[863].

c) Materielle Wiedereinsetzung in den vorigen Stand

Die Annahme, der Herstellungsanspruch stelle in Analogie zu § 27 SGB X eine materielle Wiedereinsetzung in den vorigen Stand dar, erscheint zunächst aus Gründen der Praktikabilität[864] bestechend, denn der Herstellungsanspruch hat eine ähnliche Funktion wie die Wiedereinsetzung[865]. Häufig muß der Herstellungsanspruch aber über die Wirkungen einer bloßen Wiedereinsetzung hinausgreifen, um sein Ziel zu erreichen[866]. So ist gegen eine **Begründung** des Herstellungsanspruchs mit der These einer mate-

---

857 Weber, JuS 1992, 631/33 ff.

858 Vgl. Meyer, SGb.1985, 57/60 f. Schmidt-De Caluwe, S. 321, hält eine richterrechtliche Dezision, die den Herstellungsanspruch unter Verweis auf allgemeine Rechtsgrundsätze wie Treu und Glauben rechtfertigt, sogar für unzulässig, was ihn jedoch nicht daran hindert, den Herstellungsanspruch aus dem Vertrauensschutzgrundsatz abzuleiten, S. 528, der den gleichen Bedenken ausgesetzt ist.

859 Weber, a.a.O.

860 BSG, SGb. 1980, 546/48.

861 Vgl. Müller-Waack, S. 175/76; Schmidt-De Caluwe, SGb. 1992, 487/96: "Leerformel ohne spezifische Substanz".

862 Darauf weist Seewald, SGb. 1980, 594, hin.

863 Krasney, BKK 1985, 380/82.

864 Vgl. Schmidt-De Caluwe, S. 410.

865 Vgl. Berkemann, Vortrag 1987, S. 6.

riellrechtlichen Wiedereinsetzung in den vorigen Stand[867] schon einzuwenden, daß sie viele der Konstellationen, die nach der sozialrechtlichen Rechtsprechung in den Anwendungsbereich des Herstellungsanspruchs fallen, nicht erfaßt[868]. Eine materiellrechtliche Wiedereinsetzung verhilft nicht zum gewünschten Erfolg, wenn neben der Wiedereinsetzung[869] noch weitere Handlungen der Behörde oder des Betroffenen für eine Herstellung hinzukommen müssen[870] oder wenn der Herstellungsanspruch sich mit dem ursprünglichen Leistungsanspruch nicht deckt[871]. Auch in den verwaltungsrechtlichen Herstellungsfällen hilft eine materiellrechtliche Wiedereinsetzung nicht immer weiter, selbst wenn an die Stelle von Fristen auch andere rechtsverkürzende Tatbestände sollen treten können[872]. Die Wiedereinsetzung würde zwar automatisch auch die Erteilung einer bisher zu Unrecht versagten Leistung nach sich ziehen[873], sonstige Fehlentwicklungen wären mit ihr aber nicht ausgleichbar[874]. Die Fälle ver-

---

866 Vgl. Bieback, SGb. 1990, 517/26.

867 Ladage, insbesondere S. 92 ff.

868 Ladage, S. 92/93, räumt selbst ein, daß seine Konstruktion nicht die gesamte Breite des Herstellungsanspruchs erfaßt, hält es aber nicht für sinnvoll, dem Herstellungsanspruch dieses "bunte Spektrum von Sachverhalten" zuzuordnen. Die übrigen Fälle ließen sich mit den herkömmlichen Instrumentarien erfassen, zusammenfassend S. 108/09. So sei eine etwaige Erstattung von Beiträgen mit dem öffentlich-rechtlichen Erstattungsanspruch durchsetzbar, S. 94 ff. Die Schäden bei nachteiligen Willenserklärungen des Bürgers, S. 99/100, könnten ebenso wie die Schäden aufgrund verzögerter Sachbearbeitung durch die Behörde, S. 107/08, mit einem Schadensersatzanspruch behoben werden.

869 Zum Verhältnis des Herstellungsanspruchs zur verfahrensrechtlichen Wiedereinsetzung in den vorigen Stand siehe Bieback, SGb. 1990, 517/26.

870 Etwa bei der Umbuchung von Versicherungsbeiträgen im Sozialrecht.

871 Vgl. oben § 1 II.

872 Ladage, S. 121; siehe dazu auch Ebsen, VSSR 1992, 149/53.

zögerter Antragsbearbeitung würden von ihr ebenfalls nicht erfaßt[875].

Entscheidend ist vor allem, daß es methodisch nicht schlüssig ist, im Rahmen der Analogie allein von der passenden Rechtsfolge auf die zugrundeliegende normative Wertentscheidung zu schließen[876]. Die der Wiedereinsetzung und dem Herstellungsanspruch zugrundeliegenden Wertentscheidungen sind nicht vergleichbar, weil die Wiedereinsetzung keinerlei Mitwirkung der Behörde an der Entstehung des Schadens voraussetzt[877], also nicht auf dem Wiedergutmachungsgedanken beruht. Der Charakter des Herstellungsanspruchs als Institut staatlicher Unrechtshaftung wäre damit nicht erklärlich[878].

d) Rechtsstaatsprinzip/ Sozialstaatsprinzip/ Bestandsschutzanspruch

Die Herleitung eines (subjektiven) Anspruchs allein aus allgemeinen Grundsätzen des objektiven Rechts ist, ebenso wie die Begründung mit Treu und Glauben, mangels konkreter Faßbarkeit dieser Grundsätze wenig überzeugend.

So enthält das Sozialstaatsprinzip in seiner Weite und Unbestimmtheit regelmäßig keine unmittelbaren Handlungsanweisungen, die durch die Gerichte ohne gesetzliche Grundlage in einfaches Recht umgesetzt werden können[879].

---

873 Ebenso Ladage, S. 93/94, zu dem Fall, daß die Zahlung einer höheren Rente begehrt wird.

874 Vgl. Bieback, DVBl. 1983, 159/63, zur Begründung des Herstellungsanspruchs mit Treu und Glauben.

875 Ladage, S. 107 ff., will den Bürger in diesen Fällen auf einen Schadensersatzanspruch verweisen.

876 Schmidt-De Caluwe, S. 407/08.

877 Schmidt-De Caluwe, S. 408/09.

878 Ebsen, VSSR 1992, 149/53; Ladage selbst, S. 123, ist folgerichtig der Meinung, der Herstellungsanspruch gehöre nicht zum Staatshaftungsrecht.

Auch gegen die Argumentation mit dem Rechtsstaatsprinzip spricht, daß es sich dabei nur um objektives Recht handelt[880], aus dem sich keine mit ausreichender Konkretisierung ableitbare Pflichtenstellung ergibt[881].
Der Vertrauensschutzgrundsatz als besondere Ausprägung des Rechtsstaatsprinzips ist wegen seiner Abstraktionshöhe für die alltägliche Fallentscheidung ebenfalls wenig geeignet[882]. Zudem setzt eine subjektive Berechtigung einen spezifischen Vertrauenstatbestand voraussetzt[883], wohingegen es weder in den sozialrechtlichen noch in den verwaltungsrechtlichen Herstellungsfällen immer um das Festhalten der Behörde an Vertrauenstatbeständen geht[884]. Der über die Fristenfälle hinausgehende Anwendungsbereich des Herstellungsanspruchs wird deshalb vom Vertrauensschutzgrundsatz nicht erfaßt[885].
Insofern hat der Herstellungsanspruch eine größere Affinität zum Gesetzmäßigkeitsgrundsatz[886]. Die daran anknüpfende Argumentation einer Kontinuitätsverpflichtung bei Schnapp[887] setzt

879 BVerfGE 65, 182/93 in anderem Zusammenhang; insofern sei das Sozialstaatsprinzip richterlicher Inhaltsbestimmung weniger zugänglich als die Grundrechte; es zu verwirklichen, sei in erster Linie Sache des Gesetzgebers.

880 Schmidt-De Caluwe, S. 333 - 335; M. Redeker, DÖV 1987, 194/96; vgl. auch bzgl. der Folgenbeseitigungslast Weyreuther, Gutachten, B 123.

881 Schmidt-De Caluwe, SGb. 1992, 487/96, im Zusammenhang mit einer Begründung sozialrechtlicher Betreuungspflichten. Nach BVerfGE 74, 129/52 bedarf das Rechtsstaatsprinzip der Konkretisierung je nach den sachlichen Gegebenheiten.

882 Ossenbühl, DÖV 1972, 25/36; vgl. auch BVerfGE 4, 129/52.

883 Kreßel, S. 294; daher seien aus dem Vertrauensschutzgrundsatz keine individuellen Rechtsstellungen ableitbar.

884 Vgl. Wallerath, DÖV 1987, 505/10.

885 Vgl. Funk, DAngVers 1981, 26/34. Nach Papier, VSSR 1973/74, 33/50, versagt das Vertrauensschutzprinzip auch bei den auf Pflichtmitgliedschaft und Zwangsbeiträgen beruhenden Versicherungsverhältnissen.

886 Wallerath, DÖV 1987, 505/10.

jedoch einen grundrechtlichen Eingriff voraus, betrifft also ausschließlich Fälle von Pflichtmitgliedschaften in der Sozialversicherung, die als Eingriffe in das Grundrecht nach Art. 2 Abs. 1 GG nur bei rechtmäßigem Verwaltungshandeln legitimiert sind. Abgesehen davon, daß damit wieder nur ein kleiner Ausschnitt der Herstellungsfälle erklärt wird, bedeutet diese Argumentation einen Umweg, der auf einen zurückliegenden Grundrechtseingriff abstellt, obwohl es vor allem um das rechtswidrige Folgeverhalten der Verwaltung geht[888]. Im übrigen ist auch der Gesetzmäßigkeitsgrundsatz eine lex imperfecta[889].
Der Bestandsschutzanspruch Kreßels, der bisher wenig Resonanz gefunden hat[890], ist letztlich nichts anderes als eine besondere Ausprägung des Vertrauensschutzgrundsatzes[891] und des Rechtsstaatsprinzips[892], so daß eine Herleitung des Herstellungsanspruchs aus dem Bestandsschutzanspruch den bereits genannten Einwänden ausgesetzt ist. Sie hätte eine Entdifferenzierung von Ansprüchen des Staatshaftungsrechts zur Folge, die es erschweren würde, relevante Unterschiede zu erkennen[893].
Eine Begründung des Herstellungsanspruchs mit rechts- oder sozialstaatlichen Erwägungen kommt daher nur hilfsweise in Betracht, wenn sich das herkömmliche System der Anspruchsgrundlagen auch bei extensiver Interpretation als nicht aufnahmebereit erweist. Erst dann wäre zu untersuchen, ob der Herstellungsanspruch unmittelbar aus dem Sozialstaats- oder Rechtsstaatsprinzip bzw. dem Vertrauensschutzgrundsatz deduziert werden kann,

887 Schnapp, SGb. 1977, 307/08.

888 Wallerath, DÖV 1987, 505/11; ablehnend auch Schmidt-De Caluwe, S. 338 - 342.

889 Statt aller Fiedler, Der Folgenbeseitigungsanspruch -die "kleine Münze" des Staatshaftungsrechts? NVwZ 1986, 967/73.

890 Siehe aber Ebsen, VSSR 1992, 149/50 ff.

891 Vgl. Kreßel, S. 238; siehe auch Ossenbühl, DÖV 1972, 25/35.

892 Kreßel, S. 383: "Der Bestandsschutzanspruch ist ... nichts anderes als die im Rechtsstaatsprinzip angeordnete Achtung des geltenden Rechts."

und zwar "gewissermaßen als mittelbarer Ausgleich, als Äquivalent für einen nicht realisierbaren Bestandsschutz, der dem Vertrauensschutzprinzip unmittelbar immanent ist."[894]

3. Aspekt der Folgenbeseitigung

Zu prüfen bleibt daher im folgenden, ob der Herstellungsanspruch aus dem Gesichtspunkt der Folgenbeseitigung abgeleitet werden kann.
Dies bietet sich vor allem deshalb an, weil auch der Herstellungsanspruch ein Mittel verwaltungsmäßiger Folgenbeseitigung ist[895]. Sowohl der Folgenbeseitigungsanspruch als auch der Herstellungsanspruch führen dazu, daß das rechtswidrige Verhalten der Behörde hinweggedacht wird und der Bürger im Wege der Restitution so gestellt wird, als sei das rechtswidrige Handeln der Behörde nicht erfolgt. Anders als die sonstigen Instrumente des Staatshaftungsrechts erfordern weder der Folgenbeseitigungsanspruch noch der Herstellungsanspruch ein schuldhaftes Verhalten der Behörde. Zudem gewährt der Herstellungsanspruch wie der Folgenbeseitigungsanspruch keinen Ausgleich in Geld, sondern ist auf reale Rückgängigmachung der Folgen rechtswidrigen Staatshandelns gerichtet. Zwar ist der Folgenbeseitigungsanspruch in der dogmatischen Begründung seinerseits immer noch nicht unumstritten[896], doch ist seine Existenz als Rechtsfigur seit Jahrzehnten in Rechtsprechung und Literatur anerkannt. Bemerkenswert ist dabei, daß der Gedanke des Folgenbeseitigungsanspruchs nicht älter als der des Herstellungsanspruchs ist.

---

893 Ebsen, VSSR 1992, 149/51.

894 Ossenbühl, DÖV 1972, 25/35, zur Argumentation mit dem Vertrauensschutzprinzip im allgemeinen.

895 Gagel, AFG, vor § 142 Rz 224; Kreßel, S. 4.

Vielmehr wurzeln beide im allgemeinen Wiedergutmachungsanspruch Mengers[897] und verdanken ihre Existenz der Erkenntnis, daß die Amtshaftung für das Staatshaftungsrecht keine ausreichende Anspruchsgrundlage darstellt[898]. Anfänglich wurde in der Sache noch nicht zwischen Folgenbeseitigungsanspruch und Herstellungsanspruch unterschieden, so daß die Entwicklung beider Institute zunächst parallel verlief. Anders als beim Folgenbeseitigungsanspruch lag für den Herstellungsanspruch die Initiative allerdings nicht bei der Wissenschaft, sondern ganz bei den Gerichten[899]. Auch hat außerhalb der Sozialgerichtsbarkeit nur der Folgenbeseitigungsanspruch allgemeine Akzeptanz gefunden, den Ossenbühl als die wichtigste Variante des "grundrechtlichen Schutzanspruchs auf Unterlassung, Beseitigung und Herstellung" bezeichnet[900].

Inzwischen hat sich die Auffassung durchgesetzt, daß sich der Folgenbeseitigungsanspruch, der heute nicht mehr nur auf bloße Vollzugsfolgenbeseitigung beschränkt wird[901], aus den einander ergänzenden[902] Prinzipien des Rechtsstaats[903], der Freiheitsgrundrechte[904] sowie des Gebotes des effektiven Rechts-

---

896 Siehe im einzelnen z.B. Adolf, S. 80 ff.; Kreßel, S. 49 - 81; Steinberg/Lubberger, S. 375; Schenke, JuS 1990, 370/71 ff.; Berkemann, Referat 1990, 3.

897 Menger, GS-Jellinek, S. 347 ff.

898 Krasney, BKK 1985, 380/81; Rüfner, in Erichsen/Martens, § 53 Rz 34.

899 Ossenbühl, DVBl. 1994, 977/78.

900 Ossenbühl, § 34, 1.

901 BVerwG, NJW 1972, 269; vgl. auch Papier, DÖV 1972, 845; Nachweise bei Berkemann, Vortrag 1987, S. 4/5.

902 Auf dieses Zusammenwirken bei der Begründung des Folgenbeseitigungsanspruchs weisen u.a. hin Brugger, AÖR 112 (1987), 389/409 f.; Maaß, Zur Rechtsgrundlage des Folgenbeseitigungsanspruchs - Überlegungen aus Anlaß von BVerwGE 69, 366 = BayVBl. 1985, 54, und BGH 83, 190, BayVBl. 1987, 520; Olivet, S. 19; Schloer, JA 1992, 39/40; Wolff/Bachof, § 54 II b.

903 So Kopp, VwGO, § 113 Rz 39; BVerwGE 69, 366/70.

schutzes[905] und damit aus dem Bundesverfassungsrecht ergibt[906]. Die prozessualen Konsequenzen des Folgenbeseitigungsanspruchs sind in § 113 Abs. 1 Satz 2 VwGO geregelt.

4. Zu den Einwänden gegen eine Herleitung des Herstellungsanspruchs aus dem Folgenbeseitigungsanspruch

Die Herleitung des Herstellungsanspruchs aus dem Folgenbeseitigungsanspruch ist im wesentlichen vier Einwänden ausgesetzt, zu denen im folgenden Stellung genommen werden soll.

a) Folgenbeseitigung nur im Bereich der Eingriffsverwaltung?

Häufigster Einwand gegen eine Herleitung des Herstellungsanspruchs aus dem Folgenbeseitigungsanspruch ist das Argument, der Folgenbeseitigungsanspruch finde nur bei rechtswidrigen Eingriffen Anwendung, während es beim Herstellungsanspruch um rechtswidriges Verhalten im Bereich der Leistungsverwaltung gehe[907].

---

904 So Schoch, VerwA 79 (1988), 1/34 ff.; M. Redeker, DÖV 1987, 194/96; Bender, Das Recht der Folgenbeseitigung, VBlBW 1985, 201/02; BVerwGE 82, 24.
Häufig wird auch angenommen, der Folgenbeseitigungsanspruch habe seine Grundlagen im jeweiligen Grundrecht, ergebe sich also unmittelbar aus einzelnen Verfassungsableitungen, Maurer, § 29 Rz 5/6; Fiedler, NVwZ 1986, 967/71 f.

905 Ehlers, S. 94.

906 Kommissionsbericht 1973, § 3 StHG; BVerwG, DÖV 1971, 857. Eine Untersuchung der Frage, inwiefern der Folgenbeseitigungsanspruch (nur) landesrechtlich verortet ist -vgl. dazu BVerfGE 62, 149/202 f., Berkemann, Vortrag 1987, S. 3, und Referat 1990, 5- würde den Rahmen dieser Arbeit sprengen und muß daher außer Betracht bleiben.

907 So z.B. Maier/Hannemann, DAngVers 1975, 346/50; Schoch, VerwA 79 (1988), 1/54 ff.; Adolf, S. 96. Dagegen erfaßt der Bestandsschutzanspruch Kreßels sowohl Eingriffe als auch die Ver-

aa) Abhängigkeit des Arguments von der dogmatischen Begründung des Folgenbeseitigungsanspruchs

Der auf die Unterscheidung zwischen Eingriffs- und Leistungsverwaltung gestützte Einwand setzt zunächst voraus, daß man den Folgenbeseitigungsanspruch nur mit den Freiheitsgrundrechten begründet[908]. Schon bei einer Verankerung des Folgenbeseitigungsanspruchs im Grundsatz der Gesetzmäßigkeit der Verwaltung wäre die obige Differenzierung nicht befriedigend erklärbar[909].
Außerdem läßt sich der Herstellungsanspruch als Anspruch auf Beseitigung rechtswidriger Beeinträchtigungen des "Sozialrechtsstatus" und damit auch als Abwehranspruch deuten[910], wobei dies allerdings nur für die spezifisch sozialrechtlichen Herstellungsfälle gilt. Eine Beeinträchtigung dieses Sozialrechtsstatus kann nach überwiegender Ansicht ferner nur dann in Betracht gezogen werden, wenn sich das jeweilige Sozialrechtsverhältnis bereits zu einer Anwartschaft verdichtet hat[911].

---

weigerung von Leistungen und macht so eine Unterscheidung zwischen Eingriffs- und Leistungsverwaltung überflüssig, zusammenfassend Kreßel, S. 387. Siehe zum folgenden auch die Ausführungen bei Wallerath, DÖV 1987, 505/11.

908 Ladage, S. 75; Ehlers, S. 95; Schoch, VerwA 79 (1988), 1/54; Schenke, JuS 1990, 370/72; Adolf, S. 96, der sich in diesem Zusammenhang ausführlich zur Abwehrfunktion der Grundrechte äußert, S. 90 ff.

909 Schenke, a.a.O.

910 So Ebsen, DVBl. 1987, 389; dagegen Schoch, VerwA 79 (1988), 1/57.

911 Nachweise bei Ladage, S. 75. Hingegen kommt es darauf nach Kreßel, S. 295, nicht an, weil bei jeder Verletzung einer öffentlich-rechtlichen Berechtigung der Bestandsschutzanspruch ausgelöst werde. Adolf, S. 99, meint demgegenüber, bei rechtswidriger Leistungsverweigerung oder Schlechterfüllung bleibe der Rechts**bestand** unberührt, so daß kein Folgenbeseitigungsanspruch entstehe.

bb) Gleichstellung von Eingriff und Leistungsverweigerung im Einzelfall

Unter Leistungsverwaltung ist die Verwaltung zu verstehen, die die Interessenverfolgung der Mitglieder des Gemeinwesens durch gewährende Tätigkeit unmittelbar fördert[912], bzw. deren Zweck in der Daseinsvorsorge besteht[913].

Hill[914] nennt als -allerdings allein nicht ausreichende- Abgrenzungskriterien zwischen Leistungs- und Eingriffsverwaltung Dauer und Intensität des jeweiligen Rechtsverhältnisses, die Abhängigkeit des Bürgers von der Behörde sowie das Kooperationsprinzip[915]. Die Übergänge können aber fließend sein[916]. So können nach neuerer Auffassung Leistungsansprüche unter Umständen mit Abwehrrechten gleichgesetzt werden[917]. Insoweit hat sich das Verfassungsverständnis in den letzten Jahrzehnten gewandelt[918]. Auch wenn überwiegend Einigkeit darüber besteht, daß die Grundrechte nach wie vor zuallererst Abwehr-

---

912 Hill, NJW 1986, 2602/03 f.

913 Badura, Die Daseinsvorsorge als Verwaltungszweck der Leistungsverwaltung und der soziale Rechtsstaat, DÖV 1966, 624/29 ff.

914 NJW 1986, 2602/2607.

915 a.a.O., S. 2609; vgl. auch Maier, SRH, B.7, Rz 18.

916 a.a.O., S. 2603 f.; siehe auch BVerfGE 40, 237/49.

917 BSGE 49, 76/89: der Unterschied zwischen dem Herstellungsanspruch und dem klassischen Folgenbeseitigungsanspruch sei daher nicht so gewichtig, als daß ein Anspruch versagt werden dürfe; Kreßel, S. 296, unter Verweis auf die Numerus-Clausus-Entscheidung des BVerfG in E 33, 303/30 f., in der Teilhaberechte aus Art. 12 Abs. 1, Art. 3 Abs. 1 i.V.m. dem Sozialstaatsprinzip hergeleitet wurden. Kritisch aber Haverkate, S. 86 ff. und S. 206 ff., der meint, der Begriff der "grundrechtlichen Verbürge der Teilhabe an staatlichen Leistungen" sei nicht entscheidungstragend gewesen. Siehe auch Weyreuther, B 96/97 und B 117/18 FN 489, der eine Gleichstellung von Eingriff und Leistungsverweigerung nur im Rahmen der Folgenbeseitigungslast befürwortet.

rechte gegen den Staat sind[919], kann der staatssteuernde Tätigkeitsinhalt der Freiheitsrechte nicht mehr geleugnet werden[920]. Bestimmte Grundrechte enthalten auch eine leistungsstaatliche Komponente[921]. In § 31 SGB I wird die Unterscheidung zwischen Eingriff und Leistung sogar ausdrücklich aufgegeben[922].

> "Der moderne Staat ist als Hoheitsträger nicht nur gehalten, unter rechtsstaatlichen Gesichtspunkten den gesellschaftlichen Bereich von Störungen und den einzelnen vor rechtlich nicht vertretbaren Eingriffsschäden zu bewahren, sondern auch den einzelnen unter sozialstaatlichen Gesichtspunkten an mannigfachen Staatsleistungen partizipieren zu lassen. Der Freiheitsraum des Staates ist unter diesen Aspekten kleiner als der des Bürgers. Andererseits ist das Schadenspotential staatlichen Verhaltens auch ungleich größer."[923]

---

918 V.Münch, in v.Münch/Kunig, GG, Vorb. Art. 1-19, Rz 17; zur Notwendigkeit eines Fortschreitens des allgemeinen Verwaltungsrechts aufgrund der gesellschaftspolitischen Veränderungen siehe Hill, NJW 1986, 2602/03. So auch schon Ossenbühl, DÖV 1972, 25/26. Nach Brackmann, S. 79 o, ist die Auffassung, der Folgenbeseitigungsanspruch greife nur bei der Verletzung von Freiheitsgrundrechten ein, daher zu eng.

919 V.Münch, in v.Münch/Kunig, GG, Vorb. Art. 1-19, Rz 16; daher kritisch zum Argument eines gewandelten Verfassungsverständnisses im Zusammenhang mit dem Herstellungsanspruch Ebsen, DVBl. 1987, 389/93, und Schmidt-De Caluwe, S. 329.

920 BSGE 49, 76; kritisch Maier, SRH, B. 7, Rz 33.

921 Vgl. Maurer, § 6 Rz 16. Bisher hat das BVerfG folgenden Grundrechten Leistungsansprüche entnommen:
Art. 1 GG - Anspruch auf existentielles Minimum (BVerfGE 40, 121/33; E 48, 346/61);
Art. 7 Abs. 4 - Anspruch der Privatschulen auf Bestandsschutz (BVerfGE 75, 40);
Art. 12 Abs. 1 GG - Teilhaberecht bzgl. des Zugangs zu Hochschulen (BVerfGE 33, 303/30 f.).
Zu unterscheiden ist in diesem Zusammenhang zwischen derivativen, meist auf Art. 3 Abs. 1 GG gestützten, und originären Teilhaberechten, siehe i.e. v.Münch, in v.Münch/Kunig, GG, Vorb. Art. 1-19, Rz 20.

922 Dazu Schmidt-De Caluwe, S. 307.

923 Begr.RegE, BT-DS 8/2079, S. 37.

Die Verweigerung einer Leistung kann den Bürger unter Umständen härter treffen als ein unmittelbarer Eingriff des Staates[924], eine Tatsache, der das BVerfG, "losgelöst von dem in der Praxis fließenden Abgrenzungsmerkmal des 'Eingriffs'"[925], mit der Wesentlichkeitstheorie Rechnung getragen hat[926].
Auch die hM, die es ablehnt, Grundrechte in Leistungsrechte umzudeuten, will das entstehende rechtliche Defizit mit Hilfe des Sozialstaatsprinzips ausgleichen[927]. Der Herstellungsanspruch ist aber gerade Ausdruck dieses Prinzips, weil er eine soziale Bedürftigkeit und Abhängigkeit des Bürgers voraussetzt.
Bereits der Ausgangspunkt der Argumentation, der Folgenbeseitigungsanspruch scheide bei rechtswidrigem staatlichen Handeln in der Leistungsverwaltung aus, wird daher von Brugger zu Recht als fragwürdig angesehen:

> "Zum einen liegt ... in den sozialrechtlichen Herstellungsfällen ein 'Eingriff' vor, zum anderen ist das wesentliche Abgrenzungsproblem nicht die Frage 'Liegt Leistungs- oder Eingriffsverwaltung vor?' (dann kein Folgenbeseitigungsanspruch), sondern 'Geht es um Schutz für bestehende, aber in der Entwicklung begriffene, förderungswürdige und förderungsbedürftige Rechte?' (dann ist Folgenbeseitigung möglich)."[928]

Der im Folgenbeseitigungsanspruch enthaltene Gedanke der Restitution kann deshalb auch für das Recht der Leistungsverwaltung herangezogen werden[929].
Zwar ist das Argument, Ansprüche liefen leer, wenn ihre Verletzung sanktionslos bliebe, rechtsstaatlich nicht zwingend[930],

---

924 BVerfGE 40, 237/49.

925 BVerfGE, a.a.O.

926 Grundlegend die Strafgefangenen-Entscheidung in BVerfGE 33, 1.

927 Stellvertretend v.Münch, in v.Münch/Kunig, GG, Vorb. Art. 1-19, Rz 21.

928 Brugger, AÖR 112 (1987), 389/417 FN 115.

doch ist das Recht keine mathematische Größe[931], sondern wertungsabhängig. Sowohl bei einem rechtswidrigen Eingriff als auch bei einer rechtswidrigen Leistungsversagung werden subjektive Rechte verletzt[932]. Diese Rechte werden erst durch eine Sanktionierung stabilisiert[933] und damit effektiviert[934]. Dispositionsrechte wären sinnlos, wenn ihnen die Grundlage einer (richtigen) Beratung fehlte[935]. Überspitzt formuliert, ist dem Wesen des Rechts die Wehrhaftigkeit immanent, weil es sich sonst nicht um ein Recht handeln würde[936]. Die These Weyreuthers, wonach sich der Folgenbeseitigungsanspruch aus der besonderen Labilität der Unterlassungsansprüche rechtfertigt[937], gilt in gleichem Maße für Leistungsansprüche[938], auch wenn Weyreuther selbst dies ausdrücklich mit der Begründung

---

929 Wallerath, DÖV 1987, 505/11 ff.; kritisch dazu Maier, SRH, B.7, Rz 30.

930 Wallerath, DÖV 1987, 505/10; Schoch, VerwA 79 (1988), 1/35 FN 200; Weyreuther, Gutachten, B 94/95; VGH Mannheim, JZ 1984, 999; OVG Lüneburg, ZBR 1982, 91/92.

931 Schoch, VerwA 79 (1988), 1/35, in anderem Zusammenhang.

932 Kreßel, S. 295; ähnlich Böß, S. 63 ff.

933 Frohn, Jura 1989, 523/28, hält eine Sanktionierung daher für unerläßlich. Kreßel, S. 297/98, zufolge gibt es keinen Automatismus zwischen Pflichtverletzung und Ersatzanspruch, jedoch einen Automatismus zwischen Rechtsverletzung und Restitutionsanspruch, weil nur so der zuerkannte Bestand des Rechts gewahrt werden könne.

934 Vgl. Olivet, S. 19.

935 Schmidt-De Caluwe, SGb. 1992, 487/98.

936 Kreßel, S. 298.

937 Weyreuther, Gutachten, B 117 und B 130. Gegen diese These spricht, daß sie zu sehr am Zivilrecht orientiert ist, das im allgemeinen Recht des Bürgers auf gesetzmäßiges Handeln der Verwaltung im Zweifel gerade keine Entsprechung findet, Wallerath, DÖV 1987, 505/12; kritisch auch Ebsen, DVBl. 1987, 389/93 FN 48; Rupp, Der verwaltungsrechtliche (Folgen-) Beseitigungsanspruch, JA 1979, 506/09; Papier, DÖV 1972, 845/50.

verneint[939], es ergebe sich aus der Natur der Sache, daß der Bestand stärker geschützt sei als der bloße Leistungsanspruch[940]. Diese Ansicht, die auch der Rechtsprechung zum qualifizierten Unterlassen zugrundeliegt, ist aber jedenfalls für den Bereich der Herstellung abzulehnen[941].

Die Verweigerung einer Leistung ist insbesondere dann einem Eingriff gleichzustellen, wenn es um lediglich präventive Verbote mit Befreiungsvorbehalt geht[942]. Gerade bei diesen "Rechtsleistungen" zeigt sich, daß die für den Gesetzesvorbehalt relevante Unterscheidung zwischen Eingriffs- und Leistungsverwaltung fließend ist[943].
Dies betrifft wegen der aus Art. 12 GG und § 1 GewO abzuleitenden Gewerbe**freiheit** insbesondere die Gewerbeerlaubnis und wegen der aus Art. 14 GG abzuleitenden Bau**freiheit**[944] die Baugenehmigung[945], also einen wichtigen Bereich der Fallgruppe 4.
Gerade dann, wenn man die freiheitliche Tendenz des Grundgesetzes betont, dürfen Präventivverbote von Eingriffen nicht grundlegend unterschieden werden, weil die Präventivverbote Beschränkungen der individuellen Freiheit bedeuten, die nur durch die grundsätzliche Gestattungspflicht des Staates legitimiert

---

938 So auch Wallerath, DÖV 1987, 505/12, und Papier, DÖV 1972, 845/50.

939 Gutachten, B 93/94, insbesondere FN 382.

940 A.a.O., B 96; dagegen Kreßel, S. 198.

941 Siehe oben § 3 IV 1.

942 Ähnlich Stuth, S. 170; a.A. Weyreuther, Gutachten, B 93/94, der hinsichtlich einer Vergleichbarkeit mit Eingriffen zwischen präventiven und sonstigen Verboten nicht unterscheiden will, weil es auch bei ersteren an der spezifischen Labilität der Unterlassungsansprüche fehle.

943 Hill, NJW 1986, 2602/04.

944 So die traditionelle Auffassung, z.B. Oldiges, in Steiner, Rz 132; Boos/Haarmann, Rz 145.

sind. Auch bei gestattungsbedingtem Verhalten liegt ein ursprüngliches Recht vor, da die Gestattung ein bloßes Ordnungselement ist[946]. Die jeweilige Betätigung wird nicht verboten, weil sie generell unterbleiben soll, sondern nur, weil **vorweg** geprüft werden soll, ob sie im Einzelfall gegen bestimmte materiellrechtliche Vorschriften verstößt[947]. Daher ist die auf einen entsprechenden Antrag hin ergehende Kontrollerlaubnis zwar formell gesehen ein begünstigender Verwaltungsakt. Materiell gesehen aber stellt sie nur die allgemeine Handlungsfreiheit wieder her, indem sie dem Bürger das gibt, was ihm verfassungsrechtlich ohnehin zusteht[948]. Ausnahmebewilligungen bei repressiven Verboten mit Befreiungsvorbehalt erweitern demgegenüber den Rechtskreis des Bürgers[949].

Da die Ablehnung eines Antrags auf Erteilung einer Kontrollerlaubnis aus einem zunächst nur vorläufigen Verbot ein endgültiges macht, ist sie materiell ein "Eingriff in Eigentum und Freiheit"[950]. Wenn der Staat bspw. eine Apothekenkonzession rechtswidrig versagt, ist ihm dieses Unterlassen wie ein Eingriff zuzurechnen, weil er in Form der Genehmigungspflicht die Ursache dafür gesetzt hat[951]. Deutlich wird das auch, wenn ein Bürger ohne Baugenehmigung baut. Ein daraufhin behördlich verfügter Baustop ist unzweifelhaft ein Eingriff. Nicht anders aber kann der Fall beurteilt werden, in dem der Baustop durch

---

945 Ferner z.B. Kiesabbaulizenzen und Tariferhöhungsgenehmigungen, Stuth, S. 170.

946 Baumeister, S. 136/37.

947 Maurer, § 9 Rz 51.

948 Maurer, § 9 Rz 52; ganz ähnlich Böß, S. 68/69; siehe auch Zippelius, Methodenlehre, S. 4.

949 Maurer, § 9 Rz 55.

950 Maurer, § 9 Rz 52; ähnlich Kreßel, S. 193. Insofern unzutreffend Schoch, VerwA 79 (1988), 1/42, wonach der Gesetzgeber bestehende Rechtspositionen entziehen darf, und Baumeister, S. 145, der meint, der Bürger könne nicht auf die Beständigkeit von Rechtspositionen vertrauen, die im Interesse der Gesamtheit einer dauerhaften Prüfung ihrer Brauchbarkeit bedürften.

rechtswidrige Verweigerung der Baugenehmigung gleichsam vorverlegt wird[952]. Zwar wäre auch der behördlich verfügte Baustop einer Anlage, auf deren Errichtung kein Rechtsanspruch besteht (z.B. § 7 Abs. 1 und 2 AtomG), ein Eingriff; anders als dort wird der vom bloßen Präventivverbot Betroffene aber veranlaßt, die Genehmigung nachzuholen, ohne daß schwerere Maßnahmen wie eine Abriß- oder Räumungsanordnung ergriffen werden dürfen[953]. Dies ergibt sich nicht nur aus dem Verhältnismäßigkeitsgrundsatz, sondern eben auch aus der eigentumsrechtlich gewährleisteten Baufreiheit[954].

Öffentlichen Interessen an einer etwaigen gesetzlichen Verschärfung von Sicherheitsvorschriften[955] ist durch die in sensiblen Rechtsbereichen bestehende Möglichkeit einer (nachträglichen) Anordnung von Sicherheitsauflagen, z.B. nach § 17 BImSchG, Genüge getan. Die Erlaubnis an sich ist jedoch auch bei einer zwischenzeitlichen Rechtsänderung nach den Grundsätzen der Folgenbeseitigung zu erteilen[956], und vermittelt so einen "umgekehrten Bestandsschutz"[957], es sei denn, der Gesetzgeber hat, wie in §§ 236 ff. BauGB, Überleitungsvorschriften

---

951 Böß, S. 68/69; Baumeister, S. 137/38.

952 Vgl. Baumeister, S. 135.

953 Baumeister, S. 135; Oldiges, in Steiner, Rz 318.

954 Oldiges, a.a.O.; auch der Grundsatz der materiellen Illegalität wird vom Bestandsschutz beeinflußt: war eine Abbruchverfügung ursprünglich rechtmäßig, entspricht das Bauwerk aber den Festlegungen eines zwischenzeitlich in Kraft getretenen Bebauungsplans, so ist maßgeblich der Zeitpunkt der letzten mündlichen Verhandlung, Bosch/Schmidt, § 39 III 2.

955 Damit begründet Baumeister, S. 142 ff., die Ablehnung eines Folgenbeseitigungsanspruchs in den Leistungsversagungsfällen und plädiert stattdessen für einen Folgenersatzanspruch, S. 144/45.

956 Baumeister, S. 136: "Geht man von seinem (des Bürgers, Verf.) ursprünglichen Freiheitsrecht aus, das zur rechtmäßigen Ausnutzung eines staatlichen Gestattungsaktes bedarf, so stellt die Beseitigung der Untersagung eine folgenbeseitigungsähnliche Handlung dar, die in der Wiederherstellung des ursprünglichen Freiheitsrechts besteht ..."

erlassen, die den jeweiligen grundrechtlichen Anforderungen entsprechen[958].

cc) Anwendung des Folgenbeseitigungsanspruchs auch bei rechtswidrigem Unterlassen

Der Folgenbeseitigungsanspruch wird in verschiedenen Konstellationen auch bei rechtswidrigem behördlichen Unterlassen erwogen und angewandt.
Unumstritten ist seine Anwendbarkeit in den Fällen, in denen es die Behörde nach vorangegangenem aktiven Tun pflichtwidrig unterläßt, die Beeinträchtigung zu beseitigen, nachdem die Eingriffsvoraussetzungen weggefallen sind[959].
Das BVerwG will den Folgenbeseitigungsanspruch aber mittlerweile auch in anderen Fällen rechtswidrigen behördlichen Unterlassen anwenden[960], was nicht nur nach § 3 StHG vorgesehen war[961], sondern auch eine Entsprechung im Rahmen sonstiger Haf-

---

957 Berkemann, Vortrag 1987, S. 16.

958 Siehe dazu oben § 3 IV 2 b.

959 Schoch, VerwA 79 (1988), 1/40. So ist im Fall der behördlichen Einweisung Obdachloser in private Räume nicht die Einweisung als solche, sondern das Unterlassen der Ausweisung nach Ablauf einer bestimmten Zeit rechtswidrig; dieser Fall nachträglicher Rechtswidrigkeit wurde auch vom Folgenbeseitigungsanspruch nach § 3 Abs. 1 Satz 2 StHG erfaßt, Begr.RegE, BT-DS 8/2079, S. 44/45; Kommissionsbericht, § 3 Anm. 1.7; Boos/Haarmann, Rz 145; so schon Böß, S. 65; nach Ansicht Maurers, § 29 Rz 9, ist dies der einzige Fall, in dem der Folgenbeseitigungsanspruch bei rechtswidrigem Unterlassen in Betracht kommt; kritisch zum Verschmelzen des hoheitlichen Verhaltens mit dem nachträglichen rechtswidrigen Zustand zu einer Handlungseinheit Ehlers, S. 53 und 57 ff., der stattdessen eine Ingerenzhaftung annimmt. Nach Weyreuther, Gutachten, B 69, kommt es auf die Rechtmäßigkeit der Einweisungsverfügung nicht an, weil der Folgenbeseitigungsanspruch eine Zustandshaftung begründe.

960 BVerwGE 69, 366 = NJW 1985, 817 = DVBl. 1984, 366 = DÖV 1985, 28 (Bardepotfall). Siehe dazu Bender, Staatshaftungsrecht, Rz 445 ff.; Schoch, VerwA 79 (1988), 1/21 ff. und S. 39 ff.; Maaß, BayVBl. 1987, 520; Broß, Zum Anwendungsbereich des Anspruchs auf Folgenbeseitigung, VerwA 76 (1985), 217. Ferner

tungssysteme findet[962]. Dort kann ein Unterlassen rechtlich erheblich sein, wenn dem Betroffenen gegenüber eine behördliche Pflicht zum Handeln besteht und der Betroffene durch das Unterlassen in seinen Rechten verletzt wird[963]. Dies kann beispielsweise der Fall sein, wenn die Behörde eine Maßnahme der Gefahrenabwehr unterläßt[964]. Regelmäßig geht es dabei jedoch um das bereits oben erwähnte qualifizierte Unterlassen, zu dem insbesondere die soeben behandelten Fälle rechtswidriger Leistungsverweigerung bei Präventivverboten gehören[965]. Nach der Entwurfsbegründung der Bundesregierung zum StHG sollte die bloße Erfüllungsablehnung im Sinne der Nichterfüllung eines geltend gemachten öffentlich-rechtlichen Anspruchs zwar "in der Regel" nicht unter den Folgenbeseitigungsanspruch fallen[966], doch war

---

BayVGH, BayVBl. 1990, 627/28; Böß, S. 63 ff., der als Beispiel für ein solches rechtswidriges Unterlassen die früher umstrittenen Ampelfälle nennt. Ablehnend gegenüber einer Anwendung des Folgenbeseitigungsanspruchs bei rechtswidrigem Unterlassen Bender, VBlBW 1985, 201/02; unter Berufung auf die Struktur des Folgenbeseitigungsanspruchs auch Schenke, in Achterberg/Püttner, Rz 522; Maurer, § 29 Rz 9, da es bei einem Unterlassen nichts gebe, was wiederhergestellt werden könne; differenzierend Ossenbühl, § 37, 1 b.

961 Siehe dazu Boos/Haarmann, Rz 368, und Begr.RegE, BT-DS 8/2079, S. 44. Nach den Vorstellungen der Gemeinsamen Arbeitsgruppe soll die Fassung des § 3 StHG bei einer Neuregelung der Staatshaftung bestehen bleiben, Gemeinsame Arbeitsgruppe 1987, S. 11/12.

962 Vgl. Ossenbühl, § 6, 4, zur Amtshaftung und § 24, 3 c, zum enteignungsgleichen Eingriff unter Hinweis auf das Straf- und Zivilrecht.
Schoch, VerwA 79 (1988), 1/40, meint dagegen, die Rechtsprechung zum qualifizierten Unterlassen könne, da originäre Leistungsbegehren betreffend, nicht für den Folgenbeseitigungsanspruch fruchtbar gemacht werden. Er übersieht dabei aber, daß die Verweigerung der begehrten Leistung jedenfalls bei Kontrollverboten materiell ein Eingriff ist, siehe oben § 4 II 4 a bb.

963 Maaß, BayVBl. 1987, 520/25 f.

964 Bender, Staatshaftungsrecht, Rz 445.

965 Boos/Haarmann, Rz 145; der BGH beschränkt allerdings das qualifizierte Unterlassen auf den Anwendungsbereich des Art. 14 GG, s.o. § 3 IV 1.

für qualifiziertes Unterlassen eine Haftung nach § 2 StHG vorgesehen[967].

Welche Voraussetzungen das BVerwG für ein haftungsrechtlich bedeutsames Unterlassen im Rahmen des Folgenbeseitigungsanspruchs verlangt, ist offengeblieben[968]. Läßt man aber mit dieser Rechtsprechung ein Unterlassen für einen Folgenbeseitigungsanspruch jedenfalls **grundsätzlich** ausreichen, so kann die Nähe zum Herstellungsanspruch nicht mit dem Hinweis auf den Unterschied zwischen Eingriff und Leistungsversagung bestritten werden. Denn zwischen einem rechtswidrigen Unterlassen und der rechtswidrigen Verweigerung einer Leistung ist eine sinnvolle Grenzziehung nicht mehr möglich[969]. In den Herstellungsfällen ist es aufgrund besonderer Umstände -nämlich enger Bürger-Staat-Beziehung bzw. Erlaubnisbedürftigkeit zur Ausübung grundrechtlich geschützter Rechtspositionen- gerechtfertigt, gegen die Versagung von Leistungen ein Abwehrrecht auf Unterlassung der Leistungsversagung zu gewähren[970]. Unter dem Gesichtspunkt

---

966 Begr.RegE, BT-DS 8/2079, S. 44.

967 Boos/Haarmann, Rz 145.

968 Vgl. Schoch, VerwA 79 (1988), 1/40, wonach sich an die Verwendung des Begriffs "Unterlassen" durch BVerwGE 69, 366 sogleich Spekulationen über dessen Reichweite angeknüpft haben; Maurer, § 29 Rz 9.

969 Vgl. Maurer, § 29 Rz 9; anders wohl Bender, Staatshaftungsrecht, Rz 444 ff., wonach aber auch bei nichtqualifiziertem Unterlassen ein Folgenbeseitigungsanspruch zu bejahen ist, wenn sich der faktische Zustand durch rechtswidriges Unterlassen (weil z.B. eine polizeirechtliche Pflicht zur Gefahrenabwehr bestand) geändert hat; vgl. ferner Ossenbühl, § 37, 1 b.

970 Generell ablehnend Weyreuther, Gutachten, B 94. Dieser unterscheidet zwischen dem Folgenbeseitigungsanspruch vorgelagerten Unterlassungsansprüchen einerseits und sekundären Unterlassungsansprüchen, die sich nur aus einer Negativformulierung von Leistungsansprüchen ergäben, andererseits und verneint für letztere einen Folgenbeseitigungsanspruch; ihm zustimmend Maier, SRH, B. 7, Rz 27.

des Unterlassens zeigt sich die gemeinsame Wurzel[971] von Folgenbeseitigung und Herstellungsanspruch besonders deutlich[972].

Eine strikte Unterscheidung zwischen Leistungs- und Eingriffsverwaltung, die eine generelle Nichtvergleichbarkeit des Herstellungsanspruchs mit dem Folgenbeseitigungsanspruch zur Folge hätte, ist demnach nicht möglich.
Nach wie vor hat die Formulierung Luhmanns aus dem Jahre 1965 ihre Gültigkeit:

> "Die wohl herrschende Meinung begrenzt den (Folgen-) Beseitigungsanspruch auf Eingriffsfälle, obwohl sie zur Begründung nichts weiter als ihre Angst vor Ausdehnungen und Überschneidungen anführen kann"[973].

b) (Wieder)herstellung des Status quo ante

Der zweite Einwand, der gegen eine Herleitung des Herstellungsanspruchs aus dem Folgenbeseitigungsanspruch erhoben wird, besagt, daß der Folgenbeseitigungsanspruch auf die (Wieder-) Herstellung des Status quo ante[974], der Herstellungsanspruch hingegen auf Herstellung des hypothetischen Jetzt-Zustandes gerichtet ist[975].

---

971 Schoch, VerwA 79 (1988), 1/8; Berkemann, Referat 1990, 8.

972 Vgl. auch Maaß, BayVBl. 1987, 520/26.

973 Luhmann, S. 100; Durchbrechungen habe sich die Rechtsprechung vornehmlich bei Gesetzesänderungen erlaubt, a.a.O., FN 26. Beipielhaft für solche Ängste ist die Befürchtung Spanners, DVBl. 1968, 618/24, der Folgenbeseitigungsanspruch könne zu einem "Allerweltsanspruch zur Begründung eines in einem konkreten Fall vielleicht wünschenswert erscheinenden Ergebnisses" werden. Zu Luhmann siehe Weyreuther, Gutachten, B 95, und Fiedler, NVwZ 1986, 967/75 f.
Vgl. auch Stuth, S. 170, wonach das partielle Festhalten am Eingriffsmerkmal die sachlich und methodisch unhaltbare Funktion hat, einen Damm gegen Schadensersatzansprüche aus unterlassenem Staatshandeln zu erhalten.

974 BVerwG, Buchholz 310 § 113 VwGO Nr. 40; einschränkend BVerwG, NVwZ 1994, 275/80, wonach der Folgenbeseitigungsan-

Streng genommen ist allerdings auch der Folgenbeseitigungsanspruch auf Herstellung eines hypothetischen Zustandes gerichtet, da nach erfolgter Rechtsbeeinträchtigung nicht der frühere, sondern nur ein diesem gleichwertiger Zustand geschaffen werden kann[976]. Durch § 3 StHG wurde dies besonders hervorgehoben, so daß in diesem Zusammenhang häufig von einem Herstellungsanspruch gesprochen wurde[977]. Die Begrenzung des Folgenbeseitigungsanspruchs auf Herstellung lediglich des alten Zustandes wurde als zu eng empfunden, weil sie die Wiedergutmachung in vielen Fällen notwendig ausschließe[978]. Dabei wurde jedoch betont, daß nicht die Herstellung des Zustandes gemeint sei, der ohne rechtswidriges Verwaltungshandeln bestünde[979]. So erfasse der Folgenbeseitigungsanspruch nicht die Fälle zu Unrecht abgelehnter Erfüllungen[980], weil dann entweder der Erfüllungsanspruch gegeben sei oder aber eine Herstellung wegen rechtlicher Unmöglichkeit ausscheide[981].

---

spruch darauf begrenzt ist, den rechtswidrigen Eingriff in die subjektive Rechtsstellung zu beseitigen.

975 Stellvertretend Schoch, VerwA 79 (1988), 1/55 f.

976 Schmidt, Der vergessene Beseitigungsanspruch, JZ 1977, 123/25, und Schoch, VerwA 79 (1988), 1/46 ff.; ähnlich Bender, Staatshaftungsrecht, Rz 565, und Steinberg/Lubberger, S. 383. A.A. VGH Baden-Württemberg, VBlBW 1990, 102, zum rechtswidrigen Abriß eines Hauses; dagegen aber Bender, Urteilsanmerkung, VBlBW 1990, 223, weil der Folgenbeseitigungsanspruch kein negatorischer, sondern ein restitutorischer Anspruch sei; ebenso Ehlers, S. 96/97.

977 Kommissionsbericht 1973, § 3 Anm. 1.2; vgl. auch Begr.RegE, BT-DS 8/2079, S. 44.

978 Begr.RegE, BT-DS 8/2079, S. 19.

979 Boos/Haarmann, Rz 370; Kommissionsbericht 1973, § 3 Anm. 1.3.; vgl. auch Ehlers, S. 96: "Der so verstandene Folgenbeseitigungsanspruch darf ... nicht mit der umfassenden Naturalrestitution gemäß § 249 S. 1 BGB verwechselt werden, wie sie gelegentlich mit Rücksicht auf Treu und Glauben unter der zumindest ungenauen Bezeichnung "Folgenbeseitigungsanspruch" auch von den Verwaltungsgerichten zugesprochen wird."

980 Boos/Haarmann, Rz 370; Schmidt-Bleibtreu, S. 42.

981 Kommissionsbericht 1973, § 4 Anm. 1; ähnlich Kunze, S. 170.

Dennoch ist es von den Grundlagen des Folgenbeseitigungsanspruchs her gesehen nicht zwingend, ihn auf Fälle der Wiederherstellung des Status quo ante zu beschränken[982] wie die folgenden Beispiele zeigen.

aa) Durchbrechung des Prinzips des Status quo ante in den Fällen rechtswidrigen Unterlassens

Der Grundsatz, daß der Folgenbeseitigungsanspruch auf Wiederherstellung des früheren Zustandes gerichtet ist, gilt nicht ausnahmslos.
So zielt der Folgenbeseitigungsanspruch bei rechtswidrigem Unterlassen ebenso wie der Herstellungsanspruch auf die Herstellung des Jetzt-Zustandes ab[983]. Die vom BVerwG wiederholt vertretene Auffassung, wer nicht Inhaber einer bestimmten Rechtsposition sei, könne auch nicht in ihr gestört werden[984], ist daher als überholt anzusehen[985], auch wenn sie nicht ausdrücklich aufgegeben worden ist.
Diese Rechtsprechung hatte ihre Parallele in der Rechtsprechung des BGH zum qualifizierten Unterlassen, bei dem ein Eingriff in bestehende Rechtspositionen vorausgesetzt wird[986], obwohl es sich hierbei in Wirklichkeit um ein Problem der Schadensentstehung handelt[987].

---

982 Brackmann, S. 79 o.; Bachof, DÖV 1990, 895/96.

983 VGH Kassel, Urteil vom 9.9.1971, zitiert bei Haueisen, DVBl. 1973, 739/41.

984 Nachweise siehe oben zu § 2 III 4 und § 3 III 4 sowie bei Schoch, VerwA 79 (1988), 1/40 FN 227.

985 Maaß, BayVBl. 1987, 520/26.

986 BGH, NJW 1962, 2347; BGH, NJW 1980, 387; BGHZ 32, 208 = NJW 1960, 1149; BGHZ 58, 124; BGH, NJW 1972, 827; Hussla, NJW 1968, 631.

987 Vgl. Funk, DAngVers 1981, 26/29, oben unter § 1 III 8 a. E.; siehe auch Ossenbühl, § 24, 3 c, dem zufolge der BGH das Tatbestandsmerkmal des Eingriffs mit dem der eigentumsgeschützten Rechtsposition vermengt, und oben § 3 IV 1.

Da es zumindest im Bereich der Präventivverbote trotz Genehmigungspflichtigkeit um originäre Rechte geht, war die Argumentation des BVerwG insofern von vornherein unzutreffend[988]. Sie war zudem dogmatisch nicht überzeugend, weil sie sich nicht am Tatbestand des Folgenbeseitigungsanspruchs, sondern an dessen Rechtsfolge orientierte[989].

Bei der Frage, ob der frühere Zustand oder der hypothetische Jetzt-Zustand herbeigeführt werden soll, ist wegen der verfassungsrechtlichen Verankerung des Folgenbeseitigungsanspruchs entscheidend nicht der frühere **tatsächliche**, sondern der frühere **rechtmäßige** Zustand[990].

Insofern kommt es darauf an, die frühere Berechtigung des Betroffenen wiederherzustellen. Auch der Herstellungsanspruch ist aber auf **Wieder**herstellung der früheren Berechtigung gerichtet[991]. Die landläufige Formulierung, mit dem Herstellungsanspruch sei der Zustand herzustellen, der ohne rechtswidriges Behördenhandeln bestünde, verschleiert also die eigentliche Intention des Herstellungsanspruchs. Die Wiederherstellung des Leistungsanspruchs erstreckt sich allerdings zwangsläufig auf den Gegenstand der Erfüllung, da dies der Inhalt des Leistungsrechts ist[992]. Eine rein statische und isolationistische Sicht der (Wieder-) Herstellung des Status quo ante wird nur dem Vollzugsfolgenbeseitigungsanspruch gerecht[993]. Im Interesse effektiven Rechtsschutzes muß es maßgeblich auf das Bestehen ei-

---

988 Vgl. Baumeister, S. 135/36.

989 Schoch, VerwA 19 (1988), 1/41, und Papier, DVBl. 1972, 845/47 f. (Im Einzelfall griff das BVerwG allerdings auf die Folgenbeseitigungslast zurück, siehe oben § 3 IV 2 c.) Hingegen meint Ossenbühl, § 37, 1 b, Tatbestand und Rechtsfolge seien aufeinander bezogen.

990 Brugger, AÖR 112 (1987), 389/443, hinsichtlich der Berufszulassungs- und Baugenehmigungsfälle.

991 Vgl. Kreßel, S. 300, bzgl. seines Bestandsschutzanspruchs.

992 Kreßel, S. 198.

ner geschützten Rechtsposition ankommen, nicht aber auf die Existenz einer Sache oder eines Zustandes, in die/den eingegriffen wird[994].

Allerdings ist in den Fällen rechtswidrigen Unterlassens beim Folgenbeseitigungsanspruch der bestehende Zustand bereits als rechtswidrig definiert. In den Herstellungsfällen dagegen könnte ein rechtswidriger Zustand nur aufgrund des dem Betroffenen entstehenden Schadens angenommen werden[995].
In diesem Zusammenhang stellt sich die Frage, ob es für den Herstellungsanspruch überhaupt auf die Rechtswidrigkeit des bestehenden Zustandes bzw. der eingetretenen Folgen ankommt[996], mit anderen Worten, was prinzipiell Grund der Haftung beim Herstellungsanspruch ist[997].
Im Zivilrecht geht die hM vom Erfolgsunrecht und damit von einer Zustandshaftung aus[998], macht jedoch z.B. bei der Haftung für ein Unterlassen eine Ausnahme, weil hierfür eine besondere Pflichtwidrigkeit erforderlich sei[999]. Demgegenüber knüpft die Lehre von der Verhaltenshaftung an das Handlungsunrecht an[1000], was vor allem bei fahrlässigem Handeln sinnvoll sein kann[1001].

---

993 Brugger, AÖR 112 (1987), 389/412 ff.; vgl. auch Kommissionsbericht 1973, § 3 Anm. 1.4, wonach (nur) beim Vollzugsfolgenbeseitigungsanspruch der veränderte Zustand gleichbedeutend mit dem Zustand ist, der der Verwirklichung des rechtswidrigen Verwaltungsakts entspricht; ferner Berkemann, Vortrag 1987, S. 3/4.

994 Brugger, a.a.O., S. 414; Kreßel, S. 299.

995 Diese Ansicht vertreten vor allem Wallerath, DÖV 1987, 505/13, und Löwer, S. 294, insbesondere FN 609.

996 Vgl. Schoch, VerwA 79 (1988), 1/42 f., der diese Frage für den Folgenbeseitigungsanspruch offenläßt, weil es nur um die Mittel zur Erfüllung des ursprünglichen Unterlassungsanspruchs gehe.

997 Zum folgenden siehe Olivet, insbesondere S. 22 ff.

998 Olivet, S. 22.

999 Deutsches Rechtslexikon, Stichwort Handlungsunrecht.

Doch muß diese Lehre beim Unterlassungsanspruch und beim Handeln in Notwehr zur alten Lehre zurückkehren, hat also wie die hM einen doppelten Rechtswidrigkeitsmaßstab[1002].

Nach ganz überwiegender Ansicht begründet der Folgenbeseitigungsanspruch, wie sich bereits aus seiner Dogmatik ergibt[1003], eine Zustandshaftung[1004]. Dies zeigt sich vor allem in den Fällen nachträglicher Rechtswidrigkeit[1005], wobei dazu allerdings auch die Ansicht vertreten wird, es handele sich nicht um eine Zustands-, sondern um eine Ingerenzhaftung[1006].

Über den Haftungsgrund beim Herstellungsanspruch bestehen unterschiedliche Meinungen. Ebsen leitet aus der von ihm angenommenen Anlehnung des Herstellungsanspruchs an den Folgenbeseitigungsanspruch ab, daß der Herstellungsanspruch als Fall der Zustandshaftung konzipiert sei[1007]. Nach Schmidt-De Caluwe dagegen begründet der Herstellungsanspruch eine Verhaltenshaftung[1008]. Bezogen auf Dispositionsschäden sei der bestehende

---

1000 Olivet, S. 22/23.

1001 Deutsche Rechtslexikon, a.a.O.

1002 Deutsches Rechtslexikon, a.a.O.

1003 Olivet, S. 19; siehe oben § 4 II 3.

1004 Stellvertretend Rupp, JA 1979, 506/09; Olivet, S. 18; Schloer, JA 1992, 39/42; Weyreuther, Gutachten, B 64 ff. und B 91; a.A. Obermayer, JuS 1963, 119/25.

1005 Siehe dazu oben zu § 4 II 4 a cc; vgl. auch § 3 Abs. 1 Satz 2 StHG und Weyreuther, Gutachten, B 67/68, wonach beim Folgenbeseitigungsanspruch an Handlung **und** Erfolg angeknüpft wird, beim Vollzugsfolgenbeseitigungsanspruch allerdings das Verhaltensunrecht, nämlich das Vorliegen eines rechtswidrigen Verwaltungsakts, maßgeblich ist, B 70. Olivet, zusammenfassend S. 72, zufolge ist ein Folgenbeseitigungsanspruch insoweit gegeben, als ein Verletzungserfolg durch die öffentliche Hand in "verantwortlicher" Weise verursacht wird, wobei sich der Umfang der Verantwortlichkeit aus den Grundsätzen der Adäquanz- und der Schutzzwecklehre ergebe.

1006 Ehlers, S. 58 und S. 80, der als Vertreter der Lehre vom Verhaltensunrecht, S. 51 ff., der Auffassung ist, rechtswidrige Zustände gebe es nicht, S. 97.

Zustand rechtmäßig, weil er durch die Disposition des Betroffenen legitimiert werde[1009].
Der Haftungsgrund beim Herstellungsanspruch ist demnach seinerseits abhängig von der Bewertung des bestehenden Zustandes als rechtmäßig oder rechtswidrig, liefert also selbst keine Bewertungskriterien.

Bei der Beurteilung dieses Problems ist zu differenzieren:
In den Leistungsversagungsfällen bzw. in den Fällen, in denen die Schadensverursachung ausschließlich im Bereich der Behörde liegt, entsteht jedenfalls zunächst ein rechtswidriger Zustand, weil der Betroffene alle Tatbestandsvoraussetzungen für eine Genehmigung/Leistung erfüllt. Zwar würde die Beeinträchtigung mit Erlöschen des Erfüllungsanspruchs enden[1010], doch ist angesichts der Herstellungsproblematik das vollständige Erlöschen des Erfüllungsanspruchs gerade zweifelhaft[1011]. Zudem wird ein rechtswidriger Verwaltungsakt durch eine Gesetzesänderung grundsätzlich nicht zu einem rechtmäßigen Verwaltungsakt[1012] und stellt daher selbst dann noch eine Beeinträchtigung dar, wenn der Leistungsanspruch weggefallen ist[1013].

1007 Ebsen, DVBl. 1987, 389/94.; dieses Argument läuft jedoch auf eine Tautologie hinaus.

1008 Schmidt-De Caluwe, S. 302/03: für die Fälle, in denen ein gesetzeswidriger Zustand entstehe, gebe es spezialgesetzliche Regelungen.

1009 Schmidt-De Caluwe, S. 198 und S. 302/03.

1010 Nach Papier, DÖV 1972, 845/50 f., ist daher der bestehende Zustand trotz des Schadens für den Betroffenen rechtmäßig. Siehe auch Weyreuther, Gutachten, B 131, zur Folgenbeseitigungslast: "Für die Folgenbeseitigungslast ist nicht eigentlich der durch den Eingriff hervorgerufene Zustand das Wesentliche ... Für sie kommt es vielmehr ausschließlich auf die **Nachwirkung** des Eingriffs bis in das Stadium der Wiedergutmachungssituation an."

1011 Vgl. Adolf, S. 94 ff., dem zufolge beim Folgenbeseitigungsanspruch nur der Unterlassungs**anspruch**, nicht aber die Unterlassungs**pflicht** endet.

1012 Siehe oben § 3 IV 2, FN 709.

In den Dispositionsfällen hat der Bürger, wenn auch aufgrund behördlichen Fehlverhaltens, noch nicht alle Tatbestandsvoraussetzungen erfüllt, so daß insoweit von der Rechtmäßigkeit des bestehenden Zustandes ausgegangen werden könnte[1014]. Andererseits läßt sich die Rechtswidrigkeit des bestehenden Zustandes schon allein aufgrund des eingetretenen Schadens damit begründen, daß zu den Folgen rechtswidrigen Verwaltungshandelns auch der dadurch verursachte und noch andauernde Zustand selbst gehört[1015]. Die Rechtswidrigkeit des behördlichen Verhaltens zöge also automatisch auch die Rechtswidrigkeit des hervorgerufenen Zustandes nach sich.

Anerkanntermaßen hängt die Rechtswidrigkeit eines Zustandes im Zivilrecht gerade vom Schaden für den Betroffenen ab. Selbst bei Gestattung eines gefährlichen Tuns ist die hieraus entspringende Einzelrechtsverletzung rechtswidrig[1016].

Ließe man bei der Beurteilung des bestehenden Zustandes in den Herstellungsfällen den Schaden des Betroffenen außer acht, wäre der Haftungsgrund selbst vom Standpunkt der Verhaltenshaftung aus nicht befriedigend zu erklären. Denn auch wenn die Rechtsordnung an eine mißbilligte Handlung ohne einen zu mißbilligenden Erfolg eine Haftung knüpfen **könnte**[1017], existiert eine sol-

---

1013 Deshalb wollen Eyermann/Fröhler, § 113 Rz 14, zumindest dem Aufhebungsantrag bei Bestehen eines Rechtsschutzbedürfnisses stattgeben.

1014 Siehe Schmidt-De Caluwe, S. 198 und S. 302/03; von der Rechtmäßigkeit des bestehenden Zustandes gehen auch aus Schoch, VerwA 79 (1988), 1/55; Bieback, SGb. 1990, 517/19; Adolf, S. 99, und Krasney, BKK 1985, 380/83, der dies für den wesentlichen Unterschied zwischen Herstellungs- und Folgenbeseitigungsanspruch hält.

1015 Haueisen, DVBl. 1973, 739/43; Wallerath, DÖV 1987, 505/13; so wohl auch Bieback, DVBl. 1983, 159/62; Löwer, S. 294 FN 609: "Wieso die Rechtslage nach der ungünstigen Beitragszahlung 'für sich allein nicht als rechtswidrig anzusehen ist', ist unerfindlich, wenn man von einem Fehlverhalten der Behörde ausgeht."

1016 Nachweise bei Olivet, S. 58 ff.; siehe auch Olivet, S. 23/24 FN 22.

che Verhaltenshaftung **praktisch** nicht; vielmehr muß stets ein Verletzungserfolg hinzukommen[1018]. Die Lehre vom Handlungsunrecht zieht demnach engere Grenzen als die Lehre vom Erfolgsunrecht, während die obige Sicht eine im Verhältnis zur Zustandshaftung erweiterte Verhaltenshaftung zur Folge hätte. Die Ansicht, auch ein rechtmäßiger, aber ungünstiger Zustand könne ausgleichspflichtig sein[1019], vermag eine Haftung nicht zu begründen, sondern kann sie allenfalls erklären. Ginge man in den Herstellungsfällen von der Rechtmäßigkeit des bestehenden Zustandes aus, so müßte konsequenterweise jegliche Haftung abgelehnt werden[1020].

Richtig ist allerdings, daß in den Herstellungsfällen naturgemäß nicht der hervorgerufene Zustand, sondern die Nachwirkung des behördlichen Fehlverhaltens wesentlich ist[1021]. Dies gilt jedoch in gleichem Maße für die (sonstigen) Fälle rechtswidrigen Unterlassens, in denen der Folgenbeseitigungsanspruch angewandt wird[1022].

1017 Weyreuther, Gutachten, B 68.

1018 Olivet, S. 23.

1019 So Adolf, S. 50; vgl. auch Schoch, VerwA 79 (1988), 1/55 FN 342: "Daß der geschaffene, rechtmäßige Zustand hätte günstiger ausfallen können, wenn das rechtlich zu mißbilligende Verhalten der Behörde ... so nicht geschehen wäre, ändert an den strukturellen Unterschieden zum Folgenbeseitigungsanspruch nichts."

1020 So i.E. Schoch, VerwA 79 (1988), 1/61 ff.

1021 So Weyreuther, Gutachten, B 131, hinsichtlich der Folgenbeseitigungslast. Dies dürfte auch der Grund dafür sein, weshalb sich die Literatur auffallend wenig mit der Frage nach dem Haftungsgrund beim Herstellungsanspruch beschäftigt.

1022 Vgl. Schoch, VerwA 79 (1988), 1/42 f., zum Folgenbeseitigungsanspruch, dem zufolge es nur um die Mittel zur Erfüllung des ursprünglichen Unterlassungsanspruchs geht, nicht aber um die Frage nach einer Zustands- oder Verhaltenshaftung.

bb) Durchbrechung des Prinzips des Status quo ante in sonstigen Fällen

In den Fällen, in denen eine Folgenbeseitigung rechtlich oder tatsächlich nicht mehr möglich ist, wird teilweise die Gewährung eines Geldersatzanspruchs, des sogenannten Folgenersatz- oder Folgenentschädigungsanspruchs, befürwortet[1023]. Hierin zeigt sich eine deutliche Parallele zu den Herstellungsfällen, in denen das BSG einen Kostenersatzanspruch gewährt, wenn sich der Versicherte eine ihm vom Versicherungsträger rechtswidrig verweigerte Leistung selbst beschafft[1024].
Nach einer neueren Entscheidung des BVerwG kann im Wege der Folgenbeseitigung Geldersatz auch bei einem mitwirkenden Verschulden des Betroffenen gewährt werden, während man bislang von der Unteilbarkeit des Folgenbeseitigungsanspruchs und damit dem "Alles-oder-Nichts-Prinzip" ausging[1025]. Zur Begründung beruft sich das BVerwG auf den Rechtsgedanken des § 251 BGB, dem auch in § 17 Abs. 4 Satz 2 FStrG -inzwischen aufgehoben- und § 74 Abs. 2 Satz 3 VwVfG Rechnung getragen werde[1026]. Da sich die Verwaltung wegen des regelmäßig vorliegenden Eingriffs in grundrechtliche Rechtspositionen auf einer höheren Verantwor-

---

1023 Weyreuther, Gutachten, B 116/17; Baumeister, S. 144/45; weitere Nachweise bei Schoch, VerwA 79 (1988), 1/51 FN 315; a.A. VGH Baden-Württemberg, VBlBW 1990, 102; offengelassen von BVerwGE 82, 24/29. Nach Ossenbühl, § 37, 2, stößt der Folgenentschädigungsanspruch in den Raum vor, der bislang vom enteignungsgleichen Eingriff gedeckt wurde; anders als Schenke, JuS 1990, 370/76, meint, wird der Folgenersatzanspruch damit aber nicht aus dem enteignungsgleichen Eingriff abgeleitet. Nach Maurer, § 29 Rz 17, ist jedoch der Folgenentschädigungsanspruch kein selbständiger Anspruch, sondern gilt nur nach Maßgabe der allgemeinen öffentlich-rechtlichen Entschädigungsansprüche.

1024 BSG, SGB. 1983, 26/28, und siehe oben § 1 III 8 und IV 3.

1025 BVerwGE 82, 24/29 = DVBl. 1989, 878 = DÖV 1989, 774 = NJW 1989, 2484; dagegen Schenke, JuS 1990, 370; gegen eine Anwendung von § 254 BGB auf den Folgenbeseitigungsanspruch auch Schoch, VerwA 79 (1988), 1/53 f.

tungsebene als der Bürger befinde, sei eine differenzierende Lösung über die §§ 251, 254 BGB erforderlich[1027].
In beiden Konstellationen, für die -allerdings nicht unumstritten- Geldersatzansprüche im Rahmen des Folgenbeseitigungsanspruchs gewährt werden, dient der Folgenbeseitigungsanspruch der Herstellung eines Zustandes, der zuvor noch nicht bestanden hat.
Dies gilt auch für den Böschungsfall, in dem eine Behörde eine instabile Mauer errichtete, die dem Abrutschen des Geländes auf das Grundstück des betroffenen Eigentümers nicht standhielt[1028]. Das BVerwG gab dem Begehren des Eigentümers, eine neue, stabile Mauer zu errichten, aufgrund des Folgenbeseitigungsanspruchs statt, obwohl die Wiederherstellung des früheren Zustandes an sich zur Wiedererrichtung der alten, nicht standfesten Mauer hätte führen müssen. Der Eigentümer wurde also so gestellt, wie er gestanden hätte, wenn von vornherein eine stabile Mauer errichtet worden wäre[1029].

c) Unmittelbarkeitsprinzip

Das im Grundsatz anerkannte Prinzip, daß mit dem Folgenbeseitigungsanspruch nur die unmittelbaren Folgen rechtswidrigen Verwaltungshandelns beseitigt werden können[1030], ist auf den Herstellungsanspruch insoweit nicht anwendbar, als es um Disposi-

---

1026 BVerwGE, a.a.O., S. 28; Berkemann, Vortrag, S. 7, meint, diese Regelungen stellten als Anpassungsansprüche eine Art gesetzliche Folgenbeseitigung dar.

1027 BVerwGE, a.a.O., S. 27/28; ablehnend Schenke, JuS 1990, 370 ff.

1028 BVerwG, NJW 1985, 1481 = DÖV 1985, 362; siehe zu dieser Entscheidung Berkemann, Vortrag 1987, 9, und Referat 1990, 4 f.

1029 Berkemann, a.a.O.

1030 Z.B. BVerwG, DVBl. 1984, 1178; wegen des Unmittelbarkeitsprinzips kann nicht das Bestehen einer Prüfung unterstellt werden, BVerwGE 53, 12/22; BVerwG, Buchholz 310 § 113 VwGO Nr. 240; VG Würzburg, NVwZ 1983, 239/41; weitere Beispiele bei Schloer, JA 1992, 39/42. Beim enteignungsgleichen Eingriff er-

tionsschäden des Bürgers und damit um die klassischen Herstellungsfälle geht[1031].

Mit dem Herstellungsanspruch werden auch die mittelbaren Schadensfolgen erfaßt[1032], weil er gerade auch zum Ausgleich für -mittelbare- Dispositionsschäden entwickelt wurde[1033]. Wollte man das Unmittelbarkeitsprinzip im wörtlichen Sinne auf den Herstellungsanspruch übertragen, so könnte im Fall der Falschberatung nur die Berichtigung der Auskunft verlangt werden[1034], womit der dem Bürger entstandene Schaden nicht behoben würde.

Daß die Restitution beim Herstellungsanspruch daher einer Hypothese bedarf[1035], wird vor allem dann deutlich, wenn bestimmte Mitwirkungserfordernisse des Betroffenen noch fehlen. Namentlich bei Gestaltungsrechten muß geklärt werden, welche Wahl der Geschädigte bei richtiger Beratung und Betreuung getroffen hätte[1036].

---

setzt das Unmittelbarkeitsprinzip das frühere Erfordernis der Zielgerichtetheit des Eingriffs, Boos/Haarmann, Rz 142 und Rz 149.

1031 Schmidt-De Caluwe, S. 290.

1032 Schmidt-De Caluwe, S. 292.

1033 Siehe oben § 1 III 3.

1034 Bender, Staatshaftungsrecht, Rz 455; Schoch, VerwA 79 (1988), 1/61 FN 374; Hill, S. 450; vgl. auch BVerwG, DÖV 1972, 572, zitiert bei Haueisen, DVBl. 1973, 739/441; Kunze, S. 171.

1035 Die aber beim Folgenbeseitigungsanspruch ebenfalls erforderlich sein kann, vgl. Steinberg/Lubberger, S. 383; ferner oben § 4 II 4 b.

1036 BSGE 59, 60/68; vgl. BVerwGE 25, 191/99, wo in ähnlichem Zusammenhang darauf abgestellt wird, "daß bei verständiger Betrachtung auch eine andere (Gestaltungs-, Verf.) Wahl für den Geschädigten sinnvoll gewesen wäre", und SG Berlin, InfAuslR 1986, 70/71: bei richtiger Beratung hätte Betroffener "vernünftigerweise" einen Antrag auf Arbeitserlaubnis gestellt; ferner Bieback, SGb. 1990, 517/22; siehe aber auch BVerwGE 47, 225/28. OVG Münster, KMK-HSchR 1984, 890/94, läßt offen, ob der Herstellungsanspruch zu einem "fiktiven Vertrauensschutz führen kann (nämlich dem Schutz des berechtigten Vertrauens in eine Vorabentscheidung, die zwar hätte erwirkt werden können, jedoch nicht beantragt wurde)."
Nach BSG, SGb. 1986, 34/36, muß der Betroffene vor einer ge-

Beim Folgenbeseitigungsanspruch sollen dagegen dem BVerwG zufolge diejenigen Schadensfolgen unberücksichtigt bleiben, die auf einer eigenen Entschließung des Betroffenen beruhen[1037]. Dennoch steht auch dies einer Zuordnung des Herstellungsanspruchs zum Folgenbeseitigungsanspruch nicht grundsätzlich entgegen[1038], weil das Unmittelbarkeitsprinzip nur dazu dienen soll, einer Ausuferung des Folgenbeseitigungsanspruchs vorzubeugen[1039], nicht aber dazu, behördlich direkt fehlgeleitete Entscheidungen des betroffenen Bürgers sanktionslos zu lassen[1040].

So soll das Unmittelbarkeitserfordernis auch beim enteignungsgleichen Eingriff eine Haftung nur für die Fälle verhindern, in denen der Schaden erst durch ein außerhalb der hoheitlichen Maßnahme liegendes, selbständiges Ereignis ausgelöst wird[1041]. Es handelt sich also nicht, wie früher angenommen, um ein Problem der Kausalität, sondern um ein sprachlich verunglücktes Etikett für die wertende Zurechnung von Schadensfolgen bzw. die Abgrenzung von Risiko- und Verantwortungsbereichen[1042], die deshalb erforderlich ist, weil das Korrektiv des Verschuldens

---

richtlichen Entscheidung einen Vermögensvorteil ausgleichen, wenn er für die Nachentrichtung von Beiträgen zu der Zeit, zu der er sie ohne behördliches Fehlverhalten durchgeführt hätte, mehr hätte zahlen müssen als nach jetzigem Stand; ebenso BSG, SozR 1200 § 14 Nr. 18; vgl. auch BSGE 55, 257/59.

1037 BVerwG, DVBl. 1984, 1178; kritisch dazu Berkemann, Vortrag 1987, S. 9 ff.

1038 A.A. Schmidt-De Caluwe, S. 290.

1039 BVerwG, DVBl. 1984, 1178.

1040 Brugger, AÖR 112 (1987), 389/416 f.; a.A. BVerwG, a.a.O., im Bardepotfall, der Ossenbühl, § 65, 4, zufolge nur "mühsam von einer Staatshaftung ferngehalten wurde"; gegen die Entscheidung des BVerwG Berkemann, Vortrag 1987, S. 10/11, weil sich der Zinsschaden im Rahmen der Adäquanz halte und auch nach bereicherungsrechtlichen Grundsätzen hätte ersetzt werden müssen; vgl. auch oben § 4 II 4 a cc sowie Maaß, BayVBl. 1987, 520/22.

1041 Boos/Haarmann, Rz 149.

1042 Ossenbühl, § 24, 3.

fehlt[1043]. Zu fragen ist daher, wer die Folgen behördlicher Fehlentscheidungen tragen soll[1044].

Bei einer Fehlleitung der Dispositionen des Bürgers liegt der Auslöser des Schadens nicht außerhalb der Verwaltung; die Schadensverursachung hält sich vielmehr im Rahmen der zivilrechtlichen Sozialadäquanz, die mit dem Unmittelbarkeitsprinzip des Öffentlichen Rechts eng verwandt ist[1045]. Nach § 3 StHG sollte es beim Folgenbeseitigungsanspruch auch nicht mehr auf die Unmittelbarkeit, sondern auf die -weitergehende[1046]- Adäquanz ankommen[1047].

Letztlich ist das Unmittelbarkeitsprinzip Ausfluß der Lehre vom Erfolgsunrecht[1048], die im Unterschied zur Lehre vom Verhaltensunrecht nur an das Bestehen eines rechtswidrigen Zustandes anknüpft und daher bestimmter Haftungsbegrenzungen bedarf.

Der Herstellungsanspruch gewährt nicht mehr, als bei ordnungsgemäßem Verwaltungsablauf erlangt worden wäre[1049]. Ein Bedürfnis für eine Eingrenzung von Haftungsfolgen durch das Unmittelbarkeitsprinzip ist daher nicht vorhanden. In Anbetracht der "oft haarsträubenden Bewilligungspraxis der Verwaltung"[1050], die dem Bürger schon das Risiko einer fehlerhaften Antragsabweisung, der zeitlichen und finanziellen Aufwendungen vor Gericht und der Verzögerungsschäden aufbürdet[1051], würde eine an-

---

1043 Berkemann, Vortrag 1987, S. 11.

1044 Löwer, S. 321.

1045 Boos/Haarmann, Rz 151.

1046 Ossenbühl, § 24, 3.

1047 Begr.RegE, BT-DS 8/2079, S. 44; Kommissionsbericht 1973, § 3 Anm. 1.4; Schmidt-Bleibtreu, S. 43.

1048 Ehlers, S. 55; siehe allgemein zum Erfolgsunrecht oben § 4 II 4 b aa.

1049 Siehe oben § 1 III 8; ähnlich Kreßel, S. 222/23.

1050 Ossenbühl, § 24, 3 c.

dere Betrachtungsweise zur Verweigerung einer pflichtenorientierten Kontrolle durch die Gerichte führen[1052].

d) Rechtliche Unmöglichkeit

Der vierte Einwand gegen die Herleitung des Herstellungsanspruchs aus dem Folgenbeseitigungsanspruch besagt, daß die Anwendung des Herstellungsanspruchs contra legem sei[1053], während die Anwendung des Folgenbeseitigungsanspruchs bei Entgegenstehen rechtlicher Hindernisse ausgeschlossen sei[1054]. Diese Ansicht richtet sich nicht nur gegen die Herleitung des Herstellungsanspruch aus dem Folgenbeseitigungsanspruch, sondern gegen die Zulässigkeit des Herstellungsanspruchs überhaupt[1055]. Deshalb soll darauf im einzelnen erst bei Behandlung der verfassungsrechtlichen Rechtsfortbildungsproblematik eingegangen werden[1056]. Hier sei nur nochmals darauf hingewiesen, daß das subjektive Recht auch nach Eintritt eines Hindernisses fortbeste-

---

1051 Stuth, S. 171, die in diesem Zusammenhang vehement die Rechtsprechung zum qualifizierten Unterlassen kritisiert.

1052 Stuth, a.a.O., bezogen auf Schadensersatzansprüche aus enteignungsgleichem Eingriff.

1053 Kunze, S. 170; Kommissionsbericht, § 3 Anm. 2.2. und § 4 Anm. 1; Merten, VSSR 1973/74, 66/76, ohne Begründung: "Damit hat das BSG die Lehre vom Folgenbeseitigungsanspruch um das Institut der Folgenbeseitigung contra legem bereichert."

1054 Siehe dazu Begr.RegE, BT-DS 8/2079, S. 27, wonach der Bürger (nur) bei Unmöglichkeit, Unzulässigkeit oder Unzumutbarkeit des Folgenbeseitigungsanspruchs auf einen Geldersatzanspruch zu verweisen ist. Beispiele von tatsächlicher und rechtlicher Unmöglichkeit finden sich u.a. bei Schloer, JA 1992, 39/43.

1055 Merten, a.a.O.; Kunze, S. 173/74, wonach eine Naturalrestitution, die gegen geltendes Rechts verstößt, unzulässig ist. Eine Ausnahme will Kunze aus Gründen der Rechtssicherheit nur bei der Erfüllung bestandskräftiger rechtswidriger Zusagen machen.

1056 Siehe unten § 4 III 2 c.

hen kann und gerade der Auschluß eines Anspruchs oder seine sonstige zeitliche Begrenzung rechtswidrig sein können[1057].

> "Rechtlich unmöglich ist die Folgenbeseitigung nur dann, wenn man in der Alternative von originärem Erfüllungsanspruch und, nach Änderung der Rechtslage, sekundärem Ersatz- und Entschädigungsanspruch denkt."[1058]

Insbesondere in den Leistungsversagungsfällen wird der Folgenbeseitigungsanspruch im Einzelfall immer wieder angewandt[1059] und entspricht in dieser erweiterten Form dem Herstellungsanspruch. Die Argumentation, der Herstellungsanspruch sei wegen rechtlicher Unmöglichkeit nicht aus dem Folgenbeseitigungsanspruch ableitbar, erweist sich somit als nicht stichhaltig.

5. Parallele zur Folgenbeseitigungslast

Viele der erwähnten verwaltungsrechtlichen Herstellungsfälle werden von Weyreuther unter dem Gesichtspunkt der Folgenbeseitigungslast behandelt[1060]. Zum besseren Verständnis soll

---

1057 Vgl. Kreßel, S. 369; der von ihm entwickelte Bestandsschutzanspruch scheide nur dann aus, wenn der Ausschluß oder die zeitliche Begrenzung des Anspruchs rechtmäßig sei, S. 381/82.

1058 Brugger, AÖR 112 (1987), 389/443, der für eine "nachholende Erfüllung" eintritt.

1059 Nachweise oben bei § 3 IV 2 c; vgl. auch BVerwG, NVwZ 1994, 275 ff., wonach eine straßenrechtliche Widmung einem Folgenbeseitigungsanspruch, der auf Schließung einer Straße für den Durchgangsverkehr gerichtet ist, nicht entgegensteht.

1060 Weyreuther, Gutachten, B 106 ff. Dazu gehören die die Fälle behördlicher Betreuungspflichtverletzung, B 125/26; die Leistungsversagungsfälle bei zwischenzeitlicher Rechtsänderung, B 118 ff.; der Fall des zu Unrecht nicht versetzten Schülers, B 125, und der Fall der Beamtin, die fälschlicherweise auf Widerruf ernannt wurde, B 124/25.

zunächst ein kurzer Exkurs zur gedanklichen Entwicklung der Folgenbeseitigungslast bei Weyreuther gemacht werden[1061].

a) Inhalt der Folgenbeseitigungslast

Ausgangspunkt Weyreuthers war die -umstrittene- Annahme, daß ein Folgenbeseitigungsanspruch in den Fällen nicht bestehe, in denen die Folgenbeseitigung ein Einschreiten gegen Dritte erfordere (B 106 ff.)[1062]. Für Eingriffe in die Rechte solcher Dritter bedürfe es einer **gesetzlichen** Ermächtigung (B 109), die in Form der polizeilichen Generalklausel nur als Ermessensnorm zur Verfügung stehe (B 114). Eine Ermessensbindung aufgrund der "Vorgeschichte" (B 114) ergebe sich aber nicht aus dem Folgenbeseitigungsanspruch[1063], weil in der Ermessensbindung allein der den Folgenbeseitigungsanspruch begründende Sachzusammenhang wirksam werde, "wie man schon daraus ersehen kann, daß die Ermessensbindung als Wirkung nicht mit dem Folgenbeseitigungsanspruch als Anspruch korrespondiert[1064]. Nicht der Folgenbeseitigungsanspruch, sondern die 'Folgenbeseitigung' in der Funktion, einem anderweit begründeten (!) Anspruch auf fehlerfreie Ermessensausübung aufzuhelfen, steht in Frage ..." (B 115). Nach Weyreuther stellt sich die Ermessensbindung nicht als Pflicht bzw. Anspruch, sondern als Obliegenheit, nämlich als Folgenbeseitigungs**last** dar (B 116), auch wenn eine der Folgen-

---

1061 Weyreuther, Gutachten, B 106 ff.

1062 So wie Weyreuther OVG Lüneburg, DVBl. 1982, 906 Nr. 318; OVG Münster, DÖV 1973, 722 Nr. 277; Broß, VerwA 76, 217. A.A. Horn, Folgenbeseitigung bei aufgehobenem Verwaltungsakt mit Drittwirkung, DÖV 1989, 976; Eyermann/Fröhler, VwGO, § 80 Rz 56; Kreßel, S. 73/73; Obermayer, JuS 1963, 110/113 f., der eine Ausnahme nur für **unbeteiligte** Dritte machen will. Vgl. auch Kommissionsbericht 1973, § 3 Anm. 2.2.

1063 A.A. OVG Lüneburg, DVBl. 1962, 418; Kreßel, S. 71 ff., der den Begriff der Folgenbeseitigungslast für überflüssig hält, S. 71 FN 64. Entscheidend ist in diesem Zusammenhang, wie man den Folgenbeseitigungsanspruch begründet, Schloer, JA 1992, 39/44.

1064 Ebenso Begr.RegE, BT-DS 8/2079, S. 45.

beseitigungslast nicht entprechende Entscheidung nur ausnahmsweise rechtmäßig sein könne.

> "Die Folgenbeseitigungslast ersetzt nicht den Folgenbeseitigungsanspruch, sondern steht neben diesem. Wenn sich über die Folgenbeseitigungslast ein Einschreiten nicht erreichen läßt, dann bedeutet das zugleich, daß - im Verhältnis zwischen dem Berechtigten und der Behörde- der Folgenbeseitigungsanspruch unerfüllbar bleibt (bzw. unerfüllbar ist). Damit sind die Voraussetzungen gegeben, unter denen sich der Folgenbeseitigungsanspruch in einen Folgenersatzanspruch umwandelt" (B 116/17 FN 488).

Abgesehen von der Wirkungsweise seien auch die Konsequenzen von Folgenbeseitigungslast und Folgenbeseitigungsanspruch verschieden. Zum einen verpflichte der Folgenbeseitigungsanspruch zu einem bestimmten positiven Verhalten, während die Folgenbeseitigungslast nur negativ bestimmte Verhaltensweisen ausschließe (B 116)[1065]. Zum anderen trage der Folgenbeseitigungsanspruch ein subjektives Recht aus der Vergangenheit in die Gegenwart fort, während die Folgenbeseitigungslast erst wirksam werde, wenn der Berechtigte unabhängig von ihr einen Anspruch auf fehlerfreie Ermessensausübung habe (B 117).
Andererseits sei der Anwendungsbereich der Folgenbeseitigungslast größer als der des Folgenbeseitigungsanspruchs, denn wenn Verwaltungsunrecht überhaupt eine ermessensbindende Last nach sich ziehe, dann müsse dies nicht nur bei Eingriffen im engeren Sinn, sondern auch bei der Versagung von Leistungen gelten (B 117/18).

b) Verhältnis zwischen Herstellungsanspruch und Folgenbeseitigungslast

Mit letzterem wird der Bereich angesprochen, der im Sozialrecht vom Herstellungsanspruch erfaßt wird.

1065 Anders OVG Lüneburg, DVBl. 1967, 207, wonach die Verwaltung in beiden Fällen ein Rechtsverhältnis mit verbindlicher Wirkung durch Verwaltungsakt regelt, so daß es nicht darauf an-

Im Unterschied zum Herstellungsanspruch ist die Folgenbeseitigungslast zwar nur ein Ermessensfaktor[1066]. Dennoch geht Weyreuther bezüglich der Folgenbeseitigungslast regelmäßig von einer Ermessensreduzierung auf Null aus, die in einen Anspruch mündet. Eine solche Ermessensreduzierung kann sich in den Herstellungsfällen in Verbindung mit dem rechtswidrigen Vorverhalten der Behörde aus dem Sozialstaatsprinzip, dem Vertrauensschutzgrundsatz und dem Gleichheitssatz ergeben[1067].
Auffällig ist dabei, daß die Rechtsprechung selbst bei Anwendung des Folgenbeseitigungs**anspruchs** im Einzelfall nur einen Anspruch auf fehlerfreie Ermessensausübung gewährt[1068]. Auch in den Fällen rechtswidriger Versagung einer Gewerbeerlaubnis bei anschließender Gesetzesänderung macht das BVerwG einen Vorbehalt zugunsten überwiegender Gründe des öffentlichen Wohls[1069], so daß sich der Unterschied zu den Fällen rechtswidrig versagter Baugenehmigungen, in denen nur die Folgenbeseitigungslast angewandt wird, relativiert[1070]. Will man nicht terminologische Ungenauigkeiten und Begriffsverwechslungen unterstellen, so ist daraus zu folgern, daß die Lösung der Herstellungsfälle immer unter dem Vorbehalt öffentlicher Interessen steht[1071], so wie

---

komme, ob die Rechtsverletzung durch positives oder negatives Verhalten der Verwaltung verursacht worden sei.

1066 Rüfner, in Erichsen/Martens, § 53, Rz 29; Menger/Erichsen, VerwA 60 (1969), 171/72 f. Daher ablehnend gegenüber einer Begründung des Herstellungsanspruchs mit der Folgenbeseitigungslast Maier/Hannemann, DAngVers 1975, 346/52, und Maier, SRH, B. 7, Rz 28; vgl. auch Schmidt-De Caluwe, S. 293 ff.

1067 Vgl. Brugger, AÖR 112, 389/428 f. und S. 435, insbesondere FN 180. Siehe auch Schmidt-De Caluwe, S. 190 FN 151 und S. 194. Daher wohl vertritt Brackmann, S. 79 o, ohne jede Begründung die Meinung, die Folgenbeseitigungslast gelte nicht nur bei Ermessensentscheidungen.

1068 BVerwGE 53, 12/13; VG Köln, DVBl. 1980, 385; OVG Saarlouis, NVwZ 1983, 685; VGH Baden-Württemberg, VerwRspr. 24, 815; vgl. auch BVerwGE 38, 336.

1069 BVerwG, DVBl. 1962, 178; vgl. auch Heise, DÖV 1972, 271/73.

1070 Siehe oben § 3 IV 2 b und c.

die Lösung der klassischen Folgenbeseitigungsfälle unter dem Vorbehalt der Zumutbarkeit steht[1072]. (Wenigstens) im Sozialrecht besteht das öffentliche Interessse allerdings gerade in der Verwirklichung des Interesses der Beteiligten[1073].
Der Einwand, daß eine Heranziehung der Folgenbeseitigungslast in den Herstellungsfällen entweder überflüssig sei oder aber wegen Erlöschens des ursprünglichen Leistungsanspruchs ins Leere gehe[1074], greift nicht durch. Da sich gerade aufgrund der Herstellungsproblematik die Frage stellt, inwiefern der Leistungsanspruch im Ergebnis doch noch durchgesetzt werden kann, ist vielmehr zu prüfen, ob die Folgenbeseitigungslast die Möglichkeit zur Verwirklichung des Ausgangsrechts eröffnet.

6. Stellungnahme und Ergebnis zum Aspekt der Folgenbeseitigung

Aus den obigen Darlegungen ergibt sich, daß die Einwände gegen eine Herleitung des Herstellungsanspruchs aus dem Folgenbeseitigungsanspruch deshalb nicht unanfechtbar sind, weil es zu Grundlagen und Grenzen des Folgenbeseitigungsanspruchs im Detail immer noch keine allseits akzeptierten Auffassungen gibt. Die Praxis des schwer kalkulierbaren Wechsels der Rechtsprechung zwischen Vergünstigung und Eingrenzung beim Folgenbeseitigungsanspruch ist wenig konsequent und kaum überzeugend, zumal die einzelnen Eingrenzungsversuche auch verspätet und anachronistisch wirken[1075].

1071 In diesen Zusammenhang gehört auch die Contra-legem-Problematik, siehe dazu unten § 4 III 2 c aa; ferner Kommissionsbericht 1973, § 3 Anm. 2.2, zur Verhältnismäßigkeit bei einem Vorgehen gegen Dritte aufgrund einer behördlichen Folgenbeseitigungspflicht.

1072 Maurer, § 29 Rz 14; Kommissionsbericht 1973, § 3 Anm. 2.3. Im einzelnen strittig, siehe Ossenbühl, § 37, 2 und 3. Schloer, JA 1992, 39/44, plädiert für eine restriktive Anwendung der Zumutbarkeitsklausel.

1073 Schmidt-De Caluwe, SGb. 1992, 487/95.

1074 Schmidt-De Caluwe, S. 293/94; ähnlich Kunze, S. 172, und Kommsissionsbericht 1973, § 4 Anm. 1.

Man könnte sich fragen, ob eine Herleitung des Herstellungsanspruchs aus einem seinerseits in den Einzelheiten umstrittenen Rechtsinstitut zulässig und sinnvoll ist. Der Folgenbeseitigungsanspruch ist jedoch ein auch vom Gesetzgeber anerkanntes Rechtsinstitut[1076], dessen Kern gewohnheitsrechtlich abgesichert ist[1077] und dessen Voraussetzungen in ihren Strukturen weitgehend geklärt sind[1078]. Gerade seine Unschärfen zeigen, wie nahe ihm der Herstellungsanspruch steht. Denn "wenn man sich schon auf den Gedanken der Rechtswiederherstellung einläßt, sind Beschränkungen nur noch mehr oder weniger künstlich einzuführen"[1079]. Zutreffend weist Fiedler darauf hin, daß dem Vorwurf der Angst vor Ausdehnungen und Überschneidungen[1080] heute nicht mehr mit dem Hinweis auf den Unterschied zwischen geltendem Recht und Rechtspolitik begegnet werden kann[1081], weil die Rechtsprechung inzwischen selbst diese Ausdehnungen vollzogen hat[1082]. Umso mehr bietet sich anstelle einer methodisch schwer faßbaren Ausdehnung des Folgenbeseitigungsanspruchs die Übernahme des sozialrechtlichen Herstellungsanspruchs ins Verwaltungsrecht an. Der Herstellungsanspruch berechtigt zur Durchsetzung des ursprünglichen Leistungsanspruchs auch nach jetziger Rechtslage, ohne mit dem Ausgangsrecht identisch zu sein. Er ermöglicht die Herstellung einer Situation, die der Situation gleicht, die bei Erfüllung des Ausgangsrechts entstandenen wäre, wobei das Ausgangsrecht im Einzelfall modifiziert werden muß. Damit stellt der Herstellungsanspruch die

---

1075 Fiedler, NVwZ 1986, 967/77.

1076 Siehe § 3 des geplanten StHG und den entsprechenden Vorschlag der Gemeinsamen Arbeitsgruppe von 1987.

1077 Berkemann, Vortrag 1987, S. 1 und 3, sowie Referat 1990, 1; vgl. auch BVerfGE 62, 149/203.

1078 BVerwG, NVwZ 1994, 275/76.

1079 Luhmann, S. 99.

1080 Luhmann, S. 100; siehe oben § 4 II 4 a cc am Ende.

1081 So noch Weyreuther, Gutachten, S 95.

Mittel zur Verwirklichung des Ausgangsrechts zur Verfügung, ebenso wie der Folgenbeseitigungsanspruch die Mittel zur Verwirklichung eines Abwehranspruchs zur Verfügung stellt.
Beide, Folgenbeseitigungsanspruch und Herstellungsanspruch, stehen dem Erfüllungsanspruch näher als alle anderen Ansprüche des Staatshaftungsrechts[1083].
Der Herstellungsanspruch läßt sich also auf das vom Folgenbeseitigungsanspruch "rechtlich domestizierte Gebiet"[1084] stützen.

Die Unterschiede des Herstellungsanspruchs gegenüber dem Folgenbeseitigungsanspruch in seiner klassischen, d.h. gesicherten Form können aber nicht geleugnet werden. Abgesehen von den Leistungsversagungen bei Präventivverboten geht es beim Herstellungsanspruch um **originäre** Leistungsansprüche, die nicht allein aus einem rechtswidrigen Eingriff resultieren, wenngleich das Fehlen eines Eingriffs kompensiert wird durch die besondere Bedürftigkeit des Bürgers.
Die wechselnden Begründungen des BSG zur Herleitung des Herstellungsanspruchs aus dem Folgenbeseitigungsanspruch[1085] veranschaulichen, daß sich die Herstellungsproblematik zwar im Zusammenhang mit dem Folgenbeseitigungsanspruch aufdrängt, aber nicht reibungslos beantworten läßt[1086]. Der Herstellungsanspruch ist eben nur die "Parallele" zum Folgenbeseitigungsan-

1082 Fiedler, NVwZ 1986, 967/75 f.

1083 Rüfner, in Erichsen/Martens, § 53 Rz 32 FN 87.

1084 Siehe oben § 4 II 1; ähnlich auch Schnapp, Rücknahme von Verwaltungsakten, SGb. 1993, 1/3, wonach sich der Herstellungsanspruch "auf dem Hintergrund eines relativ gesicherten normativen Gerüsts abspielt".

1085 Nachweise bei Brugger, AÖR 112 (1987), 389/407 f.

1086 Vgl. Brugger, a.a.O., S. 415/16; Maurer, § 29 Rz 20; Löwer, S. 307/08, zufolge ist eine Zuordnung zum Folgenbeseitigungsanspruch zwar möglich, aber nicht sinnvoll, weil damit die Konturierung des Folgenbeseitigungsanspruchs wieder zu verschwimmen droht; ähnlich Schmidt-De Caluwe, S. 337.
Obermayer, VwVfG, § 25 Rz 51 FN 52, Maier, SGb. 1982, 133/34,

spruch im Bereich der Leistungsverwaltung[1087]. Daher ist seine Herleitung mit Hilfe eines Analogieschlusses zum Folgenbeseitigungsanspruch nicht möglich[1088].

Terminologisch ist der Herstellungsanspruch eher der Folgenbeseitigungslast zuzuordnen[1089], mit der Weyreuther zeigte, daß auch Leistungsansprüche nicht aus dem gedanklichen Umkreis der Folgenbeseitigung verbannt sind[1090]. Als bloßer Ermessensfaktor bietet sich aber auch die Folgenbeseitigungslast nicht für eine analoge Anwendung an.

Der Herstellungsanspruch läßt sich jedoch aus dem übergreifenden **Gedanken** der Folgenbeseitigung herleiten[1091]. Folgenbeseitigungsanspruch und Folgenbeseitigungslast wurzeln im rechtsstaatlichen Gerechtigkeitsgebot, wonach sich die Verwaltung bemühen muß, vorangegangenes Verwaltungsunrecht im Rahmen ihrer gesetzlichen Möglichkeiten wiedergutzumachen[1092].

Brackmann, S. 79 o, und Bieback, SGb. 1990, 517/19, sprechen von einer "Weiterentwicklung" des Folgenbeseitigungsanspruchs; ähnlich Hill, S. 459; Bender, Staatshaftungsrecht, Rz 452, und BAG, NJW 1989, 2909: "Parallele" zum Folgenbeseitigungsanspruch; Ramsauer/Stallbaum, BAföG, § 41 Rz 3: "sozialrechtlicher Folgenbeseitigungsanspruch"; Kopp, VwVfG, § 25 Rz 12, wonach der Herstellungsanspruch weiter geht als der Folgenbeseitigungsanspruch im engeren Sinne; siehe ferner OVG Münster, KMK-HSchR 1984, 890/94, und VG Sigmaringen, KMK-HSchR 1980, 42.

1087 BAG, NJW 1989, 2909, und siehe die vorstehenden Nachweise.

1088 Ansonsten wäre es fraglich, im Ergebnis aber aufgrund der allgemeinen Akzeptanz des Folgenbeseitigungsanspruchs, der inzwischen zum Gewohnheitsrecht zählt, zu bejahen, ob eine Analogie zu einem richterrechtlichen Institut überhaupt möglich ist; vgl. Canaris, S. 197.

1089 So auch Krause, BlStSozArbR 1979, 145/52.

1090 Weyreuther, Gutachten, B 106.

1091 Vgl. Berkemann, Vortrag 1987, S. 14/15, wonach der grundrechtliche Ansatz des Folgenbeseitigungsanspruchs rechtsstaatlich in Richtung Herstellungsanspruch zu erweitern ist. Ders., Referat 1990, 10: Folgenbeseitigungsanspruch ist dahin zu entwickeln, daß Amtshandlungen auch dann nachgeholt werden können,

Ebenso war es Zweck des StHG, in Erweiterung des durch Art. 19 Abs. 4 GG gewährleisteten gerichtlichen Rechtsschutzes die Bindung der Staatsgewalt an das Recht zu verwirklichen, indem es zur Wiederherstellung der verletzten Rechtsstaatlichkeit verpflichtete[1093].

Auf dieser Rechtsidee[1094] von Folgenbeseitigung und Wiedergutmachung basiert auch der Herstellungsanspruch. In Anlehnung an den Gesichtspunkt der Folgenbeseitigung[1095] läßt er sich im Wege der Rechtsergänzung auf die rechtsethischen Prinzipien des Rechts-, Sozialstaats- und Gleichheitsgrundsatzes zurückführen[1096] als richtunggebenden Maßstäben mit materialem Gerechtigkeitsgehalt[1097].

Es sind dies die gleichen Prinzipien, die auch Maßstab für die Ermittlung der Regelungslücke in den Herstellungsfällen und der diesbezüglichen Ergänzungsbedürftigkeit des Staatshaftungsrechts sind[1098], ein Befund, den Canaris gerade für die Fälle der Rechtsergänzung als typisch erkannt hat[1099]. Insofern ist

---

wenn die Behörde die Erfüllung der dem Bürger zustehenden Ansprüche rechtswidrig verhindert hat.

1092 Vgl. Schoch, VerwA 79 (1988), 1/8; siehe auch Schenke, in Achterberg/Püttner, Rz 522.

1093 Ehlers, S. 91.

1094 Vgl. Canaris, S. 106 ff.

1095 Zu weiteren gesetzlichen Wertentscheidungen siehe in diesem Zusammenhang unten § 4 III 2 b.

1096 Brugger, AÖR 112, 389/435 FN 180, dem zufolge sich der Herstellungsanspruch auch aus der Natur der Sache (sozialrechtliche Sonderfallthese) ergibt.

1097 Larenz, S. 421; er verweist dabei auch auf den "Leitgedanken" von Treu und Glauben, auf den zur Begründung des Herstellungsanspruchs häufig zurückgegriffen wird.

1098 Vgl. oben § 1 I 2, § 3 V 1 und § 4 I.

1099 Canaris, S. 93 f.; siehe auch Canaris, S. 197: "Wo das geltende Recht eine Regelung nicht fordert, liegt keine Lücke, sondern allenfalls ein rechtspolitischer Fehler vor." Bezogen auf den Herstellungsanspruch ist nach der Terminologie von Canaris von einer "Prinzip- und Wertlücke", S. 201, auszugehen.

auch das Erfordernis der Planwidrigkeit der konstatierten Regelungslücke verzichtbar[1100].
Eines Rückgriffs auf abstrakte Rechtsinstitute wie den Vertrauensschutz und Treu und Glauben bedarf es nicht, wenngleich diese letztlich Hintergrund des Herstellungsanspruchs wie jeder anderen Rechtsfortbildung auch sind[1101].

Die Kriterien von Larenz[1102] für eine geglückte Rechtsfortbildung, nämlich die Entwicklung einer subsumtionsfähigen Regel, der Herleitung dieser Regel aus materialen Rechtsprinzipien mit gesetzlichen Argumenten und die bruchlose Einfügung dieser Regel in die Gesamtheit der Rechtsordnung, sind daher als erfüllt anzusehen[1103], auch was die mögliche Anwendung des Herstellungsanspruchs im Verwaltungsrecht angeht. Die notwendige weitere Abstimmung des Herstellungsanspruchs mit dem positiven Recht[1104], das sowohl eine konkretisierende als auch eine limitierende Funktion hat[1105], wird im Rahmen der verfassungsrechtlichen Problematik zu erörtern sein[1106].

1100 Siehe oben § 4 I.

1101 Vgl. Ossenbühl, DÖV 1972, 25/36, wonach der Vertrauensschutzgrundsatz den Anstoß für eine Problem**erörterung**, nicht aber eine Problem**lösung** bietet.

1102 Larenz, Richterliche Rechtsfortbildung, S. 13; siehe auch Ossenbühl, DVBl. 1994, 977/82.

1103 Ebsen, DVBl. 1987, 389 ff., der den sozialrechtlichen Herstellungsanspruch deshalb -mit Einschränkungen- als Beispiel einer geglückten richterlichen Rechtsfortbildung ansieht, S. 395; weitergehend J. Plagemann, NJW 1986, 2082/86.

1104 Vgl. Canaris, S. 161, zur Ausfüllung von Prinzip- und Wertlücken und S. 113.

1105 Canaris, S. 161.

1106 Insbesondere § 4 III 2 b und c.

III. Die verfassungsrechtliche Problematik

1. Zulässigkeit richterlicher Rechtsfortbildung

Das BVerfG hat die richterliche Rechtsfortbildung seit jeher als unentbehrliche Funktion der Rechtsprechung anerkannt[1107], ebenso wie das ganz überwiegende Schrifttum[1108]. Der eigentlich legitimierende Grund für die Rechtsfortbildung liegt in der Gerechtigkeitsfunktion des Rechts[1109]. Gewichtige Regelungen des Zivilrechts und des Öffentlichen Rechts, insbesondere des Staatshaftungsrechts(!), beruhen auf Richterrecht[1110]. Das geltende Recht erkennt es vor allem für die höchstrichterliche Rechtsprechung an (vgl. § 137 GVG)[1111]. Auch aus der Formulierung "Gesetz und Recht" in Art. 20 Abs. 3 GG ergibt sich, daß der Gesetzgeber einen engen Gesetzespositivismus ablehnt[1112]. Die Rechtsfortbildung muß aber im Einklang mit den Grundentscheidungen des GG, insbesondere mit der Rechtsstaatlichkeit

---

1107 BVerfGE 34, 269/86 ff. -Soraya-; E 49, 304/18 f.; E 65, 182/90 ff.; E 69, 315/71 ff. -Brokdorf-; E 66, 116/38; E 74, 129/52 f.; vgl. auch E 57, 220/48; E 59, 330/34; E 32, 54/76.

1108 Allerdings mit unterschiedlicher Tragweite; Nachweise bei Zippelius, § 13, und Ossenbühl, Richterrecht, S. 7 ff. Grundsätzlich ablehnend gegenüber dem Richterrecht F. Müller, Richterrecht, 1986; dagegen aber Rüthers, Richterrecht - rechtswidrig oder notwendig?, AÖR 113 (1988), 268 ff. Ossenbühl, Gesetz und Recht, Rz 35 und 37, weist darauf hin, daß sich die Differenzen jedenfalls zum Teil aus den unterschiedlichen Auffassungen über die Definition des Richterrechts ergeben. Aus gegenwärtiger Sicht beträfe die Diskussion des Richterrechts im wesentlichen nur noch dessen Umfang und Grenzen.

1109 Zippelius, § 13 III.

1110 BVerfGE 65, 182/90; Ossenbühl, DVBl. 1994, 977/78, bezeichnet das Staatshaftungsrecht als Mischrecht aus Verfassungs-, Gesetzes-, Gewohnheits- und insbesondere Richterrecht.

1111 BVerfGE 65, 182/90 f.

1112 BVerfGE 34, 269/86; ablehnend gegenüber dieser Argumentation F. Müller, Richterrecht - rechtstheoretisch formuliert, FS 600 Jahre Uni Heidelberg, S. 67/68.

stehen[1113]; in diesem Fall ist sie Bestandteil der verfassungsmäßigen Ordnung[1114].
Da Richterrecht als Ergänzungsrecht nicht nur legitim, sondern auch unentbehrlich ist, ist das Rechtsetzungsmonopol des Parlaments in Wirklichkeit eine Rechtsetzungsprärogative[1115]. Somit hat Art. 92 GG, der die rechtsprechende Gewalt den Richtern anvertraut, auch eine kompetenzrechtliche Dimension[1116].
Der Übergang vom Richterrecht als Summe der ergangenen Einzelfallentscheidungen zum Richterrecht im herkömmlichen Sinn, nämlich als ein über den Einzelfall hinaus Geltung beanspruchendes Recht[1117], ist fließend, weil sich letzteres erst im Laufe der Zeit aus einer Vielzahl von Einzelfallentscheidungen entwickelt[1118]. Die zahlreichen verwaltungsgerichtlichen Einzelfallentscheidungen in den Herstellungsfällen können somit als Vorstufe einer möglichen künftigen Anwendung des Herstellungsanspruchs auch im Verwaltungsrecht angesehen werden.

Die Befugnis zur Rechtsfortbildung ist aber durch den Grundsatz der richterlichen Rechts- und Gesetzesbindung als einem Eckpfeiler des Gewaltenteilungssystems beschränkt[1119]. Dabei ergibt sich die Bedeutung der Gesetzesbindung aus der stärkeren demokratischen Legitimation des parlamentarischen Gesetzgebers[1120]. Sie bildet im Interesse der Rechtssicherheit ein notwendiges Gegenstück zur richterlichen Unabhängigkeit[1121].

1113 BVerfGE 74, 129/52.

1114 BVerfG, a.a.O.

1115 Ossenbühl, DÖV 1972, 25/34.

1116 Fischer, StVj 1992, 3/22.

1117 Gusy, DÖV 1992, 461/62.

1118 Vgl. Gusy, a.a.O., S. 467 f., zur richterlichen Selbstbindung nach Art. 3 Abs. 1 GG.

1119 BVerfGE 49, 304/18; E 69, 315/71 f.; E 65, 182/91.

1120 BVerfGE 49, 304/18.

Das Gewaltenteilungs- und das Demokratieprinzip werden allerdings in der parlamentarischen Praxis nicht in ihrer Idealform verwirklicht[1122]. Das Richterrecht hat gegenüber dem geschriebenen Recht den Vorzug größerer Flexibilität[1123] und bietet - gerade im Hinblick auf nicht vermeidbare Lücken[1124] aufgrund der erforderlichen gesetzlichen Abstraktion[1125]- die Möglichkeit einer "Feineinstellung" des Rechts[1126]. Anerkanntermaßen gibt es auch Bereiche, die erst aufgrund längerer Erfahrungssammlung kodifikationsreif werden[1127]. Der Herstellungsanspruch kann dafür geradezu als Musterbeispiel gelten, denn seine Ausprägung in der heutigen Form ist das Ergebnis jahrzehntelanger Entwicklungen[1128].

Dennoch ist die Rechtsfortbildung der Gerichte regelmäßig auf die Ausfüllung von Gesetzeslücken beschränkt[1129]. Richterrecht

---

1121 BVerfGE 49, 304/18; ebenso Zippelius, § 11 I, und Krey, Rechtsfortbildung contra legem als Verfassungsproblem, JZ 1978, 465.

1122 Siehe Raiser, Richterrecht heute, ZRP 1985, 11/16: der Bundestag stimmt in der Regel nur pro forma ab, nachdem die eigentliche Arbeit in Ausschüssen oder Unterausschüssen mit dreiköpfiger Besetzung getan worden ist. Anders ist es zwar bei politischen Gesetzesvorhaben, doch fehlt es dann häufig an der gebotenen Neutralität, zu der die Richter gerade verpflichtet sind (ähnlich Ossenbühl, DVBl. 1994, 977/80). Umgekehrt gewährleistet die Öffentlichkeit des Gesetzgebungsverfahrens bessere Möglichkeiten des Interessenausgleichs, zumal der Gesetzgeber auch einen umfassenderen Zugriff auf die relevanten Rechtstatsachen hat, Fischer, STVJ 1992, 3/24.

1123 Raiser, a.a.O., S. 115.

1124 Eine lückenlose Kodifikation ist utopisch, Ossenbühl, DÖV 1972, 25/35.

1125 Fischer, StVj 1992, 3/25.

1126 Raiser, a.a.O., S. 116.

1127 Ossenbühl, Richterrecht, S. 20, unter Hinweis auf die Diskussion um die Kodifikationsreife des Verwaltungsrechts im Jahre 1960. Damals wurde eine gesetzliche Regelung abgelehnt, weil man noch mehr Erfahrungen sammeln wollte. Siehe auch Ossenbühl, Gesetz und Recht, Rz 40.

1128 Vgl. Bühler, RV 1993, 8.

darf nur dann an die Stelle von Gesetzesrecht treten, wenn ein Lebensbereich gänzlich ungeregelt geblieben ist[1130]. Eine solche "Notkompetenz" des Richters[1131] wird als zulässig angesehen im Arbeitskampfrecht und in weiten Teilen des Staatshaftungsrechts[1132].

1129 Zwar konstatierte BVerfGE 34, 269/86 ff. -Soraya-, trotz § 253 BGB eine Regelungslücke bzgl. des Schadensersatzes bei Verletzungen des Persönlichkeitsrechts, doch stieß diese Entscheidung auf zahlreiche Kritik; siehe z.B. F. Müller, FS 600 Jahre Uni Heidelberg, S. 75; Gusy, DÖV 1992, 461/65; Krey, JZ 1978, 465; Ossenbühl, Richterrecht, S. 14: "Die einfache Gesetzesordnung wird mit Hilfe der Grundrechte so lange bestrahlt, bis sich unter dem Einfluß dieser Radioaktivität Lücken auftun, die man dann mit Hilfe richterlicher Rechtsfortbildung schließen kann." Ähnlich Ossenbühl, Gesetz und Recht, Rz 39, wonach die Gesetzeskorrektur meist durch den Rückgriff auf vorrangiges Verfassungsrecht in seiner Qualität kaschiert wird.
Unzulässige Rechtsfortbildung hat das BVerfG in folgenden Fällen angenommen:
BVerfGE 49, 304/18 f., zur BGH-Rechtsprechung, wonach ein Schadensersatzanspruch nach § 823 BGB auch bei grober Fahrlässigkeit eines Sachverständigen versagt wurde;
BVerfGE 65, 182, zur BAG-Rechtsprechung, wonach Sozialplanabfindungen im Range vor § 61 Abs. 1 Nr. 1 KO eingeordnet wurden; diese Entscheidung wird als Widerspruch zur Soraya-Entscheidung, E 34, 269/86 ff., gedeutet, siehe z.B. F. Müller, FS 600 Jahre Uni Heidelberg, S. 76 ff.;
BVerfGE 69, 315/72 f., zur Rechtsprechung einiger Oberverwaltungsgerichte, wonach Behörden entgegen dem Wortlaut des damaligen § 80 Abs. 6 Satz 2 VwGO beschwerdebefugt waren.

1130 Ossenbühl, Gesetz und Recht, Rz 38.

1131 Ossenbühl, Gesetz und Recht, Rz 41.

1132 Ossenbühl, a.a.O., Rz 38, und Ossenbühl, Richterrecht, S. 7 ff.; ders. weist in DVBl. 1994, 977/79, darauf hin, daß das Parlament jederzeit die Regelung des Staatshaftungsrechts an sich ziehen könnte.

2. Die Rechtsfortbildung in den Herstellungsfällen

a) Untätigkeit des Gesetzgebers

Die Frage, ob der Herstellungsanspruch richterrechtlich geregelt werden kann, stellt sich heute, über zehn Jahre nach dem Scheitern des StHG und ohne Aussicht auf eine baldige staatshaftungsrechtliche "konzertierte Aktion" der Bundesländer[1133], mit besonderer Dringlichkeit.
Nach Meinung Schenkes[1134] läuft angesichts der Flut sonstiger Gesetze das Regelungsdefizit im sensiblen Bereich des Bürger-Staat-Verhältnisses auf eine nicht tragbare Abdankung des parlamentarischen Gesetzgebers hinaus. Es herrscht Einigkeit darüber, daß das Staatshaftungsrecht überaltert, unstimmig und fortentwicklungsbedürftig ist, da es weder dem heutigen Staatsverständnis noch der Art und dem Umfang der heutigen Staatstätigkeit gerecht wird[1135]. Aus der Unterrichtung der Bundesregierung zum Einigungsvertrag vom 10.9.1990 ergibt sich allerdings, daß der Gesetzgeber den Plan zu einer Reform des Staatshaftungsrecht noch nicht aufgegeben hat[1136]:

> "Die Deutsche Demokratische Republik hat 1969 die unmittelbare und verschuldensunabhängige Staatshaftung für rechtswidriges hoheitliches Handeln gesetzlich eingeführt und damit anders als die Bundesrepublik Deutschland die Staatshaftung als Verantwortlichkeit für eigenes Unrecht von der bisher geltenden zivilrechtlichen Verantwortlichkeit des handelnden Amtswalters nach § 839 BGB gelöst. Dieser neue dogmatische Ansatz ist seit langem Ziel der Reformbemühungen in der Bundesrepublik Deutschland. Er konnte jedoch trotz eines gesetzgeberischen Versuchs (vgl. Staatshaftungsge-

---

1133 Schenke, JuS 1990, 370/77; siehe aber auch Gemeinsame Arbeitsgruppe 1987.

1134 Schenke, JuS 1990, 370/77, bezogen auf den Folgenbeseitigungsanspruch.

1135 Bieback, SGb. 1990, 517/19; ferner Ebsen, VSSR 1992, 149.

1136 Zitiert bei Christoph, Die Staatshaftung im beigetretenen Gebiet, NVwZ 1991, 536/37, und Ossenbühl, § 65.

setz vom 26. Juni 1981, BGBl. I, S. 553) bisher nicht verwirklicht werden (vgl. BVerfGE 61, 149 ff.). Der Wunsch der Deutschen Demokratischen Republik, das dort Erreichte, das auch aus der Sicht der Bundesrepublik Deutschland rechtspolitisch wünschenswert erscheint, bis zu der angestrebten Reform im geeinten Deutschland zu bewahren, ist zu respektieren."

Angesichts der Indolenz des Gesetzgebers speziell gegenüber dem Herstellungsanspruch[1137] ist aber nicht zu erwarten, daß dieser in absehbarer Zeit normiert wird[1138].
Das OVG Lüneburg lehnte in einer Entscheidung aus dem Jahr 1981 eine rechtsfortbildende Erweiterung des geltenden Systems staatlicher Haftung bei schuldlos-rechtswidrigen Schädigungen mit Rücksicht auf die damals anhängige gesetzliche Reform des Staatshaftungsrechts ab, aber ausdrücklich offengelassen, wie bei einem Scheitern des StHG zu urteilen wäre[1139].
Im Mittelpunkt aller Einwände, die gegen den Herstellungsanspruch vorgebracht werden, stehen der Gewaltenteilungs- und Demokratiegrundsatz nach Art. 20 Abs. 2 und 3 GG[1140] sowie die richterliche Gesetzesbindung nach Art. 20 Abs. 3 und Art. 97 GG[1141]. Der erste Aspekt wird relevant bei der Frage, ob der Herstellungsanspruch überhaupt richterrechtlich geregelt werden darf[1142] oder ob er dem Vor**behalt** des Gesetzes unterliegt[1143]. Hierfür ist generell Voraussetzung, daß die Ausfüllung der ge-

---

1137 Siehe oben § 1 I 2.

1138 Maier, SRH, B. 7, Rz 63: "Die gesetzliche Statuierung eines allgemeinen, verschuldensunabhängigen öffentlich-rechtlichen Wiedergutmachungsanspruchs i.S. von Menger und Haas steht ebensowenig im Normierungskurs wie der in der sozialgerichtlichen Rechtsprechung entwickelte Herstellungsanspruch."

1139 OVG Lüneburg, ZBR 1982, 91/92; siehe dazu § 3 III 3.

1140 Siehe z.B. Schenke, JuS 1990, 370/71; Schweiger, NJW 1966, 1899/1902, bzgl. der Leistungsversagungsfälle.

1141 Siehe z.B. Schoch, VerwA 79 (1988), 1/57 ff.

1142 Vgl. Schenke, JuS 1990, 370/71 und 377, dem zufolge die Rechtsprechung dazu tendiert, die Regelungen des gescheiterten StHG durch Richterrecht zu ersetzen.

setzlichen Lücke anhand gesetzlicher Wertungen erfolgt[1144]. Der zweite Aspekt ergibt sich bei der Frage, ob mit dem Herstellungsanspruch geltendes Recht, etwa in Form von Frist- und Verjährungsvorschriften, derogiert werden darf, also bei der Contra-legem-Problematik. Dabei geht es um den Vorrang des Gesetzes[1145].

b) Vorbehalt des Gesetzes/Gewaltenteilungsaspekt

Wie festgestellt[1146] läßt sich der Herstellungsanspruch im Wege der Rechtsergänzung aus dem Gesichtspunkt der Folgenbeseitigung herleiten. Diese Rechtsergänzung kann in Anlehnung an Ossenbühl[1147] als gesetzesvertretendes Richterrecht bezeichnet werden.

Maßstäbe bei der Frage nach der rechtsmethodischen Zulässigkeit dieser Rechtsergänzung sind die allgemeinen Rechtsprinzipien, die Abwägung mit gegenläufigen Prinzipien sowie sonstige sachliche Argumente wie die der Folgenbetrachtung, der Natur der Sache und allgemeiner Gerechtigkeitsvorstellungen[1148]. Diese Gesichtspunkte der materiellen Gerechtigkeit[1149], die für eine Anwendung des Herstellungsanspruchs auch im Verwaltungsrecht sprechen[1150], sind abzuwägen mit den verfassungsrechtlichen Gründen, die gegen eine Rechtsfortbildung sprechen, nämlich

---

1143 Vgl. Schenke, a.a.O., S. 372; Gusy, DÖV 1992, 461/64, und Rösslein, S. 29 FN 71, bzgl. der Leistungsversagungsfälle.

1144 vgl. Larenz, S. 426 ff.

1145 Schmidt-De Caluwe, S. 313, bezeichnet den ersten Aspekt als den zentralen, doch sei der andere virulent; vgl. auch Gusy, DÖV 1992, 461/64.

1146 § 4 II 6.

1147 Ossenbühl, Richterrecht, S. 7 ff., und Ossenbühl, Gesetz und Recht, Rz 38.

1148 Schmalz, Rz 340; ähnlich Larenz, S. 426.

1149 Vgl. Zippelius, § 11 I c.

insbesondere dem Gewaltenteilungsprinzip sowie der Rechtssicherheit und der damit angesprochenen Gefahr einer Ungleichbehandlung durch divergierende Gerichtsurteile[1151].
Letzteres spricht von vornherein nicht gegen, sondern für die Übernahme des Herstellungsanspruchs in das Verwaltungsrecht im Wege der Rechtsergänzung. Indem der Herstellungsanspruch die lückenhaften Einzelentscheidungen in den Herstellungsfällen ablöst und eine Angleichung zwischen sozialgerichtlichem und verwaltungsgerichtlichem Rechtsschutz ermöglicht, würde er der Rechtssicherheit im Gegenteil dienen.

Hinsichtlich des Gewaltenteilungsprinzips kann der Herstellungsanspruch schon deshalb als Ausfluß der Bindung der Richter an das Recht angesehen werden, weil das von Verwaltungsverlauf und -ergebnis beeinflußte Verhalten des Bürgers grundrechtlich regelmäßig durch Art. 2 Abs. 1 und Art. 14 GG geschützt wird[1152]. Der Geltungsanspruch der Gesetze und der Rechte des Bürgers, zu deren Wahrung die Verwaltung in den Fällen, in denen der Bürger in besonderem Maße auf rechtmäßiges Handeln der Verwaltung angewiesen ist, auch in besonderem Maße verpflichtet ist, hängt ab von der Stabilisierung dieser Normen durch ihre Sanktionsbewehrtheit[1153].
Ein Konflikt des Herstellungsanspruchs mit dem Gewaltenteilungsgrundsatz ist aber auch aus dem Grunde zu verneinen, daß der Gesetzgeber selbst in zahlreichen Spezialfällen eine Wiedergutmachung durch Naturalrestitution vorsieht:

-Sowohl dem Herstellungsanspruch als auch § 44 SGB X und dessen Vorläufernorm § 1300 RVO liegt der Gedanke zugrunde, daß die

---

1150 Siehe oben § 4 II 6.

1151 Zippelius, a.a.O.

1152 Vgl. Frohn, JURA 1989, 523/28, allerdings nur bezogen auf das Sozialversicherungsverhältnis; Schmidt-De Caluwe, S. 503/04, wonach die ausnahmslose Anwendung von Ausschlußfristen und Leistungsbeginnfristen gegen Art. 14 Abs. 1 GG verstößt; vgl. auch Kreßel, SGb. 1987, 313/17.

Verwaltung Fehler, die zu Nachteilen beim Bürger führen, soweit es möglich ist, mit Mitteln des Verwaltungsverfahrens zu korrigieren hat[1154]. § 44 SGB X und § 1300 RVO werden daher teilweise sogar als gesetzliche Positivierungen des Herstellungsanspruchs angesehen[1155].

-§ 45 Abs. 3 VwVfG sieht eine Restitution bei auf behördlichem Fehlverhalten beruhender Versäumung der Rechtsbehelfsfrist vor[1156].

-§ 31 Abs. 7 VwVfG ermöglicht die Verlängerung behördlicher Fristen aus Billigkeitsgründen, also auch bei Fristversäumnissen aufgrund von Verwaltungsfehlern[1157].

-Nach dem geplanten Beruflichen Rehabilitierungsgesetz im Rahmen des Zweiten Gesetzes zur Bereinigung von SED-Unrecht[1158] werden SED-Opfer für die Dauer der Verfolgungszeit rentenrechtlich so gestellt wie der Durchschnitt der Versicherten mit gleicher Qualifikation im Beitrittsgebiet[1159]. Dies ist eben

---

1153 Frohn, a.a.o.

1154 Gagel, AFG, vor § 142 Rz 223.

1155 BSGE 49, 76/80; Schmidt-De Caluwe, S. 328 FN 134. Schoch, VerwA 79 (1988), 1/32 f., hingegen faßt § 1300 RVO als Beispiel einer gesetzlichen Positivierung des Folgenbeseitigungsanspruchs auf. Zweifelnd, ob in der "Weiterentwicklung des Folgenbeseitigungsanspruchs" durch das BSG eine Parallele zu § 1300 RVO gesehen werden könne, Maier, SGb. 1982, 133/34, und Maier, SRH, B. 7, Rz 31. Bei § 44 SGB X ist strittig, ob dieser lex specialis zum Herstellungsanspruch ist -so z.B. v.Einem, SozVers 1982, 1/3- oder ob er den Herstellungsanspruch ausschließt-so BSGE 60, 158/64-, siehe dazu § 1 III 2 und 3.

1156 Darauf verweist Hill, S. 450, im Zusammenhang mit dem Herstellungsanspruch hin.

1157 Siehe oben § 3 II 4 b bb.

1158 Dazu Leutheusser-Schnarrenberger, Das Zweite Gesetz zur Bereinigung von SED-Unrecht, DtZ 1993, 162; diess., Bewältigung der rechtlichen Probleme der Wiedervereinigung, DtZ 1994, 290/92: Verfolgungszeiten in der Rentenversicherung gelten als Pflichtbeitragszeiten und gleichzeitig als sog. beitragsgeminderte Zeiten.

1159 Leutheusser-Schnarrenberger, DtZ 1993, 162/166 f.

falls ein gesetzlich geregelter Fall des Herstellungsanspruchs.

-Im weiteren Sinne einer Wiedergutmachung basiert auch das VermG auf dem Herstellungsgedanken. Trotz der zivilrechtlichen Beständigkeit[1160] etwa eines Haus- und/oder Grundstücksverkaufs im Zusammenhang mit einer Ausreise des früheren Eigentümers aus der DDR in die Bundesrepublik wird der Geschädigte nach § 1 Abs. 3 VermG ebenfalls so gestellt, wie er ohne die machtmißbräuchliche Maßnahme stünde.

-Interessant ist ferner die staatshaftungsrechtliche Situation in den neuen Bundesländern.

Das Staatshaftungsgesetz der DDR aus dem Jahr 1969 kannte eine generelle Haftung für staatliches Unrecht, unabhängig davon, ob es sich um staatliche Eingriffe oder um Leistungsansprüche des Bürgers handelte[1161]. Dieses Recht gilt gemäß Anlage II, Kapitel III, Sachbereich B[1162], Abschnitt III des Einigungsvertrages als Landesrecht in den neuen Bundesländern fort[1163]. Für die Entscheidung über den Umfang des Schadens gelten gemäß § 3 Abs. 2 DDR-StHG die zivilrechtlichen Vorschriften, was ursprünglich als Verweis auf das ZGB gedacht war, inzwischen aber Grundlage für die Anwendung des BGB ist. Zwar sind im Unterschied zum BGB die Prämissen des § 3 Abs. 1 DDR-StHG zu beachten, wonach grundsätzlich nur ein Geldersatzanspruch besteht, doch ist auch die Wiederherstellung des ursprünglichen Zustandes als spezielle Möglichkeit gesetzlich fixiert[1164].

Da das DDR-StHG beispielsweise eine Haftung für rechtswidrig verweigerte Genehmigungen vorsah[1165], hat insoweit auch der Herstellungsanspruch eine gewisse Positivierung erfahren. Al-

---

1160 Vgl. dazu BGH, NJW 1993, 1706/08, und BGH, NJW 1993, 388/91.

1161 Vgl. oben § 4 III 2 a.

1162 "Sachbereich B (Bürgerliches Recht)"!

1163 Siehe dazu auch Christoph, NVwZ 1991, 536 ff.

1164 Christoph, NVwZ 1991, 536/38.

lerdings sind gemäß § 6 a DDR-StHG in der Fassung des Einigungsvertrages Schadensersatzansprüche vor den ordentlichen Gerichten geltend zu machen[1166], eine Regelung, die offenbar in Hinblick auf Art. 34 GG bezweckt, eine Grundgesetzänderung zu vermeiden[1167].

Die genannten Beispiele zeigen, daß sich der Herstellungsanspruch an gesetzlichen Wertentscheidungen orientiert. Da er eine Rechtsfortbildung bonam und nicht malam partem beinhaltet, sind auch insoweit Bedenken aufgrund des Vorbehalts des Gesetzes ausgeschlossen[1168].
Unter diesem Gesichtspunkt ist die Anwendung des Herstellungsanspruchs im Verwaltungsrecht daher verfassungsrechtlich zulässig.

> "Nicht das Parlament, sondern in erster Linie die Dritte Gewalt ist das Gewissen des Rechtsstaates. Und dieses Gewissen darf nicht vordergründig einer formalen Kompetenzordnung geopfert werden. Schreiendes Unrecht darf der Richter nicht durchgehen lassen, auch dann nicht, wenn ihm das positive Gesetz keine Entscheidungshilfe bietet... Schreiendes Unrecht ist es auch, wenn einem Bürger ein Rentenanspruch versagt wird, weil er aus falscher Beratung eine Frist versäumt hat."[1169]

c) Vorrang des Gesetzes/Aspekt der Gesetzesüberschreitung

Soweit es nicht um verfassungswidrige Gesetze oder gesetzliches Unrecht[1170] geht, gilt die Rechtsfortbildung contra legem, also

---

1165 Christoph, NVwZ 1991, 536/38.

1166 Kritisch insoweit Christoph, NVwZ 1991, 536/39 f.

1167 Christoph, NVwZ 1991, 536/40.

1168 Vgl. Gusy, DÖV 1992, 461/64. Umstritten ist in diesem Zusammenhang z.B. die analoge Anwendung von Steuerrechtsnormen malam partem, Fischer, StVj 1992, 3/5.

1169 Ossenbühl, DVBl. 1994, 977/80.

1170 Siehe die sogenannte Radbruch'sche Formel in SJZ 1946, 105/07. Danach liegt gesetzliches Unrecht vor, wenn "der Wider-

das gesetzeskorrigierende Richterrecht[1171], als grundsätzlich unzulässig[1172].

Zwar darf der Richter eine Entscheidung nicht verweigern und ist daher zur Gesetzesauslegung und gegebenenfalls zur Lückenfüllung verpflichtet[1173], doch ist die Rechtsfortbildung contra legem nur aunahmsweise bei Vorliegen schwerwiegender Gründe erlaubt[1174], da der Grundsatz vom Vorrang des Gesetzes betroffen wird[1175].

Nach herrschender Meinung kann in diesen Ausnahmefällen eine Rechtsgewinnung contra legem mit übergreifenden Rechtsprinzipien wie dem Rechtsstaats- und Demokratieprinzip sowie dem Gleichheitsgrundsatz zu rechtfertigen sein[1176], weil der Richter nicht nur an das Gesetz, sondern auch an das Recht gebunden ist[1177], und das theoretisch leicht begründbare Verbot von Entscheidungen contra legem praktisch nicht durchgehalten werden könne[1178].

---

spruch des Gesetzes zur Gerechtigkeit ein unerträgliches Maß erreicht".

1171 Fischer, StVj 1992, 3/7.

1172 Vgl. Ossenbühl, Rechtsfortbildung, S. 18, der die Korrektur des parlamentarischen Gesetzgebers als Ausnahmekompetenz nur dem BVerfG zubilligen will; ferner Krey, JZ 1978, 361/64 und 428 ff., sowie JZ 1978, 465/67, wonach eine Ausnahme von diesem Verbot wegen des Gedankens der Einheit der Rechtsordnung nur bei gesetzlichen Wertungswidersprüchen gemacht werden dürfe. Gegen die Rechtsfortbildung contra legem auch Gusy, DÖV 1992, 461/65 f., und Fischer, StVj 1992, 3/10.

1173 Ossenbühl, Gesetz und Recht, Rz 38.

1174 Larenz, S. 367, S. 414 und S. 428; ebenso Canaris, S. 33.

1175 Gusy, DÖV 1992, 461/64.

1176 Schmalz, Rz 354; Larenz, S. 414 und 428; Larenz, Richterliche Rechtsfortbildung, S. 4 FN 9; vgl. auch Zippelius, § 13 III; Koch/Rüßmann, § 22, 2; Ossenbühl, Gesetz und Recht, Rz 39 ff.; Bydlinski, S. 222, 289 und insbesondere S. 496 ff. Siehe ferner BVerfGE 34, 269/86 ff., und die Rechtsprechung des BGH zur Subsidiaritätsklausel im Amtshaftungsrecht, Nachweise dazu bei Maurer, § 25 Rz 31.

1177 Larenz, Richterliche Rechtsfortbildung, S. 3/4; anderenfalls werde contra ius entschieden.

Für die Zulässigkeit der Rechtsfortbildung contra legem sind von Bedeutung[1179] das Ausmaß der bindenden Kraft des derogierten Gesetzes, zwingende Gründe wie ein Versagen des Gesetzgebers[1180] und die Übereinstimmung von Ob und Wie mit der Gesamtheit der Rechtsordnung. Die für die Zulässigkeit der gesetzesübersteigenden Rechtsfortbildung entwickelten Kriterien[1181] können dabei als Minimalvoraussetzungen auch für die Zulässigkeit der Rechtsfortbildung contra legem herangezogen werden[1182]. Wird dabei in zulässiger Weise an allgemeine Rechtsprinzipien und -zwecke angeknüpft, handelt es sich um eine Rechtsfortbildung contra legem, sed intra ius[1183].
Da der Herstellungsanspruch aus dem Gesichtspunkt der Folgenbeseitigung herzuleiten ist[1184], könnte er als zulässiges Beispiel einer Rechtsfortbildung contra legem aufgefaßt werden. Fraglich ist aber schon, ob seine Anwendung tatsächlich contra legem ist[1185].

1178 Schmalz, Rz 354, unter Verweis auf die anerkannte Existenz der Sicherungsübereignung, des Schmerzensgeldes sowie die Rechtsprechung zu § 54 BGB. Vgl auch Bydlinski, S. 289. Ossenbühl, Gesetz und Recht, Rz 41, zufolge nehmen die Gerichte praktisch eine subsidiäre Kompetenz wahr, wenn der parlamentarische Gesetzgeber versagt.

1179 Zum folgenden Schmalz, Rz 356.

1180 Larenz, S. 427 und S. 436, sowie Ossenbühl, Gesetz und Recht, Rz 41; a.A. aber F. Müller, FS 600 Jahre Uni Heidelberg, S. 83/84, wonach sich eigenmächtiges Richterrecht auf den Gesetzgeber gerade demotivierend auswirkt.

1181 Siehe oben § 4 II 1.

1182 Vgl. Schmalz, RZ 357 ff. und Rz 360; bzgl. des Herstellungsanspruchs siehe auch Brugger, AÖR 112 (1987), 389/435 FN 180.

1183 Schmalz, Rz 353; Larenz, Richterliche Rechtsfortbildung, S. 4.

1184 Siehe oben § 4 II 6.

1185 Vgl. Brugger, a.a.O., der meint, der Herstellungsanspruch beinhalte weder eine Rechtsfortbildung contra legem noch -wegen

Das BVerfG lehnt zwar mitunter expressis verbis die Rechtsfortbildung contra legem ab[1186], sieht sich aber dennoch nicht daran gehindert, den Wortlaut von Gesetzen gleichzeitig durch verfassungskonforme Auslegung zu korrigieren; diese sei solange zulässig, wie das gesetzgeberische Ziel nicht in einem wesentlichen Punkt verfehlt oder verfälscht würde[1187]. Besonders weit ging das BVerfG dabei in der Soraya-Entscheidung[1188]. Daraus ergibt sich, daß das BVerfG den Begriff "contra legem" nicht in einem engen, allein auf den Wortlaut der jeweiligen Norm bezogenen Sinn versteht, sondern den gesetzgeberischen Willen für maßgeblich hält. Contra legem sind demnach nur solche Entscheidungen, die sowohl gegen das vom Gesetz Gesagte als auch gegen das vom Gesetz Gewollte verstoßen[1189]. Daß es entscheidend auf Sinn und Zweck der Norm ankommt[1190], zeigt schon die zur Ausfüllung verdeckter Lücken unbestritten zulässige teleologische Reduktion, bei der eine Norm entgegen ihrem Wortlaut restriktiv angewandt wird[1191]. Daher beinhaltet in den Herstellungsfällen allein die Mißachtung des Wortlautes einer Norm ebenfalls nicht zwangsläufig eine Rechtsfortbildung contra legem.

aa) Die Contra-legem-Problematik des Herstellungsanspruchs generell

Die Contra-legem-Problematik stellt sich beim Herstellungsanspruch von vornherein nicht, wenn man entweder davon ausgeht,

---

seiner Eigenschaft als besonderer Ausprägung des Folgenbeseitigungsanspruchs- eine Rechtsfortbildung extra legem.

1186 BVerfGE 8, 210/20; E 35, 263/80.

1187 BVerfGE 8, 28/34 f.; anders aber Gusy, DÖV 1992, 461/65, dem zufolge die Rechtsprechung des BVerfG nicht als Beleg für eine Abweichungsbefugnis der Gerichte vom positiven Recht gewertet werden kann.

1188 BVerfGE 34, 269/86 ff.; siehe dazu oben § 4 III 1.

1189 Koch/Rüßmann, § 22, 2.

1190 BVerfGE 8, 210/20 und E 35, 263/80; Krey, JZ 1978, 361/66.

daß die Herstellung einem höherrangigen Rechtsgrundsatz als das jeweils verdrängte Gesetz entspringt (lex superior derogat legi inferiori)[1192], oder wenn man, unter Leugnen der Anspruchsqualität des Herstellungsanspruchs, von einem Fortbestehen des alten Leistungsanspruchs ausgeht[1193].
Letzterer Ansicht kann jedoch, wie in anderem Zusammenhang dargelegt[1194], nicht gefolgt werden, weil der Herstellungsanspruch nicht identisch mit dem Ausgangsrecht ist. Er ist ein Instrument, mit dem lediglich das gleiche Ergebnis verwirklicht wird, das bei ordnungsgemäßer Erfüllung des ursprünglichen Leistungsanspruchs erzielt worden wäre.
Ob der Herstellungsanspruch als höherrangiges Recht Vorrang vor dem derogierten Gesetz hat[1195], weil er sich aus dem Gedanken der Folgenbeseitigung herleiten läßt, kann dahinstehen. Das ei-

---

1191 Schmalz, Rz 342: "Mit der Reduktion beginnt deshalb der Bereich, in dem Gesetzgeber und Gesetz korrigiert werden."

1192 Vgl. Maaß, BayVBl. 1987, 520/26, bzgl. des Folgenbeseitigungsanspruchs. Danach steht der Folgenbeseitigungsanspruch normhierarchisch auch über zwischenzeitlichen Gesetzesänderungen. Zum Problem des Richterrechts mit Verfassungsrang siehe Ossenbühl, DVBl. 1994, 977/81 f., wonach richterrechtliche Institute des Staatshaftungsrechts als Produkt eines Verfassungsgebotes ihre konkrete Ausgestaltung im einfachen Recht erfahren, "um das richterrechtliche Anspruchsinstitut gleichsam flexibel zu halten und der Kompetenz des jeweiligen Fachgerichts zu bewahren."

1193 Grüner/Dalichau, SGB I/2, Einleitung, S. 61: die mit dem Herstellungsanspruch verbundenen Fiktionen bewirken, daß eine Entscheidung contra legem regelmäßig nicht getroffen wird; Brugger, AÖR 112 (1987), 389/443; Böß, S. 67; Baumeister, S. 146: es gehe um "die Sichtbarmachung eines bereits wirkkräftigen Rechts". Ähnlich Schmidt-De Caluwe, 503/04, der die Ausschlußfristen wegen im Hinblick auf den Vertrauensschutzgrundsatz partieller Verfassungswidrigkeit in den Herstellungfällen nicht anwenden will. Vgl. auch Kreßel, S. 221, dessen Bestandsschutzanspruch den Schutz zeitlich bereits vor einer Verjährung o.ä. entstehen läßt.

1194 Siehe § 1 IV 3.

1195 Dagegen Schoch, VerwA 79 (1988), 1/57, dem zufolge der Herstellungsanspruch nur einfachgesetzlich zu begründen ist. Andererseits will Schoch, S. 39 FN 225, den Folgenbeseitigungsanspruch über Art. 2 Abs. 1 GG auch auf einfachgesetzliche

gentlich Entscheidende bei der Beurteilung des Herstellungsanspruchs unter dem Contra-legem-Aspekt ist nämlich der Umstand, daß das vorangegangene Handeln der Behörde rechtswidrig war. Der jetzige Herstellungsvorgang ist daher nicht isoliert, sondern im Zusammenhang mit dem rechtswidrigen Vorverhalten zu betrachten[1196]. Eine andere Betrachtungsweise wäre nicht nur formaljuristisch, sondern auch unvollständig und verkürzt. **Insgesamt** nämlich wird der Zustand hergestellt, den der Gesetzgeber ursprünglich beabsichtigte, und somit ein rechtmäßiger Zustand[1197]. Im Bereich des Sozialrechts wird dies zusätzlich von § 2 Abs. 2 SGB I gestützt, der eine möglichst weitgehende Verwirklichung sozialer Rechte anordnet[1198].
Es handelt sich dabei um keine Fehlerwiederholung[1199], sondern um Fehlerwiedergutmachung durch Fehlerausgleichung, weil der Herstellungsanspruch das Vertrauen des Bürgers in die Richtigkeit behördlichen Handelns mit dem Gesetzmäßigkeitsgrundsatz gerade in Einklang bringen soll[1200].

Rechtsverletzungen ausdehnen. Entsprechend könnte selbst aus seiner Sicht das einfachgesetzliche Sozialrecht über Art. 1 Abs. 1 GG verfassungsrechtlich absichert werden. Vgl. aber Wallerath, DÖV 1987, 505/12, in ähnlichem Zusammenhang: "fruchtloser dogmatischer Taschenspielertrick".

1196 Vgl. Kreßel, S. 198.

1197 Vgl. Bieback, SGb. 1983, 28/30; Kreßel, S. 298; Bogs, FS-BSG, S. 176. Siehe auch Rösslein, S. 29, der von der Folgenbeseitigung contra legem den Fall unterscheidet, daß statt der rechtswidrig abgelehnten Leistung lediglich die sich aus dem damaligen Anspruch ableitbaren Folgen begehrt werden.

1198 Anders Kunze, S. 170/71, weil noch kein soziales Recht entstanden sei, welches von § 2 Abs. 2 SGB I erfaßt werden könnte. Dies ist aber nicht überzeugend, da gerade die in der Entstehung begriffenen Rechte und Anwartschaften gefährdet sind und eines besonderen Schutzes bedürfen. Die bereits voll existenten Rechte sind durch die allgemeinen Rechtsbehelfsmöglichkeiten schon so abgesichert, daß § 2 Abs. 2 SGB I insofern überflüssig ist.

1199 So aber Weyreuther, DVBl. 1964, 893/901.

1200 Bieback, SGb. 1983, 28/30. Wegen der verfassungsrechtlichen Bedeutung von Fristen ist zwar das allgemeine Vertrauen des Bürgers in die Rechtmäßigkeit der Verwaltung für den Her-

Berücksichtigt man die verbreitete dogmatische Begründung des Herstellungsanspruchs mit dem Verbot des Rechtsmißbrauchs, so wird deutlich, daß bei der Anwendung des Herstellungsanspruchs der Gesetzeszweck der jeweils derogierten Norm **nicht** mißachtet wird. Denn aus §§ 162, 242 BGB ergibt sich, daß im Falle des Rechtsmißbrauchs die durch andere Normen gewährten Rechte so weit zurückgenommen werden, als diese Rechte zu mißbilligten Zwecken eingesetzt werden[1201]. Dies folgt auch aus dem Gedanken des Schikaneverbots nach § 229 BGB. Die Ausübung eines Rechts ist dann und insoweit unzulässig, als der Berechtigte in seine Rechtsposition unter Verletzung eigener Pflichten gelangt ist[1202]. Daher gehört die Rechtsnorm, die erst infolge der Pflichtverletzung für den Bürger nachteilig bzw. überhaupt anwendbar geworden ist, nicht zu dem dem Herstellungsanspruch entgegenstehenden Recht[1203]. Die rechtliche Befugnis der Behörde zur Herstellung ergibt sich somit aus dem verletzten Recht des Betroffenen[1204], dessen besonders gesteigertes Vertrauen in die Rechtmäßigkeit der Verwaltung mit dem Herstellungsanspruch geschützt wird[1205].

Es wird allerdings die Meinung vertreten, dem Herstellungsanspruch stehe § 31 SGB I entgegen[1206], wonach Rechte und Pflich-

---

stellungsanspruch allein noch nicht ausreichend, doch wird dem dadurch Rechnung getragen, daß der Herstellungsanspruch nur bei einem gesteigerten Vertrauensschutz angewandt wird, Bieback, SGb. 1990, 517/20.

1201 Bydlinski, S. 496 ff., der daher zu Recht darauf hinweist, daß die Bekämpfung sittenwidrigen Rechtsmißbrauchs nur scheinbar eine Rechtsfortbildung contra legem darstellt.

1202 OVG Münster, NJW 1992, 2245.

1203 So auch Heuer, SGb. 1987, 36/37, der bemängelt, daß selbst das BSG nicht zwischen dem durch die Pflichtwidrigkeit betroffenen Recht und dem anderweitig zwingenden Recht differenziert; vgl. Kreßel, SGb. 1987, 313/17, wonach ab dem Zeitpunkt der Rechtsverletzung nicht mehr auf die Verjährung des Ausgangsrechts, sondern nur noch auf die Verjährung des aus der Pflichtverletzung entstandenen Herstellungsanspruchs abzustellen ist.

1204 Kreßel, S. 300.

ten in den Sozialleistungsbereichen des SGB I nur begründet, festgestellt, geändert oder aufgehoben werden dürfen, soweit ein Gesetz dies vorschreibt oder zuläßt. Dieser Gesetzesvorbehalt soll jedoch in Anlehnung an die Wesentlichkeitstheorie des BVerfG[1207] nur die Unterscheidung zwischen Eingriffs- und Leistungsverwaltung im Sozialrecht aufheben[1208], nicht aber eine grundsätzliche Rechtsfortbildungssperre statuieren[1209].

bb) Insbesondere: der entgegenstehende bestandskräftige Verwaltungsakt

Nach überwiegender Ansicht ist eine Herstellung bzw. Folgenbeseitigung bei entgegenstehendem bestandskräftigem Verwaltungsakt nicht möglich, weil dem Klageziel dann nicht mehr durch rechtmäßiges Verwaltungshandeln entsprochen werden könne[1210]. Dadurch, daß der Berechtigte die Bestandskraft eintreten läßt, verliert er seinen Anspruch[1211].
Dabei ist aber darauf zu achten, daß in vielen Herstellungsfällen gar kein entgegenstehender bestandskräftiger Verwaltungsakt vorliegt. Beruht die Fehlerhaftigkeit des Verwaltungsakts auf einer Betreuungspflichtverletzung, weil der Betroffene im Vertrauen auf die Richtigkeit der Beratung einen nur eingeschränkten Antrag gestellt hat, so ist die Bestandskraft des Verwal-

---

1205 Bieback, DVBl. 1983, 159/69.

1206 Schoch, VerwA 79 (1988), 1/58 f.

1207 Siehe oben § 4 II 4 a bb.

1208 Schmidt-De Caluwe, S. 306 ff.

1209 Eingehend Schmidt-De Caluwe, S. 307/08.

1210 Möhle, ZfSH/SGB 1990, 522/23; Schmidt-De Caluwe, S. 302. Ferner bzgl. des Folgenbeseitigungsanspruchs Obermayer, JuS 1963, 110/14; Schmidt, JuS 1969, 166/67; Böß, S. 220, unter Hinweis auf § 3 Abs. 2 des geplanten StHG; BVerwG, NVwZ 1987, 788, und Schoch, VerwA 79 (1988), 1/52.

1211 Baumeister, S. 147, der diese Fallgruppe allerdings nicht dem Bereich der Folgenbeseitigung zuordnet, S. 149/50; vgl.

tungsakts durch den gestellten Antrag begrenzt[1212]. Die Betreuungspflichtverletzung als solche erwächst nicht in Bestandskraft[1213].

Nur in den Fällen, in denen die Behörde zu Unrecht die **beantragte** Leistung verweigert, ohne daß der ablehnende Verwaltungsakt vom Betroffenen angefochten wird, steht dies dem Herstellungsanspruch grundsätzlich entgegen. Dies betrifft die Fälle, in denen der Hauptleistungsanspruch des Bürgers verletzt wird (Fallgruppe 4) ebenso wie die Fälle, in denen der Bürger nach Kenntnis von einer Betreuungspflichtverletzung gegen die Behörde den Herstellungsanspruch geltend macht bzw. von der Behörde das fordert, was ihm aufgrund des Herstellungsanspruchs zusteht[1214].

Allerdings spielt die Bestandskraft eines rechtswidrigen Verwaltungsakts im Sozialrecht wegen § 44 SGB X regelmäßig nur hinsichtlich der Beschränkung des § 44 Abs. 4 SGB X eine Rolle[1215]. Im Sozialrecht erweitert also § 44 SGB X den aus einer bestandskräftigen rechtswidrigen Leistungsverweigerung entstandenen Herstellungsanspruch[1216].

Doch gibt es auch im Sozialrecht Konstellationen, die nicht von § 44 SGB X erfaßt werden und das Problem des Verhältnisses des

---

auch BVerwG, Buchholz 310 § 113 VwGO Nr. 40; BVerwG, BayVBl. 1987, 541.

[1212] BSGE 59, 60/62; Kreßel, SGb. 1987, 313/15 f.; vgl. auch Krasney, BKK 1985, 380/85. Schmidt-De Caluwe, S. 186/87, meint hingegen, sofern ein Verwaltungsverfahren zum Zeitpunkt der Pflichtverletzung bereits bestehe (ansonsten läge mangels verfahrensrechtlicher Pflichtverletzung ohnehin kein rechtswidriger Verwaltungsakt vor), "verbrauche" sich diese Pflichtverletzung nicht dadurch, daß der Antrag den Verfahrensgegenstand bestimmt. Dennoch greife § 44 SGB X letztlich nicht durch, da es am Tatbestandsmerkmal der zu Unrecht vorenthaltenen Beträge fehle, S. 190.

[1213] Kreßel, SGb. 1987, 313/16.

[1214] Vgl. Kreßel, SGb. 1987, 313/16.

[1215] Vgl. Möhle, ZfSH/SGB 1990, 522/23, und Bieback, DVBl. 1983, 159/62; Schmidt-De Caluwe, S. 184/85; siehe auch oben § 1 III 2 und 3.

Herstellungsanspruchs zum bestandskräftigen Verwaltungsakt aufwerfen. So hat es das BSG abgelehnt, die Bindungswirkung von Beitragsbescheiden, die auf einer gegen Art. 3 Abs. 1 GG verstoßenden Satzung beruhten, mit dem Herstellungsanspruch aufzuheben; aus dem Rechtsgedanken von § 79 Abs. 2 BVerfGG, §§ 46 Abs. 2 Satz 3, 183 VwGO ergebe sich für die Vergangenheit der Vorrang der Rechtssicherheit vor der materiellen Gerechtigkeit[1217].

Dagegen vertritt eine Mindermeinung die Auffassung, der Herstellungsanspruch könne auch einen entgegenstehenden bestandskräftigen Verwaltungsakt überwinden[1218]. Dieser Ansicht ist jedoch nicht zu folgen[1219], weil sich dadurch die Vorschriften über das Verfahren der Anfechtungs- und Verpflichtungsklage einschließlich der hierfür geltenden Fristen erübrigen würden und die mit dem Ablauf der Rechtsmittelfristen eintretende Unanfechtbarkeit rechtswidriger Verwaltungsakte keine Bedeutung mehr hätte[1220]. Dadurch würde auch gegen den Grundsatz vom Vor-

---

1216 Kreßel, SGb. 1987, 313/15.

1217 BSGE 50, 129. Siehe zu § 79 Abs. 2 BVerfGG auch BSG, SozR 3100 § 44 BVG Nr. 11, S. 26/27. Andererseits hat das BSG angenommen, daß eine Sozialversicherungsbehörde über den Herstellungsanspruch für die Folgen fehlerhaften Verhaltens einer Drittbehörde bereits eintreten könne, bevor deren entgegenstehender Bescheid aufgehoben worden sei, BSG, Urteil vom 2.11.1988 -8/5a RKn 15/87-; kritisch dazu Krause/Sattler, Jahrbuch des Sozialrechts der Gegenwart 1990 (Bd. 12), 37/38.

1218 Adolf, S. 222, bzgl. des sozialversicherungsrechtlichen Vorsorgeverhältnisses, weil § 44 SGB X ein Indiz für die Pflicht zur maximalen Rechtsverwirklichung sei; er bezieht sich dabei vor allem auf die Fälle, in denen der bestandskräftige Verwaltungsakt aufgrund einer fehlerhaften Information des Versicherungsträgers erging, S. 52. Gerade in diesen Fällen stellt sich das Problem aber meist gar nicht, s.o.

1219 Siehe OVG Berlin, Urteil vom 21. 11.1991 -6 B 35/90-, S. 8, sowie § 3 Abs. 2 und § 5 des gescheiterten StHG, wonach bei Versäumung von Rechtsbehelfen kein Schadensersatzanspruch besteht, dazu Begr.RegE, BT-DS 8/2079, S. 45/46. Gegen die Auffassung, der Herstellungsanspruch könne entgegenstehende bestandskräftige Verwaltungsakte überwinden auch Terwey, S. 150, und Schmidt-De Caluwe, S. 302.

rang des Primärschutzes verstoßen. Das BSG wendet den Herstellungsanspruch bei der Versäumung von Rechtsbehelfs- und Rechtsmittelfristen daher gleichfalls nicht an[1221].

Außerhalb des Verfahrensrechts kann der Herstellungsanspruch bestandskräftige Verwaltungsakte nicht überwinden, weil die Verwaltung ihr Handeln im Vertrauen auf die Unanfechtbarkeit ihrer Verwaltungsakte einrichten muß[1222]. Für Defizite in verfahrensrechtlichen Positionen bestehen besondere verfahrensrechtliche Rechtsbehelfe, die nicht ausgehöhlt werden dürfen[1223]. Im Verwaltungsrecht, wo die Rücknahme bestandskräftiger Verwaltungsakte anders als bei § 44 SGB X im Ermessen der Behörde steht, kann dies den Bürger eher treffen als im Sozialrecht[1224]. Etwaige Härten im Einzelfall können im Rahmen des behördlichen Ermessens ausgeglichen werden.

Aus alledem folgt jedoch nicht, daß die §§ 46, 48 VwVfG und §§ 42, 44 SGB X die Folgen von Verfahrensfehlern abschließend regeln, denn sie beziehen sich nur auf den Verwaltungsakt und seine Beseitigung[1225], enthalten aber keine Regelung darüber, ob das rechtswidrige Behördenhandeln auch sonstige Folgen haben kann[1226].

Der Herstellungsanspruch geht über die verfahrensrechtlichen Regelungen hinaus, indem er auch für vor- und nachverfahrensrechtliche Fehler der Verwaltung ein Korrektursystem schafft

---

1220 BVerwGE 28, 155/63. Vgl. aber auch BFHE 116, 103/05, wonach Einwendungen wegen Treu und Glauben zu einer Ausnahme von dem Grundsatz führen, daß unanfechtbare Bescheide auch im Billigkeitsverfahren nach § 131 AO, jetzt § 227 AO, nicht mehr überprüfbar sind.

1221 BSG, Urteil vom 15.12.1983 -12 RK 22/83-, zitiert bei v.Einem, RV 1986, 134.

1222 Begr.RegE, BT-DS 8/2079, S. 46.

1223 G. Dörr, DAngVers 1993, 182/85.

1224 Vgl. Bieback, DVBl. 1983, 159/62 f.

1225 Bieback, DVBl. 1983, 159/63; ebenso Kopp, VwVfG, § 25 Rz 12, bzgl. einer Verletzung von Beratungspflichten.

und bei einer Auslegung verfahrensrechtlicher Regelungen deren Reichweite bestimmt[1227].

IV. Ergebnis

Die Anwendung des Herstellungsanspruchs auch im Verwaltungsrecht erweist sich somit als eine in rechtsmethodischer und verfassungsrechtlicher Hinsicht zulässige Rechtsergänzung, zumal der Herstellungsanspruch weder der Lösung bloßer Zweckmäßigkeitsfragen dient noch willkürliche Größen- und Zahlenregelungen beinhaltet[1228].
Bedenken hinsichtlich der finanziellen Folgeverantwortung bestehen auch nicht[1229], weil der Bürger mit dem Herstellungsanspruch nur das erhält, was ihm ohnehin zugestanden hätte[1230]. Dies ergibt sich schon aus der Natur des Herstellungsanspruchs als Restitutionsanspruch. Wollte man den Bürger in allen Herstellungsfällen auf einen Amtshaftungsanspruch verweisen, so wäre insgesamt die finanzielle Last für den Staat selbst dann höher[1231], wenn der Amtshaftungsanspruch wegen der für den

---

[1226] Bieback, DVBl. 1983, 159/63.

[1227] Brugger, AÖR 112 (1987), 389/404.

[1228] Vgl. Larenz, S. 427 und 436.

[1229] Vgl. Haverkate, S. 111, der in anderem Zusammenhang vom "Vorbehalt der vollen Kassen" spricht; ferner Vogel, S. 28, dem zufolge bei jeder Erweiterung der Staatshaftung fiskalische Einwände gemacht werden, die in concreto nicht stichhaltig seien; ebenso Schäfer, Das neue Staatshaftungsgesetz (StHG), DB 1981, 1499/1502: "eher psychologische Hemmnisse". Zur Berechnung der sich "in vertretbaren Grenzen" haltenden Kosten, die aufgrund des StHG erwartet wurden, siehe Begr.RegE, BT-DS 8/2079, S. 29 ff.; ferner Gemeinsame Arbeitsgruppe 1987, S. 52 ff. Nach Ossenbühl, DVBl. 1994, 977/79, scheiterte das StHG an dem "lächerlichen Betrag von 15 Millionen DM".

[1230] Ossenbühl, § 39, 1 a, und DVBl. 1994, 977/79; Berkemann, Vortrag 1987, S. 16/17; BSGE 51, 89/94; BGHZ 103, 242/47; vgl. auch Kreßel, S. 385/86; a.A. Schoch, VerwA 79 (1988), 1/58 f.

Bürger vergleichsweise ungünstigeren Voraussetzungen im Einzelfall nicht durchsetzbar wäre.

1231 Ähnlich BGHZ 103, 242/47 f.

§ 5 DIE TATBESTANDLICHE EINGRENZUNG DES HERSTELLUNGSANSPRUCHS IM VERWALTUNGSRECHT

I. Ausgangsfall

Es hat sich erwiesen, daß es im Interesse von Rechtssicherheit und Rechtsvereinheitlichung geboten ist, die Herstellungsfälle auch im Verwaltungsrecht mit dem Herstellungsanspruch zu lösen, anstatt von Fall zu Fall mit unterschiedlichen Rechtsinstituten zu operieren oder gar den Bürger schutzlos zu lassen.
Im Interesse von Rechtsssicherheit und Rechtsklarheit muß der Herstellungsanspruch aber auch konturiert und eingegrenzt werden. Nur so läßt sich sein Entarten zu einem allgemeinen Wiedergutmachungsanspruch verhindern, der nicht nur die anderen Institute des Staatshaftungsrechts hinfällig machen würde, sondern sich auch über rechtsstaatliche Verfahrensregelungen sowie Gebote der Zeit- und Verfahrensökonomie hinwegsetzen würde[1232].

Die tatbestandliche Eingrenzung des Herstellungsanspruchs im Verwaltungsrecht orientiert sich an der Rechtsprechung des BSG zum sozialrechtlichen Herstellungsanspruchs, muß aber im Detail etwaigen Besonderheiten des Verwaltungsrechts Rechnung tragen. Im Zweifelsfall ist auf die allgemeinen Haftungsgrundsätze des Staatshaftungsrechts zurückzugreifen.

Der Ausgangsfall des Herstellungsanspruchs ist dann gegeben, wenn ein Leistungsanspruch des Bürgers durch rechtswidriges Behördenhandeln beeinträchtigt oder vereitelt wird. Dabei spielt es keine Rolle, ob die Behörde eine Haupt- oder Nebenpflicht verletzt und ob die Pflichtverletzung in einem positiven Tun oder einem Unterlassen besteht[1233]. Mit dem BSG ist bei der Beurteilung der Rechtswidrigkeit des Verwaltungshandelns eine ex-

1232 Bieback, SGb. 1990, 517/19.

post-Betrachtung zugrunde zu legen[1234], weil der Herstellungsanspruch behördliche Pflichtwidrigkeiten nicht sanktionieren will, sondern der Herstellung des rechtmäßigen Zustandes dient[1235].

II. Ausschluß des Herstellungsanspruchs

Nicht anwendbar ist der Herstellungsanspruch, wenn der Gesetzgeber in Fristbestimmungen, Ausschlußtatbeständen oder neuen Rechtsvorschriften eine Lösung der Herstellungsfälle vorgesehen hat, beispielsweise durch eine Anordnung der Fortgeltung alten Rechts für noch nicht abgeschlossene Altfälle oder auf dem enteignungsrechtlichen Weg über eine Entschädigung wie in §§ 233 BauGB[1236], soweit damit eine angemessene Kompensation erzielt werden kann. Unproblematisch wird dies regelmäßig im Rahmen des Art. 14 GG sein, schwieriger im Rahmen von Art. 12 Abs. 1 GG. Innerhalb der verfassungsrechtlichen Grenzen steht dem Gesetzgeber ein Gestaltungsspielraum zu. Auch wenn dem geltenden Recht eine Mehrheit von Anspruchsgrundlagen nicht fremd ist, bedarf es des Richterrechts dort nicht, wo das Gesetzesrecht ausreicht[1237]. Außerordentlich detaillierte Übergangsregelungen enthält etwa das BBergG in den §§ 166 ff. Nach § 171 Abs. 3 BBergG soll sich die Entscheidung über die Anfechtung von Verwaltungsakten, die vor Inkrafttreten der neuen Fassung ergingen, nach neuem Recht richten, die Anfechtung gerichtlicher Entscheidungen hingegen nach altem Recht.
Je nach Einzelfall kann der Ausschluß einer Herstellung auch ohne Entschädigungsmöglichkeit verfassungsgemäß sein, was je-

---

1233 Z.B. Schmidt-De Caluwe, S. 513/14; Adolf, S. 220.

1234 Siehe oben § 1 III 5.

1235 Ladage, S. 116.

1236 Siehe oben § 3 IV 2 b.

weils einer vertieften Prüfung anhand des Schutzzwecks der verletzten Norm[1238] und des Eingriffsvorbehalts bei Grundrechten[1239] bedarf. Dabei sind gesetzliche Grundentscheidungen, wie sie etwa in § 79 Abs. 2 BVerfGG, § 183 VwGO zum Ausdruck kommen, zu berücksichtigen[1240].
Nicht anwendbar ist der Herstellungsanspruch ferner, wenn seine Verwirklichung tatsächlich unmöglich ist, weil dies als Ausdruck faktischer Gegebenheiten hingenommen werden muß[1241]. An rechtlicher Unmöglichkeit kann der Herstellungsanspruch, der ja gerade der Überwindung rechtlicher Hindernisse dient, hingegen nur scheitern, wenn es um außerhalb der jeweiligen Rechtsbeziehung liegende Umstände geht[1242].

III. Besondere Pflichtigkeit der Verwaltung

Wegen der verfassungsmäßigen Bedeutung von Fristen und Ausschlußtatbeständen reicht für den Herstellungsanspruch das allgemeine Vertrauen des Bürgers in die Gesetzmäßigkeit der Verwaltung allein nicht aus; vielmehr muß ein **gesteigerter** Vertrauensschutz vorliegen[1243].

1237 Fehl, in Wilke, § 1 BVG Rz 123.

1238 Vgl. zur Ordnungsfunktion von Fristen Bieback, SGb. 1990, 517/25.

1239 Vgl. Kreßel, S. 373; vgl. auch Papier, SGb. 1994, 105/06.

1240 Siehe z.B. auch zu § 35 Abs. 6 GewO BVerwGE 65, 1.

1241 Ebenso Kreßel, S. 381/82 und S. 386, zum Bestandsschutzanspruch.

1242 Vgl. auch Kreßel, S. 386.

1243 Bieback, SGb. 1990, 517/20; vgl. ders., SGb. 1986, 36/37. Siehe auch Berkemann, Vortrag 1987, S. 15/16, der für eine Fortentwicklung des Folgenbeseitigungsanspruchs zum Herstellungsanspruch für solche Leistungen eintritt, die gesetzlich vorgesehen sind, an deren Erhalt die öffentliche Hand den Bürger aber in unangemessener Weise gehindert hat.

Dieser setzt eine besondere Abhängigkeit des Bürgers vom rechtmäßigen Handeln der Verwaltung voraus, die sich vor allem im sozialrechtlichen Bereich der Verwaltungsgerichte aus der sozialen Bedürftigkeit des Bürgers[1244] und seinen langfristigen, vitalen Interessen auf diesem Gebiet ergibt[1245].
Bei der Versäumung von Fristen aufgrund behördlicher Fehlbetreuung resultiert die besondere Abhängigkeit des Bürgers aus dem Betreuungsverhältnis als einem über das übliche Maß hinausgehenden, engen Kontakt zur Verwaltung[1246], die im Dienste des Bürgers steht[1247] und dazu beizutragen hat, daß dessen materielle Rechte nicht an Formalien scheitern[1248].
Eine enge Beziehung zwischen Bürger und Staat besteht auch in den Sonderrechtsverhältnissen, dessen erhöhten Pflichtenanforderungen an den Bürger umgekehrt besondere Fürsorgepflichten der Verwaltung gegenüberstehen[1249].
Bei Präventivverboten und in den Fällen sonstigen grundrechtsrelevanten Unterlassens reicht zur Begründung des Herstellungsanspruchs hingegen schon die bloße Ablehnung eines Antrags aus, weil der Bürger hier in besonderem Maße auf die Erteilung der Genehmigung/Gewährung der Leistung angewiesen ist. Eine Ungleichbehandlung zwischen Bau- und Gewerberecht ist dabei nicht angezeigt. Auch wenn die Folgen einer rechtswidrigen Behinderung der beruflichen Entwicklung des Bürgers regelmäßig gravierender als die der rechtswidrigen Verweigerung einer Bauerlaubnis sind[1250], sind beide Sachverhalte grundrechtlich ge-

---

1244 Schmidt-De Caluwe, S. 52, unter Verweis auf BVerwGE 16, 32/30 und E 52, 70/79.

1245 Vgl. Ladage, S. 66; Jakumeit/Wilde, SGb. 1971, 375/77.

1246 Siehe oben § 3 II.

1247 Vgl. BGH, NJW 1957, 1873; BVerwGE 10, 12/15 und oben § 3 II 1.

1248 BVerwGE 9, 189/92.

1249 Siehe im einzelnen § 3 III 1.

schützt[1251]. Die unterschiedliche Wertigkeit beider Grundrechte wirkt sich erst bei der Frage aus, ob und inwiefern eine etwaige Regelung der Herstellungsfälle durch den Gesetzgeber verfassungsmäßig ist[1252]. Dem kann hier nicht im einzelnen nachgegangen werden.
Die sonstigen Leistungsversagungsfälle hingegen sind einer Anwendung des Herstellungsanspruchs schon deshalb nicht zugänglich, weil der -nahezu gewohnheitsrechtlich verfestigte[1253]- Grundsatz, daß bei Verpflichtungsklagen die Sach- und Rechtslage im Zeitpunkt der gerichtlichen Entscheidung maßgeblich ist, ansonsten leerliefe. Dieser Grundsatz geht nämlich gerade von der Rechtswidrigkeit der vorangehenden Behördenentscheidung aus, die allein daher für eine Herstellung nicht ausreichend sein kann.

IV. Hindernis in der Durchsetzung des originären Leistungsanspruchs

Die Anwendbarkeit des Herstellungsanspruchs setzt ferner voraus, daß der originäre Leistungsanspruch, also das Ausgangsrecht, nach vorangegangenem rechtswidrigen Verwaltungshandeln wegen Fristversäumung, Verjährung, Gesetzesänderung o.ä. nicht mehr durchsetzbar ist. Dieses Hindernis entspricht gleichzeitig dem Schaden für den Bürger, der aus der Differenz zwischen dem

---

1250 Berkemann, Vortrag 1987, S. 15, und Referat 1990, 10/11. Deutlich wird dies im "Gasthörerfall", BVerwG, Urteil vom 9. 3. 1990, Buchholz 11 Art. 20 Nr. 118, der im Falle einer Pflichtverletzung der Universität mit dem Herstellungsanspruch hätte gelöst werden müssen; s. o. § 2 I.

1251 Vgl. aber Berkemann, Referat 1990, 11, der Herstellung nur bejaht bei rechtswidriger Behinderung in der Wahrnehmung von Rechten mit personalem Gehalt.

1252 Siehe oben § 5 II und Papier, SGb. 1994, 105/06.

1253 Kopp, FS-Menger, S. 706.

tatsächlichen und dem hypothetischen Zustand zu ermitteln ist[1254].

Der Herstellungsanspruch beinhaltet die Weiterführung/-verfolgung des Ausgangsrechts mit besonderen Mitteln. Er erklärt, weshalb das Ausgangsrecht im Ergebnis auf neuer Grundlage verwirklicht werden kann. Entgegenstehende bestandskräftige Verwaltungsakte vermag er allerdings nicht zu überwinden[1255], weil der Bürger wegen der dagegen möglichen Rechtsbehelfe nicht schutzbedürftig ist, wenn er es versäumt hat, davon Gebrauch zu machen[1256].

V. Anforderungen an Kausalität und Zurechenbarkeit

1. Kausalität

Anknüpfend an die im Sozialrecht geltende Theorie von der wesentlichen Bedingung[1257] im Sinne einer condicio efficax sind beim Herstellungsanspruch Maßstab für die Kausalität des rechtswidrigen Verwaltungshandelns Adäquanz[1258] und Verhältnismäßigkeit[1259].

Ähnlich wie die Adäquanz bezweckt auch die Theorie von der wesentlichen Bedingung eine sinnvolle, am Gesetzeszweck orientierte Bestimmung und Begrenzung der Schadensursachen[1260]. Wäh-

---

1254 Vgl. Begr.RegE, BT-DS 8/2079, S. 37.

1255 Siehe oben § 4 III 2 c bb.

1256 Ebenso BSG, Urteil vom 15.12.1983 -12 RK 22/23-, zitiert bei v.Einem, RV 1986, 134.

1257 Siehe oben § 1 III 4; Maier, SRH, B. 7, Rz 57 FN 140: der Begriff der wesentlichen Bedingung "ist ein ausreichend flexibler Begriff, bei dessen Anwendung allen Wertungskriterien, u.a. gesellschaftspolitischer Art, Rechnung zu tragen ist..."

1258 Dies sollte auch nach dem StHG der Haftungsmaßstab sein, Begr.RegE, BT-DS 8/2079, S. 37; ebenso bzgl. der Amtshaftung Ossenbühl, § 6, 4.

rend bei der dem Unfallversicherungsrecht entspringenden Theorie von der wesentlichen Bedingung allein die Abgrenzung zwischen der betrieblich-unternehmerischen Sphäre und dem allgemein-persönlichen Lebensbereich maßgeblich ist, wird bei der Adäquanz die Zumutbarkeit der Haftung geprüft[1261].

Wegen ihrer Allgemeingültigkeit bietet die Adäquanz für die verwaltungsrechtlichen Fälle des Herstellungsanspruchs eine bessere Handhabe. Auch der Rechtswidrigkeitszusammenhang[1262] und der Schutzzweck der verletzten Norm[1263] spielen bei der Kausalität eine Rolle. Damit ist die Kausalitätsfrage zugleich ein Problem wertender Zurechnung[1264].

Eine haftungsmäßige Überforderung der Verwaltung wird dadurch vermieden, daß der Gesetzgeber im Einzelfall bei der Konkretisierung der öffentlich-rechtlichen Pflichten deren Inhalt modifizieren kann und beispielsweise aus Gründen einer rationellen Verwaltungsarbeit die Pflichtenanforderungen herabsetzen kann[1265].

Die Entscheidung über Kausalität und Zurechnung führt letztlich zu einer Alles-oder-nichts-Entscheidung[1266], weil der gesetzlich gewollte Leistungszustand in Gänze hergestellt werden soll[1267]. Eine nur teilweise Verwirklichung des objektiv gebo-

---

1259 Vgl. Lohmeyer, DStZ 1979, 190/91.

1260 Schulin, Rz 323; Krasney, BKK 1985, 380/83 f., scheint allerdings die Adäquanztheorie für weiter zu halten.

1261 Schulin, Rz 323.

1262 Vgl. Bender, VBlBW 1985, 201/03; Schoch, VerwA 79 (1988), 1/39 FN 225.

1263 Vgl. Bieback, SGb. 1990 517/21 f.

1264 Vgl. Ossenbühl, § 24, 3, zum enteignungsgleichen Eingriff.

1265 Vgl. Begr. RegE, BT-DS 8/2079, S. 37, unter Hinweis auf §§ 164, 165 AO.

1266 Ähnlich wie im Unfallversicherungsrecht, Bieback, SGb. 1986, 36/38.

tenen Rechts würde der rechtsstaatlichen Grundlage des Herstellungsanspruchs widersprechen und wäre in vielen Fällen (z.B. bei rechtswidrig verweigerten Genehmigungen) nicht realisierbar[1268]. Unter dem Gesichtspunkt der oben genannten wesentlichen Bedingung, die auch im allgemeinen Staatshaftungsrecht anerkannt ist[1269], sind Alles-oder-Nichts-Entscheidungen aber zulässig[1270].

2. Berücksichtigung etwaigen Mitverschuldens

Im Rahmen von Kausalität und Zurechnung[1271] sind die jeweiligen Verantwortungsbereiche[1272] zu berücksichtigen[1273]. Auch wenn der Herstellungsanspruch verschuldensunabhängig ist, so ist,

---

1267 Bieback, SGb. 1990, 517/22; Ladage, S. 114; anders wohl Ossenbühl, § 39, 1 a, wonach sich beim Herstellungsanspruch "möglicherweise" auch das Problem der Verantwortungsteilung stellt.

1268 Bieback, SGb. 1986, 36/38.

1269 Vgl. Schoch, VerwA 79 (1988), 1/54 FN 333.

1270 Bieback, SGb. 1990, 517/22.

1271 Auf diesen Zusammenhang weisen z.B. hin BSG, SGb. 1986, 34; Geschwinder, ZfS 1985, 70/74; Maier, Der sozialrechtliche Herstellungsanspruch in seinen Auswirkungen auf die gesetzliche Kranken- und Rentenversicherung, SozVers 1985, 133/37; v.Einem, RV 1986, 134; Bieback, SGb. 1986, 36/38.

1272 Vgl. Olivet, S. 68; v.Einem, RV 1986, 134.

1273 Ladage, S. 114/15, hingegen will, abgesehen von den Fällen, in denen der Bürger die Rechtslage "ohne weiteres" hätte erkennen können, ein Mitverschulden beim Herstellungsanspruch nicht berücksichtigen. Derjenige, der auf die Richtigkeit einer behördlichen Auskunft vertraut habe, dürfe nämlich nicht schlechter gestellt werden, als derjenige, der einen rechtswidrigen Verwaltungsakt habe bestandskräftig werden lassen, ein Umstand der wegen § 44 SGB X unerheblich sei.
Diese Erwägungen treffen zunächst nicht auf das sonstige Verwaltungsrecht zu, weil dort kein Rechtsanspruch auf Rücknahme eines rechtswidrigen Verwaltungsakts besteht. Im übrigen be-

dem Gedanken des § 254 BGB entsprechend, einem Mitverschulden des Bürgers im Sinne einer Mitverantwortung[1274] am Entstehen seines Schadens Rechnung zu tragen[1275], weil die damit verbundene Abgrenzung von Risiko- und Zurechnungssphären[1276] einem allgemeinen Rechtsgedanken entspricht[1277].

Zwar besteht zwischen Bürger und Staat ein Machtgefälle, doch schließt dies die Berücksichtigung einer Mitverantwortung des Bürgers nicht aus, weil sich dieser Umstand bereits bei der Bestimmung des Umfangs der Risikosphären auswirkt.

Wegen des Alles-oder-nichts-Prinzips ermöglicht § 254 BGB jedoch beim Herstellungsanspruch keine Feinsteuerung[1278]. Maßgeblich ist daher der Schwerpunkt der Verantwortung.

---

treffen sie lediglich die Fälle fehlerhafter Betreuung, in denen der fehlerhafte Verwaltungsakt erst aufgrund falscher oder unterbliebener Information erging. Auch insofern ist aber die "Ausnahme", die Ladage machen will, nicht verständlich, weil diese gerade den klassischen Fall für die Berücksichtigung einer Mitverantwortung des Bürgers darstellt.

1274 Siehe auch § 3 Abs. 3 StHG: Berücksichtigung der Mit**verursachung**; ebenso Schmidt-De Caluwe, S. 515. Siehe auch Ossenbühl, § 39, 1 a, wonach sich gerade beim Herstellungsanspruch die schwierige Frage der Verwantwortungszurechnung ergibt.

1275 Vgl. Vogel, S. 29; auf § 242 BGB greifen bezüglich einer Berücksichtigung der Mitverantwortung des Bürgers beim Folgenbeseitigungsanspruch stattdessen zurück Schenke, JuS 1990, 370/75, und Schloer, JA 1992, 39/45.

1276 BSG, SGb. 1986, 34/36, mit Anmerkung Bieback; Bieback, SGb. 1990, 517/23; vgl. Kühn/Kutter/Hofmann, AO, § 89 Anm. 5.

1277 Siehe oben § 1 III 6. Bzgl. des Folgenbeseitigungsanspruchs BVerwGE 82, 24/27; Ossenbühl, § 37, 5, mit weiteren Nachweisen. Schloer, JA 1992, 39/45, stellt stattdessen auf den Rechtsgedanken des § 242 BGB ab. Gegen eine Anwendung des § 254 BGB auf den Folgenbeseitigungsanspruch insbesondere Schoch, VerwA 79 (1988), 1/53 f., und Schenke, JuS 1990, 370/73 ff.

1278 Bieback, SGb. 1986, 36/38, weist darauf hin, daß § 254 BGB auch im Zivilrecht beispielsweise bei Erfüllungsansprüchen keine Schadensteilung ermöglicht.

3. Haftung für Drittbehörden

Die vom BSG angenommene Haftung für das Handeln von Drittbehörden[1279], soweit diese arbeitsteilig in das Verfahren der Leistungsgewährung eingeschaltet sind[1280], entspricht einer allgemeinen Tendenz des Staatshaftungsrechts[1281], wonach die Ausgleichsansprüche von der Kompetenzordnung der Verwaltung zu lösen sind[1282]. Sie ist daher ebenso auf die verwaltungsrechtlichen Herstellungsfälle übertragbar. Hinsichtlich der Fallgruppen 1 und 2 wird dadurch zusätzlich der Effektivität der Betreuungspflichten gedient[1283].

Da der Herstellungsanspruch letztlich auch auf dem Vertrauensschutzgrundsatz beruht[1284], kann aber nicht das Handeln jedweder Drittbehörde haftungsbegründend wirken[1285]. Erforderlich ist vielmehr ein enger Zusammenhang zwischen beiden Behörden[1286].

1279 Siehe oben § 1 III 7; Nachweise auch bei Böhm, VersB 1985, 39/41.

1280 Bieback, SGb. 1990, 517/23; Schmidt-De Caluwe, S. 514/15; kritisch zur Begründung, nicht jedoch zum Ergebnis Ladage, S. 116/17.

1281 Bieback, SGb. 1986, 36/37; Böhm, VersB 1985, 39/43. So ferner zum Folgenbeseitigungsanspruch Obermayer, in Mang/Maunz//Mayer/Obermayer, S. 319, und ihm folgend Wolff/Bachof, Verwaltungsrecht I, S. 478; vgl. auch BSGE 51, 89/95. Ebenso beim enteignungsgleichen Eingriff, z.B. BGHZ 10, 255/63 ff.; BGHZ 11, 248; BGH, NJW 1962, 1673; BGH, JZ 1973, 630.

1282 Bieback, SGb. 1986, 36/37.

1283 Vgl. Adolf, S. 221.

1284 Siehe oben § 4 II 6.

1285 Ladage, S. 116/17, der Abgrenzungskriterien fordert, ohne sie zu benennen; vgl. auch Krasney, BKK 1985, 380/82.

1286 Bieback, SGb. 1986, 36/38.

4. Prospekthaftung

Die Prospekthaftung beinhaltet eine Haftung für fehlerhafte Allgemeininformationen durch Merkblätter oder Broschüren. Charakteristisch für sie ist das Fehlen einer konkretisierten und individualisierten Rechtsbeziehung[1287]. Die Prospekthaftung wurde im Zivilrecht im Zusammenhang mit der culpa in contrahendo entwickelt[1288]. Das BSG hat sie für die Fälle übernommen, in denen sich die Sozialverwaltung bei einer Beratung und Betreuung des Bürgers allgemeiner Merkblätter bedient[1289]. Da diese Form der Betreuung zwar im Sozialversicherungsrecht gebräuchlich, in den behandelten verwaltungsrechtlichen Fallgruppen zum Herstellungsanspruch aber praktisch bedeutungslos ist, kann die Problematik der Prospekthaftung hier außer Betracht bleiben[1290].

VI. Rechtsfolge

1. Restitution

Der Herstellungsanspruchs ist auf eine Restitution der verletzten Rechte des Bürgers gerichtet. Er ermöglicht eine Beseitigung der dem Ausgangsrecht entgegenstehenden rechtlichen Hindernisse und ein Nachholen der zur Rechtsverwirklichung erfor-

---

1287 Wallerath, DÖV 1987, 505/10; Schoch, VerwA 79 (1988), 1/28.

1288 Schoch, a.a.O., S. 28 FN 160.

1289 Z.B. BSG, Urteil vom 15.12.1983, abgedruckt bei Grüner/Dalichau, SGB I, § 13, S. 22 Nr. 10; kritisch dazu Krause/Sattler, Jahrbuch des Sozialrechts der Gegenwart 1984 (Bd. 6), 53/54, weil dadurch in nicht unbedenklicher Weise die Voraussetzungen zwischen Amtshaftung und Herstellungsanspruch vermengt würden.

derlichen Handlungen. Die Schwierigkeiten, mit denen sich die Sozialgerichte hinsichtlich der zur Herstellung erforderlichen "an sich" zulässigen Amtshandlung konfrontiert sehen, sind in den verwaltungsrechtlichen Herstellungsfällen in dieser Schärfe nicht gegeben. Hier ist in allen vier Fallgruppen nur zu prüfen, ob für das Leistungsbegehren des Bürgers zum Zeitpunkt der erstmaligen Antragstellung eine rechtliche Grundlage bestand[1291]. Die spezifisch sozialversicherungsrechtlichen Probleme, ob und inwiefern Versicherungsbeiträge nachentrichtet, umgebucht oder teilweise zurückgezahlt werden können bzw. Versicherungsverhältnisse nachträglich rückabgewickelt oder Ausnahmen vom Sachleistungsprinzip gemacht werden können[1292], stellen sich hier nicht. Außerhalb des jeweiligen Rechtsverhältnisses liegende Umstände sind aus Gründen sinnvoller Haftungsbegrenzung aber auch im Verwaltungsrecht nicht mit dem Herstellungsanspruch restituierbar[1293].

Für die Duchführung der Restitution bieten sich zwei Möglichkeiten an: entweder wird, der Rechtsprechung des BSG entsprechend[1294], der Zustand hergestellt, der ohne vorangegangenes rechtswidriges Behördenhandeln bestünde, oder aber es wird die frühere Berechtigung des Betroffenen wiederhergestellt[1295].
Zwar können die Folgen der erstgenannten Möglichkeit unter Umständen weiterreichend als die der zweiten Möglichkeit sein[1296]; das BSG schränkt jedoch diese weitergehenden Folgen

---

1290 Vgl. aber Jochum, NVwZ 1987, 460/62, BVerwGE 10, 12/15, und Laubinger, S. 458, wonach die Verwaltung gehalten ist, Formulare richtig zu gestalten; dazu oben § 3 II 2 a cc.

1291 So Bühler, RV 1993, 8/10, zum **sozialrechtlichen** Herstellungsanspruch, für den die betreffende Aussage in dieser Allgemeinheit allerdings unzutreffend ist.

1292 Siehe i.e. § 1 III 8.

1293 Vgl. BezG Erfurt, SGb. 1993, 43/44 f.

1294 Siehe stellvertretend BSG, SGb. 1990, 53/56.

1295 Kreßel, S. 300 ff.

an anderer Stelle, nämlich bei der Frage nach der zulässigen Amtshandlung, wieder ein, indem es mit dem Herstellungsanspruch nicht mehr gewährt, als der Betroffene aufgrund seines Ausgangsrechts erlangt hätte[1297]. Daher führen beide Möglichkeiten letzten Endes zum gleichen Ergebnis.

Bezogen auf die einzelnen Fallgruppen bedeutet dies:
-In den Fällen der Fallgruppe 1 sind Sozialleistungen für die Vergangenheit zu erbringen.
-Bei Fallgruppe 2 überspringt der Herstellungsanspruch die der Verwirklichung des Ausgangsrechts entgegenstehenden rechtlichen Hindernisse.
-In den Sonderrechtsverhältnissen der Fallgruppe 3 gilt grundsätzlich das gleiche.
Wird der zunächst rechtswidrig nicht beförderte Beamte im Wege der Herstellung neu beschieden und nun doch befördert, so hat dies rückwirkend zum Zeitpunkt der ersten Entscheidung zu geschehen[1298]; insofern überwindet der Herstellungsanspruch die entgegenstehenden Vorschriften der § 10 Abs. 2 Satz 2 i.V.m. § 6 Abs. 1 Nr. 4 BBG[1299]. Voraussetzung ist, daß er gegen die ihm mitzuteilende[1300] Entscheidung zugunsten seines Konkurrenten rechtzeitig, also vor dessen Ernennung bzw. Einweisung[1301],

---

1296 Kreßel, a.a.O.; vgl. auch Bender, Staatshaftungsrecht, Rz 455, und Schoch, VerwA 79 (1988), 1/61 FN 374.

1297 Siehe im einzelnen oben § 1 III 8; Rüfner, in Erichsen/Martens, § 52 Rz 32 FN 83; Kreßel, S. 300 ff.

1298 Ebenso Kreßel, S. 222/23, bzgl. seines Bestandsschutzanspruchs.

1299 Zum selben Ergebnis kommt Kreßel, S. 223; vgl. auch OVG Lüneburg, VerwRspr. 24, 784 ff./92, das einen Schadensersatzanspruch wegen Fürsorgepflichtverletzung bei verspäteter Beförderung gewährte, der darauf gerichtet war, daß das Allgemeine Dienstalter auf den Tag verbessert wurde, an dem der Beamte hätte befördert werden müssen.

1300 BVerfG, NJW 1990, 501; VG Frankfurt, NVwZ 1991, 1210; die für die Rechtsschutzentscheidung erforderliche Zeitspanne ist an die Widerspruchsfrist angelehnt, Ronellenfitsch, VerwA 82 (1991), 121/42.

vorgeht, weil dem Herstellungsanspruch ansonsten unabhängig von der Frage der rechtlichen Unmöglichkeit ein bestandskräftiger Verwaltungsakt[1302] entgegensteht. In diesem Fall kommt dem Beamten bei der nächsten Beförderungsentscheidung jedoch die Folgenbeseitigungslast zugute.
Der Beamte, der zu Unrecht zum Beamten auf Widerruf ernannt wurde, ist so zu behandeln, als sei er zum Beamten auf Probe ernannt worden.
Der zu Unrecht nicht versetzte Schüler scheitert, wenn das Schuljahr, in das er aufgenommen werden will, zwischenzeitlich abgelaufen ist, an der rechtlichen Unmöglichkeit einer Herstellung. Kann er dagegen sinnvollerweise noch in die neue Klasse aufgenommen werden, so ist eine weitere Nichtversetzung nur dann zulässig, wenn sie sich auf Gründe stützen läßt, die nicht auf der rechtswidrig verursachten Verspätung des Eintritts des Schülers in die neue Klasse beruhen.
-In den Fällen der Fallgruppe 4 bleibt das neue, dem Bürger ungünstige Recht im Zuge der Herstellung außer Betracht. Gerade hier ist aber zu beachten, daß der Herstellungsanspruch nicht mehr gewährt als das, was ohne rechtswidriges Handeln erlangt worden wäre. Daher bleibt z.B. eine zwischenzeitliche Verschärfung von Prüfungsbedingungen[1303] bei einer erforderlichen Wiederholung der Prüfung nur dann außer Betracht, wenn der Betroffene die Prüfung nach altem Recht bestanden hätte[1304]; der Leistungsanspruch des Bürgers ist ansonsten nämlich durch das rechtswidrige Behördenhandeln nicht beeinträchtigt worden. Das

---

1301 Siehe oben § 3 III 1 und Ronellenfitsch, VerwA 82 (1991), 121/42 f.

1302 Im Beamtenrecht geht man mit der Ernennung des Beamten von der Rechtsbeständigkeit aus, Köpp, in Steiner, Rz 94; daher verlagert sich für den betroffenen Beamten der Schwerpunkt auf die Wahrnehmung vorläufigen Rechtsschutzes.

1303 Siehe oben § 3 IV 2 a und Berkemann, Referat 1990, 10.

1304 Ebenso Kreßel, S. 370 ff., zum Bestandsschutzanspruch.

Bestehen einer Prüfung kann dabei nicht etwa unterstellt werden[1305].

Entgangener Gewinn i.S. von § 252 BGB wird nicht ersetzt[1306], weil der Herstellungsanspruch kein Schadensersatzanspruch ist[1307]. Außerdem ist die Geltendmachung entgangenen Gewinns nach allgemeiner Rechtsüberzeugung verschuldensabhängig[1308].

2. Verzinsung

Aufgrund des Charakters des Herstellungsanspruchs als Restitutionsanspruch besteht in den Fällen, in denen die Herstellung zu einer Geldleistung führt, auch keine Zinspflicht[1309]. Zwar ist Kreßel zufolge der Herstellungsanspruch im Sozialrecht gemäß § 44 SGB I zu verzinsen, weil er dem gleichen rechtlichen Schicksal wie der Hauptanspruch unterliege[1310], doch beruht diese Ansicht auf der Herleitung des Herstellungsanspruchs aus dem von Kreßel entwickelten Bestandsschutzanspruch. Da sich gezeigt hat, daß der Herstellungsanspruch aus dem Gesichtspunkt der Folgenbeseitigung herzuleiten ist, gilt für ihn hinsicht-

---

[1305] So auch BVerwGE 53, 12/22 hinsichtlich des Folgenbeseitigungsanspruchs.

[1306] Brugger, AÖR 112 (1987), 389/420.

[1307] Siehe oben § 2 III 1.

[1308] Berkemann, Vortrag 1987, S. 15; ähnlich Bley, SGB-SozVers-GK I, vor §§ 13 - 15 SGB I, Anm. 5 f ff.; nach Berkemann, Referat 1990, 11, bleiben Verzögerungsschäden dem Amtshaftungsrecht vorbehalten.

[1309] Vgl. BSGE 55, 40: "Kann die Erstattung rechtmäßig entrichteter Beiträge allenfalls im Wege des sozialrechtlichen Herstellungsanspruchs verlangt werden, so handelt es sich nicht um einen zu verzinsenden Anspruch auf Geldleistungen im Sinne des § 44 Abs. 1 SGB I."; BSG, SozR 1200 § 44 SGB-I, Nr. 8; Löwer, S. 305; bzgl. des Folgenbeseitigungsanspruchs Broß, VerwA 76 (1985), 217/225.

lich der Zinspflicht das gleiche wie für den Folgenbeseitigungsanspruch. Im übrigen muß der erst nach der Rechtsverletzung einsetzende Leistungsverzug als Voraussetzung einer Zinspflicht gerade dann außer Betracht bleiben, wenn man wie Kreßel[1311] den Anspruchsinhalt des Herstellungsanspruchs als Wiederherstellung der früheren Berechtigung formuliert.

3. Analoge Anwendung von § 44 Abs. 4 SGB X

Nach § 44 Abs. 4 Satz 1 SGB X werden bei Rücknahme eines Verwaltungsaktes mit Wirkung für die Vergangenheit Sozialleistungen längstens für einen Zeitraum bis zu vier Jahren vor der Rücknahme erbracht. Nach überwiegender Ansicht im Sozialrecht ist diese Vorschrift analog anzuwenden auf die Erbringung von Leistungen im Wege des Herstellungsanspruchs[1312].
Als spezifisch sozialrechtliche Vorschrift bietet sich eine analoge Anwendung von § 44 Abs. 4 SGB X im Verwaltungsrecht nur in den Fällen der Fallgruppe 1 an. Auf die Leistungsversagungsfälle der Fallgruppe 4 beispielsweise paßt diese Vorschrift von vornherein nicht.
In den sozialrechtlichen Fälle ist eine analoge Anwendung des § 44 Abs. 4 SGB X deshalb gerechtfertigt, weil es im Ergebnis keinen Unterschied macht, ob dem Bürger aufgrund eines rechts-

---

1310 Kreßel. S. 301.

1311 Kreßel, S. 300 ff.

1312 Hofe, SGb. 1986, 11/15; v.Einem, SozVers 1982, 12; Maier, SGb. 1982, 133/37; Wallerath, DÖV 1987, 505/14 f.; Schulin, Rz 932; G. Dörr, DAngVers 1993, 182/86; LSG Berlin, Breithaupt 1983, 985; offengelassen von BSGE 60, 158 = SGb. 1987, 341, jedoch in der neueren Rspr. von BSG und BGH anerkannt, z.B. BSG, SozR 1300 § 44 Nr. 24; weitere Nachweise bei Hauck/Haines, SGB X 1/2, § 44 Rz 36 a; vgl. auch Böhm, VersB 1985, 39 FN 5. Im Ergebnis ebenso Ladage, S. 118/19, und Kreßel, SGb. 1987, 313/16, die aber zu einer Begründung mit § 45 SBG I neigen; ferner Bieback, SGb. 1990, 517/25. Der hier relevante Unterschied besteht darin, daß § 44 SGB X ein von Amts wegen zu be-

widrigen Verwaltungsaktes oder aufgrund sonstigen rechtswidrigen Verwaltungshandelns eine Leistung vorenthalten wird[1313]. § 44 Abs. 4 SGB X ist eine Reaktion des Gesetzgebers auf die bereits seit langem gefestigte Rechtsprechung des BSG zur Verjährung rückständiger Leistungsansprüche[1314]. Zwar ist nach anderer Ansicht der Herstellungsanspruch gerade zur Überwindung bestehender Verjährungsvorschriften entwickelt worden[1315], so daß eine Analogie zu § 44 Abs. 4 SBG X dem Sinn des Herstellungsanspruchs widerspräche[1316]. Dem ist aber entgegenzuhalten, daß der in der Spannungslage zwischen Rechtssicherheit und materieller Gerechtigkeit befindliche Herstellungsanspruch nicht positives Recht überspielen kann, das seinem Gedanken nach auf den Herstellungsanspruch anwendbar ist[1317]. Zum unrichtig angewandten Recht im Sinne von § 44 Abs. 1 Satz 1 SGB X gehört nämlich auch der richterrechtliche Herstellungsanspruch als Bestandteil des ungeschriebenen Rechts[1318].

4. Prozessuale Probleme[1319]

Mit der Geltendmachung des Herstellungsanspruchs klagt der Bürger auf die ihm durch Verwaltungsakt zu gewährende Leistung, die ihm rechtswidrig vorenthalten wurde, so daß richtige Klage-

---

achtender Leistungsausschließungsgrund, § 45 SGB I hingegen eine bloße Einrede ist, Ladage, S. 118.

1313 BSG, SozR 1300 § 44 Nr. 24, S. 64; Maier, SGb. 1982, 133/37; Ladage, S. 118.

1314 BSG, SozR 1300 § 44 Nr. 24, S. 63/64; Wallerath, DÖV 1987, 505/15.

1315 Vgl. Maier, SRH, B. 7, Rz 62.

1316 Geschwinder, ZfS 1985, 70/74; Kühl, VersB 1984, 137/38.

1317 Wallerath, DÖV 1987, 505/15.

1318 Fehl, in Wilke, § 1 BVG Rz 121.

art zur Durchsetzung des Herstellungsanspruchs die Verpflichtungsklage ist[1320].
Als Restitutionsanspruch unterfällt der Herstellungsanspruch nicht der Regelung des § 40 Abs. 2 VwGO, so daß der Verwaltungsrechtsweg eröffnet ist[1321].
Die Beweislastverteilung folgt grundsätzlich den allgemeinen Regeln; insbesondere muß der Bürger beweisen, daß das Hindernis bei der Durchsetzung des originären Leistungsanspruchs auf einem rechtswidrigen Behördenhandeln beruht[1322]. Damit der Herstellungsanspruch nicht entwertet wird, sind dem Betroffenen aber vor allem bei der Frage nach der Ursächlichkeit für eine unterlassene Disposition Beweiserleichterungen zu konzedieren[1323]. Liegt ein zeitlicher Zusammenhang zwischen dem rechtswidrigen Verwaltungshandeln und der Fehldisposition vor, sind, wie auch im sonstigen Staatshaftungsrecht, die Grundsätze des prima-facie-Beweises anzuwenden[1324]. Das Unterlassen einer Beratung kann zu einer Umkehr der Beweislast führen[1325].

1319 Dazu Schmidt-De Caluwe, S. 526 ff.; Ladage, S. 120; BFHE 86, 148/51; Kopp, VwVfG, § 32 Rz 17.

1320 BSGE 50, 12. Beim Folgenbeseitigungsanspruch hingegen ist, abgesehen von den Fällen des § 113 Abs. 1 Satz 2, in denen der Folgenbeseitigungsanspruch ein Annex der Anfechtungsklage ist, die allgemeine Leistungsklage zulässig, Schloer, JA 1992, 39/45.

1321 Brugger, AÖR 112 (1987), 389/98; Löwer, S. 297 ff.; Ladage, S. 62; Ebsen, DVBl. 1987, 398/90: restriktive Auslegung von § 40 Abs. 2 VwGO; vgl. BSGE 41, 126/27 f.; siehe auch § 2 III 1. Anders aber diejenigen, die den Herstellungsanspruch als Kompensationsanspruch ansehen; Nachweise bei Löwer, S. 300 ff., dem zufolge beim Herstellungsanspruch Elemente der Kompensation und der Restitution untrennbar verbunden sind, S. 305; dagegen Brugger, AÖR 112 (1987), 389/99 FN 45.

1322 Vgl. oben § 3 II 4 a: die Beweislast für einen Rechtsmißbrauch seitens der Behörde trägt ebenfalls der Bürger; ebenso bei der Amtshaftung, Ossenbühl, § 6, 4; Ladage, S. 120, läßt beim Herstellungsanspruch dagegen eine Glaubhaftmachung ausreichen, weil er den Herstellungsanspruch als materielle Wiedereinsetzung betrachtet.

1323 Schmidt-De Caluwe, S. 526 ff.; siehe auch Bley, SGB-SozVers-GK I, vor §§ 13 - 15 SGB I, Anm. 5 f cc ccc.

In den Fällen rechtswidriger Leistungsversagung bei Rechtsänderung während eines Gerichtsverfahrens führt die Anwendung des Herstellungsanspruchs nicht zu einer Klageänderung, weil sich lediglich die rechtlichen Ausführungen zur Begründetheit der Klage ändern (§ 264 Nr. 1 ZPO). Der Kläger stützt sich nicht auf einen neuen Lebenssachverhalt, sondern nur auf eine andere Anspruchsgrundlage.

1324 Schmidt-De Caluwe, S. 528.

1325 Nachweise bei Krause/Sattler, Jahrbuch des Sozialrechts der Gegenwart 1991 (Bd. 13), 73/75; weitergehend Schmidt-De Caluwe, a.a.O., der in Anlehnung an die zivilrechtlichen Grundsätze bei der Verletzung von Beratungspflichten stets von einer Beweislastumkehr ausgeht.

SCHLUß

§ 1 SCHLUßTHESEN ZUM HERSTELLUNGSANSPRUCH IM VERWALTUNGSRECHT

1. Die Übernahme des sozialrechtlichen Herstellungsanspruchs in das Verwaltungsrecht würde eine Rechtslücke schließen. Bereits jetzt liegt aber der Gedanke der Herstellung bei der Verletzung von Leistungsrechten des Bürgers durch rechtswidrig-schuldloses Verwaltungshandeln -zumeist unausgesprochen- zahlreichen verwaltungsgerichtlichen Einzelfallentscheidungen und auch verschiedenen gesetzgeberischen Regelungen zugrunde.

2. Die bisherige Lösung der Herstellungsfälle, für die ein besonderes Nähe- und/oder Abhängigkeitsverhältnis zwischen Bürger und Staat charakteristisch ist, erfolgt im Verwaltungsrecht mit denselben Instrumentarien, mit denen im Sozialrecht der Herstellungsanspruch begründet wird.

3. Der Herstellungsanspruch ist rechtsmethodisch im Rahmen einer Rechtsergänzung aus dem Gesichtspunkt der Folgenbeseitigung herleitbar. Dem steht verfassungsrechtlich weder der Vorbehalt noch der Vorrang des Gesetzes entgegen.

4. Inhaltlich orientiert sich der Herstellungsanspruch im Verwaltungsrecht am sozialrechtlichen Herstellungsanspruch, sofern nicht die spezifischen Eigenheiten der jeweiligen Materie eine andere Behandlung verlangen. Dabei gelten auch die allgemeinen staatshaftungsrechtlichen Grundsätze.

§ 2 AUSBLICK

Eine allgemeine, über Einzelfallentscheidungen hinausgehende Anerkennung blieb dem Herstellungsanspruch im Verwaltungsrecht bisher versagt.

Dies dürfte im wesentlichen auf zwei rechtshistorisch motivierten Gründen beruhen, nämlich zum einen auf der Trennung zwischen Eingriffs- und Leistungsverwaltung[1326] und zum anderen auf einer immer noch von der überholten[1327] Fiskustheorie des letzten Jahrhunderts[1328] beeinflußten Vorstellung von der Staatshaftung[1329]. Unter Berufung auf die Gewaltentrennung ging man von der Justizfreiheit des monarchischen Souveräns aus, dessen Hoheitsakte zu dulden waren und nur die Liquidation beim Fiskus erlaubten[1330]. Ein Klageantrag, der auf substanzielle Naturalrestitution gerichtet war, galt daher schlechthin als unzulässig[1331].

Im Zuge der Einführung von Anfechtungs- und Verpflichtungsklagen[1332], der Anerkennung des Folgenbeseitigungsanspruchs und der Etablierung des Herstellungsanspruchs im Sozialrecht entwickelt sich das Staatshaftungsrecht allmählich in Richtung Verschuldensunabhängigkeit und Naturalrestitution weiter. Diese

---

[1326] Siehe dazu § 4 II 4 a bb.

[1327] Vgl. Schäfer, DB 1981, 1499/1501.

[1328] Dazu Vogel, S. 13/14.

[1329] Vgl. Berkemann, Referat 1990, 9/10.

[1330] Menger, GS-Jellinek, S. 348. Schlagwortartig: "Dulde und liquidiere" und "Der Fiskus als Prügelknabe des Staates", vgl. dazu Maurer, § 2 Rz 4.

[1331] Menger, GS-Jellinek, S. 348.

[1332] Menger, a.a.O., S. 351; Menger wies nach, daß die Staatshaftungsansprüche und die verwaltungsgerichtlichen Anfechtungssachen i.w.S. auf demselben Rechtsgrund beruhen, a.a.O., insbesondere S. 353. Vgl. auch Oberstes Gericht der DDR, OGZ 1, 34/37, wonach Schadensersatzklagen gegen den Staat wegen ihrer öffentlich-rechtlichen Natur nicht vor die Zivilgerichte gehören. Siehe ferner Baumeister, S. 137, der auf die

Entwicklung ergibt sich zwangsläufig aus dem Rechtsstaatsprinzip, dem die Pflicht zur (Wieder-) Herstellung des gesetzmäßigen Zustandes entspringt[1333].

> "Eine als rechtswidrig erkannte, in grundrechtlich geschützte Rechtspositionen eingreifende Beeinträchtigung muß beseitigt werden. Das ist nicht nur -was eine Verkürzung der Betrachtungsweise wäre- ein Ziel individuellen Rechtsschutzes, sondern eine für die öffentliche Hand bestehende objektive Verpflichtung, wie etwa Art. 20 Ab. 3 GG verdeutlicht..."[1334]

Der Herstellungsanspruch tendiert zum allgemeinen Wiedergutmachungsanspruch Mengers[1335]. Seine Tatbestandsvoraussetzungen berücksichtigen jedoch, daß der Rechtsstaatsgarantie auch eine nach staatlichen Tätigkeitsbereichen und der für sie typischen Schadensgeneigtheit sowie nach der Eingriffsintensität und den betroffenen Rechtsgütern differenzierende Haftung genügt[1336]. Im Interesse der Konsistenz staatlicher Haftungssysteme ist es legitim, die Staatshaftung von besonders gewichtigen Voraussetzungen abhängig zu machen[1337].

Die vorliegende Arbeit hat diese Voraussetzungen für das Verwaltungsrecht zu bestimmen versucht. Dort dürfte die Anerkennung des Herstellungsanspruch als eines gesicherten Rechtsinstituts, das uneinheitliche und unübersichtliche Einzelfallösungen ersetzt, mit dem allmählichen Fortschreiten vom formalen zum materiellen Rechtsstaatsbegriff[1338] nur noch eine Frage der

---

"folgenbeseitigende Funktion" von Verpflichtungs- und Untätigkeitsklagen verweist.

1333 Vogel, S. 22/23; Begr.RegE, BT-DS 8/2080, S. 5.

1334 BVerwG, NVwZ 1994, 275/78 f.

1335 So Rüfner, in Erichsen/Martens, § 53 Rz 33; siehe die Formulierung des allgemeinen Wiedergutmachungsanspruchs bei Menger, GS-Jellinek, S. 358/59.

1336 Vogel, S. 23.

1337 Brugger, AÖR 112 (1987), 389/447, in ähnlichem Zusammenhang; nach Berkemann, Referat 1990, 8 f., bedarf es im Rahmen der Frage, auf welcher Grundlage eine Naturalrestitution zugun-

Zeit sein. Die von Larenz aufgezeigte Entwicklung von Rechtsprinzipien[1339] würde sich dann auch beim öffentlich-rechtlichen Herstellungsanspruch verwirklichen.

sten eines finanziellen Ausgleichs ausscheiden müsse, einer Interessenanalyse.

1338 Vgl. Spanner, DVBl. 1968, 618/19.

1339 Larenz, S. 421/22.